도쿄 일상산책

도쿄 일상산책

글·사진 이채리

작가의 말

내가 여행을 다녀본 도시 중에서 도쿄는 단연 빈도수 1위다. 앞으로도 도쿄에 갈 일이 많을 것이기에, 도쿄는 내 인생에서 영원히 여행 빈도수 1위 자리를 고수하게 될 여지가 크다. 도쿄는 그만큼 내게 매력적인 도시이며 가면 갈수록 새로운 모습을 보게 되는 특별한 도시이기도 하다.

15년 전인가. 관광 비자를 받아 처음 가보았던 시부야와 우에노. 쏟아지는 사람들 사이에 서서, 신도림 역의 번잡함 정도는 비교도 되지 않을 정도로 인구 대폭발의 압박이 느껴지는 전철역에서 미아처럼 길을 헤매며 어쩔 줄 몰랐다. 지하철에 트렁크를 끌고 다니는 사람들이 왜 그렇게 많은지. 그때는 그들이 모두 외국 관광객인 줄 알았지만 지금은 다른 도시에서 도쿄로 온 여행객 또는 비즈니스맨들이라는 것을 안다. 한국과 방향이 반대인 도로도 익숙하지 않고, 언어소통도 전혀 되지 않아 고생했던 나는 지금은 동네 목욕탕에서 사우나를 하고 집에 가듯 도쿄 시내에서 온천을 하고 숙소로 돌아갈 만큼 도쿄에 익숙해져 있다.

한국에 있다 보면 가끔 롯폰기 근처에서 먹은 자루 소바가 생각날 때도 있고, 시부야백화점 지하에서 파는 롤케이크가 생각날 때도 있다. 도쿄에 대한 익숙함이 더해지고 덧입혀져 이제는 강남 역 6번 출구 앞에서 만나자고 지인들과 약속하는 것처럼 시부야 스타벅스에서 만나자고 친구와 약속하는 일도 있다.

도쿄 여행을 처음 시작할 때는 가이드북을 가지고 돌아다녔는데, 나중에는 가이드북에 나와 있지 않은 마을을 찾아다니고 발품을 파는 데 재미를 붙였다. 일본인 친구들을 만날 때면 사람들이 잘 모르는 예쁜 동네를 소개해달라고 했고, 카페 바리스타와 이야기를 나누다 신기한 장소에 대한 이야기를 듣기도 했다. 그렇게 수집한 정보를 바탕으로 여행객들이 잘 오지는 않지만 아름답고 소박한 동네들을 발견할 때는 보석을 본 듯 심장이 두근거렸다. 조금 더 솔직히 이야기하면, 혼자만 아는 동네로 간직하고 나만 몰래몰래 다녀와야지 하는 생각도 있었다.

이
채
리

최근에 다녀온 도쿄는 들떠 있었다. 도시는 여기저기 공사하느라 바쁘고 지하철 간판들은 대규모로 교체되고 있었다. 도시 전체가 리노베이션을 다시 하는 느낌. 곰곰이 생각해보니 도쿄는 2020년 올림픽을 준비하고 있었다. 도시 전체가 활기를 띠고, 분위기가 조금 달아 있는 느낌이었다.

이 책은 도쿄에 적어도 한 번 이상은 다녀온 사람들에게 어울리는 책이다. 시부야, 신주쿠, 오다이바처럼 도쿄 하면 대표적으로 떠오르는 장소에 한 번도 가보지 않은 여행객이 원하는 여행 코스와는 코드가 조금 다를 수 있다. 그 대신 도쿄 번화가인 신주쿠와 시부야 이외에 다른 동네는 없을까 고민하는 여행객들, 복잡한 도시보다는 사람 냄새 나고 수수한 동네를 좋아하는 사람들, 강남 역이나 압구정동보다는 북촌이나 세로수길, 합정동 카페골목을 좋아하는 사람들 그리고 한 끼를 먹어도 맛있는 것을 먹겠다는 식도락가나 자연을 좋아하고 걷는 것의 여유를 아는 여행객들과 코드가 맞닿아 있다.

그리고 인증사진 찍기식 여행이 아니라 한 곳에 들러 천천히 동네를 걷고 음미하며, 산책하듯 여행하고 싶은 사람들에게 어울리는 책이다. 강변을 따라 걷다 노천카페에 앉아 에스프레소를 마시고, 한참 줄을 서서 붕어빵을 먹으면서도 낭만을 느낄 수 있는 여유. 이노카시라공원 벤치에 앉아 하루 종일 책을 읽을 수 있는 마음의 여유가 있는 사람에게는 더없이 도움이 될 것이다.

산책하러 가는 길을 따라 걷는 코스도 좋지만 그 틀을 벗어나서 걸어보는 것도 좋다. 길을 만들어가며 걷는 것, 그리고 그 일탈에서 마주치게 되는 동네 찻집이나 낡은 목욕탕의 신선함 등이 여행의 재미를 더해주기 때문이다. 산책을 떠날 때 가장 중요한 것은 새로움에 대한 동경과 그것을 경험할 줄 아는 용기다. 여기에 가벼운 가방과 작은 카메라, 걷기에 편한 운동화를 더한다면 당신의 도쿄 산책은 즐거움으로 가득할 것이다.

이 책을 읽기 전에

본문의 지명과 인명은 국립국어연구원의 외래어 표기법을 기준으로 하되, 현지 발음과 외래어 표기법의 차이가 큰 경우, 현지 발음대로 표기하는 것을 원칙으로 했습니다.

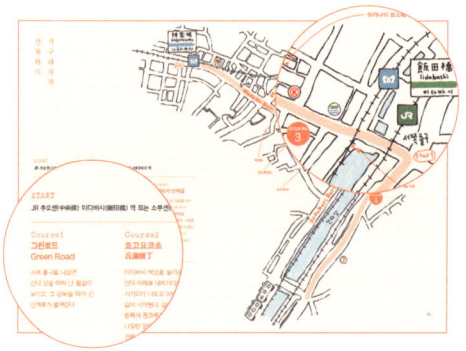

동선이 한눈에 보이는 일러스트 지도
산책할 코스와 동선을 한눈에 볼 수 있도록 일러스트 지도를 수록했습니다. 독자들의 좀 더 빠른 이해를 돕고자 산책 길에 대한 설명과 함께 길을 찾는 데 도움이 될 만한 스폿들을 아이콘으로 표기했습니다. 단, 본 책에 실린 일러스트 지도는 실제와 다소 차이가 날 수 있습니다.

최적의 동선을 고려한 산책 코스
도쿄의 대표 교통수단인 전철을 기준으로 산책을 시작하고 끝낼 수 있도록 했으며, 각 코스 간 거리는 바로 이어지거나 도보로 5~10분 정도 걸립니다. 단, 10분 이상 긴 거리를 이동해야 할 때는 대략적인 이동 시간을 별도로 표기해두었습니다.

2014년 4월 1일을 기해 일본의 소비세가 5%에서 8%로 상향 조정되었습니다.
이에 각종 요금이 안내된 정보와 다를 수 있음을 유의하시길 바랍니다.

이 책에 실린 여행에 관한 모든 정보는 2014년 8월을 기준으로 한 것이며,
최신 정보를 싣고자 노력했으나 출간 후 독자의 여행 시점에 따라 변경될 수 있으므로 주의할 필요가 있습니다.
만약 새로운 정보나 바뀐 내용이 있다면 알에이치코리아 편집부로 알려주시길 바랍니다.
독자분들이 좀 더 정확한 정보로 편리하게 여행할 수 있도록 빠른 시일 안에 수정하겠습니다.
알에이치코리아 편집부 02-6443-8932

산책하기 전에 읽어두면 좋은
각 지역별 프롤로그

산책할 지역의 특징과 흥미로운 이야기 등을 쉽고 간략하게 설명해 어떻게 산책하면 좋을지 전체적인 개념을 잡아줍니다.

잠시 쉬어갈 곳이 필요하다면
잇 플레이스로!

볼거리   쇼핑   먹거리   카페

산책 길을 중심으로 놓치면 아까운 볼거리와 쇼핑 스폿, 작가가 직접 맛을 보고 추천한 맛집과 분위기 좋은 카페 정보가 수록되어 있습니다. 잇 플레이스의 위치는 해당 지역의 일러스트 지도에서 찾을 수 있습니다.

차례

작가의 말	10
이 책을 읽기 전에	12
도쿄 지하철·JR 노선도	16
계절별 추천 여행지	18

PART 1
과거와 현재가 공존하는 길

옛 느낌, 그곳 가구라자카	22
초록으로 빛나는 녹차 한 잔 오차노미즈	36
할아버지, 할머니의 하라주쿠 스가모	50
오미야게, 아사히, 스카이트리, 스미다 강의 사중주 아사쿠사	64
경제·정치·쇼핑의 중심지로 인기를 회복 중인 마루노우치	78

PART 2
야옹야옹 고양이 마실 길

낭만 고양이의 놀이터 야나카	94
도도한 패션 피플의 캣 워크 캣 스트리트	110
잃어버린 고양이를 찾아서 고토쿠지	124

PART 3
숨, 쉼, 자연과 맞닿은 길

반짝반짝 빛나는 초록의 도시 후타코타마가와	140
바람 따라 강 따라 터벅터벅 걷고 싶은 길 도요스	154
삶을 향한 열정과 동경이 살아나는 곳 츠키지	168
한 번쯤 살아보고 싶은 곳 키치조지	180
벚꽃, 햇살, 물의 삼중주 나카메구로	194
여유롭고 사람 냄새 나는 찻집 같은 마을 산겐자야	206

PART 4 자유, 젊음, 기발한 상상이 가득한 길		
음악이 흐르고 시간이 멈추는 곳 시모키타자와	222
구제, 리사이클, 빈티지, 청춘 고엔지	236
언제 떠나도 숨은 매력이 그윽하게 솟아나는 나카노	250
도쿄의 오래된 자존심 덴엔초후	264
길을 잃어도 행복한 숲 속 미로 미타카	278
아는 사람만 아는 숨겨진 보물창고 에코다	294
윤동주, 노다메 칸타빌레, 라멘, 오락 놀이터 이케부쿠로	306

PART 5 도쿄에서 느끼는 이국적인 길		
정감 있는 샌프란시스코를 닮은 곳 히로오·아자부주반	322
자유의 언덕에서 즐기는 여자들의 낭만 지유가오카	336
소소한 재미가 숨겨진 최첨단 빌딩숲 시오도메	348
도쿄의 비벌리힐스 다이칸야마	362
도쿄 속 작은 유럽 에비스	376
백금의 유니크한 가치를 아는 사람들이 사는 동네 시로가네	388

도쿄 지하철 · JR 노선도

산책을 시작하는 역은 별색으로 표기했습니다.
각 파트와 챕터 순서를 숫자로 함께 표기해 보다 쉽게 역을 찾을 수 있습니다.

도부 도조센
TOBU Tojo Line

니시타카시마다이라역 · 다카시마다이라역 · 하스네역 · 시무라사카우에역 · 이타바시혼쵸역 · 신이타바시역 · 주조역 · 니시스가모역

나리마츠역 · 시모아카츠카역 · 가미이타바시역 · 나카이타바시역 · 시모이타바시역 · 이타바시쿠야쿠쇼마에역 · 기타이케부쿠로역 · 오츠카역

와코시역 · 치카테츠나리마스역 · 도부부네리마역 · 도키와다이역 · 오야마역 · 이케부쿠로역 4-7 · 1-3 스가모

치카테쓰아카츠카역 · 헤이와다이역 · 히카와다이역 · 고타케무카이하라역 · 센카와역 · 가나메초역

신오카쿠역

SEIBU Ikebukuro Line
세이부 이케부쿠로센

히카리가오카역 · 네리마카스가초역 · 도시마엔역 · 사쿠라다이역 · **에코다역 4-6** · 히가시나가사키역 · 시이나마치역 · 메지로역 · 히가시이케부쿠로역 · 고코쿠지

네리마타카노다이역 · 후지미다이역 · 네리마역 · 신에코다역 · 오치아이미나미나가사키역 · 나카이역 · 다카다노바바역 · 와세다역

샤쿠지이코엔역 · 나카무라바시역 · 아라이야쿠시마에역

SEIBU Shinjuku Line
세이부 신주쿠센

시모구사역 · 사기노미야역 · 도리츠카세이역 · 노가타역 · 누마부쿠로역 · 시모오치아이역

키치죠지역 3-4

JR 추오센
JR Chuo Line

도리츠카세이역 · 오기쿠보역 · 아사가야역 · **4-2 고엔지역** · **4-3 나카노역** · 히가시나카노역 · 오쿠보역 · 신오쿠보역 · 와카마츠카와다역 · 가구라자카역 · 우시고메야나기초역

미타카역 · **무사시코가네이역 4-4** · 미나미아사가야역 · 신코엔지역 · 히가시코엔지역 · 신나카노역 · 니시신주쿠고초메역 · 세이부신주쿠역 · 신주쿠니시구치역 · 신주쿠 산초메역 · 신주쿠 교엔마에역 · 아케보노바시역 · 요츠야산초메

호난초역 · 나카노후지미초역 · 나카노신바시역 · 도츠카마에역 · 신주쿠역 · 센다가야역 · 시나노마치역 · 요츠야역

KEIO Inokashira Line
게이오 이노카시라센

게이오센
KEIO Line

에이후쿠초역 · 메이다이마에역 · 사사즈카역 · 하타가야역 · 미나미신주쿠역 · 요요기역 · 고쿠리츠쿄기조역

시모타카이도역

도큐 오다큐센
TOKYU Odakyu Line

사쿠라조스이역 · 다이타바시역 · 히가시키타자와역 · 요요기하치만역 · **하라주쿠역 2-2** · 메이지진구마에역

소시가야오쿠라역 · 치토세후나바시역 · 신다이타역 · 히가시키타자와역 · 요요기우에하라역 · 요요기코엔역 · 아오야마잇초메역

이즈미타마가와역 · 세이조가쿠엔마에역 · 세타가야다이타역 · 우메가오카역 · **시모키타자와역 4-1** · 코마바토다이마에역 · 시부야역 · 오모테산도역 · 가이엔마에역

키타미역 · **고토쿠지역 2-3** · 교도역 · 이케노우에역 · 신센역

코마에역 · 노보리토역 · 고마자와다이가쿠역 · 이케지리오하시역 · **산겐자야역 3-6** · **다이칸야마역 5-4/5-5** · 노기자카역

도큐 덴엔토시센
TOKYU Den-en-toshi Line

요가역 · 사쿠라신마치역 · 유텐지역 · **3-5 나카메구로역** · 에비스역 · 히로오역 · 롯폰기

3-1 후타코타마가와역 · 카미노게역 · 가쿠게이다이가쿠역

도큐 도요코센
TOKYU Toyoko Line

후타코신치역 · 토도로키역 · 오야마다이역 · 쿠혼부츠역 · **지유가오카역 5-2** · 미도리가오카역 · 센조쿠이케역 · 무사시코야마역 · 후도마에역 · **시로카네다이역**

타카츠역 · 미조노구치역 · **4-4 덴엔초후역** · 오쿠사와역 · 오오카야마역 · 기타센조쿠역 · 에바라마치역 · 메구로역 · 고탄다역

카지가야역 · 타마가와역 · 신마루코역 · 무사시코스기역 · 도고쿠야마역 · 에바라마치역 · 나카노부역 · 도고시역

요코하마역 방면

도큐 이케가미센
TOKYU Ikegami Line

도큐 메구로센
TOKYU Meguro Line

니가하라역 · 하타노다이역 · 나카노부역 · 도고시코엔역

센조쿠이케역 · 마고메역 · 오사키히로코지역

도큐 오이마치센
TOKYU Oimachi Line

이시카와다이역 · 니시마고메역

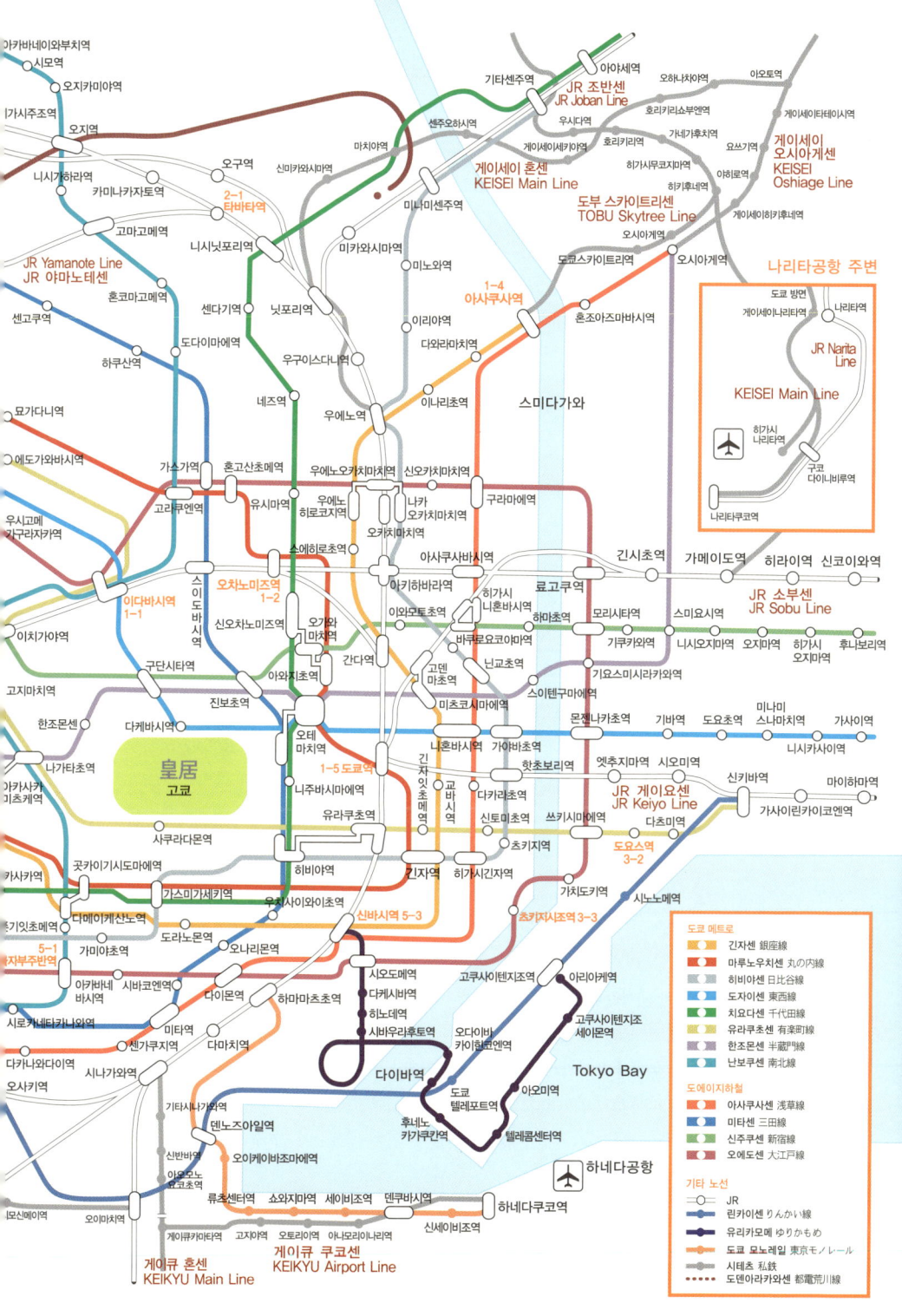

계절별 추천 여행지

각 계절에 여행하면 좋은 장소들을 정리했다.
꼭 이 계절에 이 장소에 가야 하는 건 아니지만 계절에 맞춰 가면
조금 더 인상적인 여행을 할 수 있는 곳들이다.
물론 이 분류는 개인의 취향에 따른 것이니 여행을 계획할 때 참고만 할 것!

봄

아사쿠사 p.64 스미다가와 주변에 아름답게 피어난 벚꽃을 볼 수 있고, 마츠리를 구경할 수 있다.
나카메구로 p.194 작은 시냇길을 따라 드리워진 벚꽃을 운치 있게 즐기며 산책할 수 있다.
미타카 p.278 이노카시라공원, 호수 위로 드리워진 벚꽃의 향연을 볼 수 있다.

여름

가구라자카 p.22 시원한 그늘과 좁은 골목에서 불어오는 바람을 맞으며 산책할 수 있다.
후타코타마가와 p.140 강바람이 시원하게 마음을 식혀준다. 단, 물가라 모기가 많으니 조심할 것!
츠키지 p.168 이동시간이 새벽이라 덥지 않고 새벽을 여는 그들의 열정을 보기만 해도 힘이 난다.
덴엔초후 p.264 파란 하늘, 푸른 숲, 만화 같은 동네의 느낌이 가장 잘 드러난다.
시오도메 p.348 빌딩의 숲에서 시원하게 쉬면서 즐길 수 있다.
다이칸야마 p.362 노란 해바라기 언덕을 보고 싶다면 꼭 여름에 갈 것!
에비스 p.376 더위를 많이 탄다면 실내에서 시간을 보낼 수 있는 에비스가 딱이다.

가을

오차노미즈 p.36 많이 걸어야 하므로 선선한 가을이 딱이다.
야나카 p.94 노을 그리고 시타마치. 야나카의 고즈넉한 분위기는 가을이라는 계절과 잘 어울린다.
고토쿠지 p.124 각종 나무들이 만들어내는 단풍의 콜라보레이션을 볼 수 있는 기회!
미타카 p.278 단풍 숲에서 길을 잃어보는 것도 나쁘지 않다.
지유가오카 p.336 가을의 정취를 만끽하며 여유롭게 쇼핑하고 즐길 수 있다.
시로가네 p.388 플라타너스 길과 자연교육원에서 가을의 정취를 물씬 느낄 수 있다.

겨울

스가모 p.50 따뜻하고 정감 가는 주전부리와 노천온천으로 분위기 업!
마루노우치 p.78 빌딩 사이를 옮겨 다닐 때만 추울 뿐 빌딩 내에서는 따뜻하게 걸을 수 있다.

PART 1

과거와 현재가 공존하는 길

옛 느낌,
그곳

가구라자카
神楽坂 Kagurazaka

한 사람이 겨우 지나갈 수 있을 것 같은
비좁은 골목,
반대편에서 걸어오는 기모노 입은 여인.
어젯밤 마음을 나눈 그녀를
그는 기억하고 있을까.
고개 숙인 게이샤에게서
슬픈 미소의 향이 전해지고,
그녀를 바라보는 남자의 눈길은
바람의 길을 따라 흔들린다.
그가 숨을 고르는 찰나
휘익, 바람소리와 함께 소매가 스치고
인연은 그저 바람을 따라 지나간다.

산책하기 가구라자카

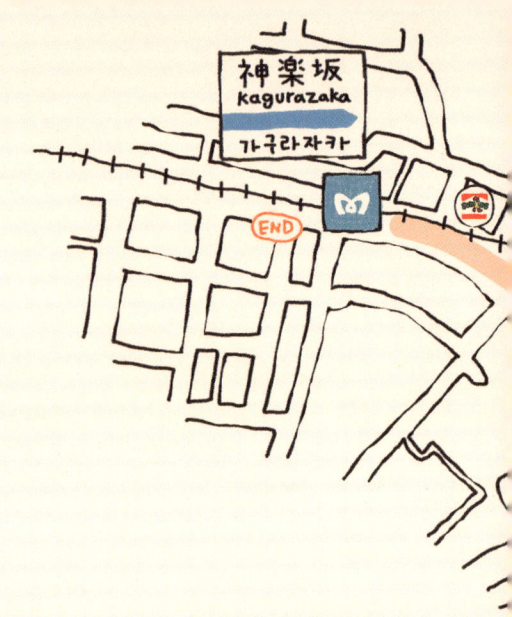

START
JR 추오센(中央線) 이다바시(飯田橋) 역 또는 소부센(総武線) 이다바시 역

Course1
그린로드
Green Road

서쪽 출구로 나오면 간다 강을 따라 난 철길이 보이고, 그 강둑을 따라 긴 산책로가 펼쳐진다.

Course2
효고요코초
兵庫横丁

이다바시 역으로 돌아온 뒤 언덕 아래로 내려가다보면 큰 사거리가 나오고 이번엔 오르막 길이 시작된다. 길을 따라 오르다 왼쪽에 젠코쿠지(善国寺)가 나오면 맞은편 우체국 옆 건물과 건물 사이에 조그만 틈새가 보인다.

Course3
가구라자카 언덕길

젠코쿠지 방향 큰 대로로 다시 발걸음을 옮긴다. 이다바시 역에서 올라올 때 주변을 구경하지 않았다면 언덕 아래로 내려가다 오른편 프렌치 타운이 나오면 잠시 들렀다가 다시 가구라자카 역으로 올라와도 된다.

END
도쿄 메트로 도자이센(東西線) 가구라자카(神楽坂) 역

▶ 총 1시간 30분~3시간 소요

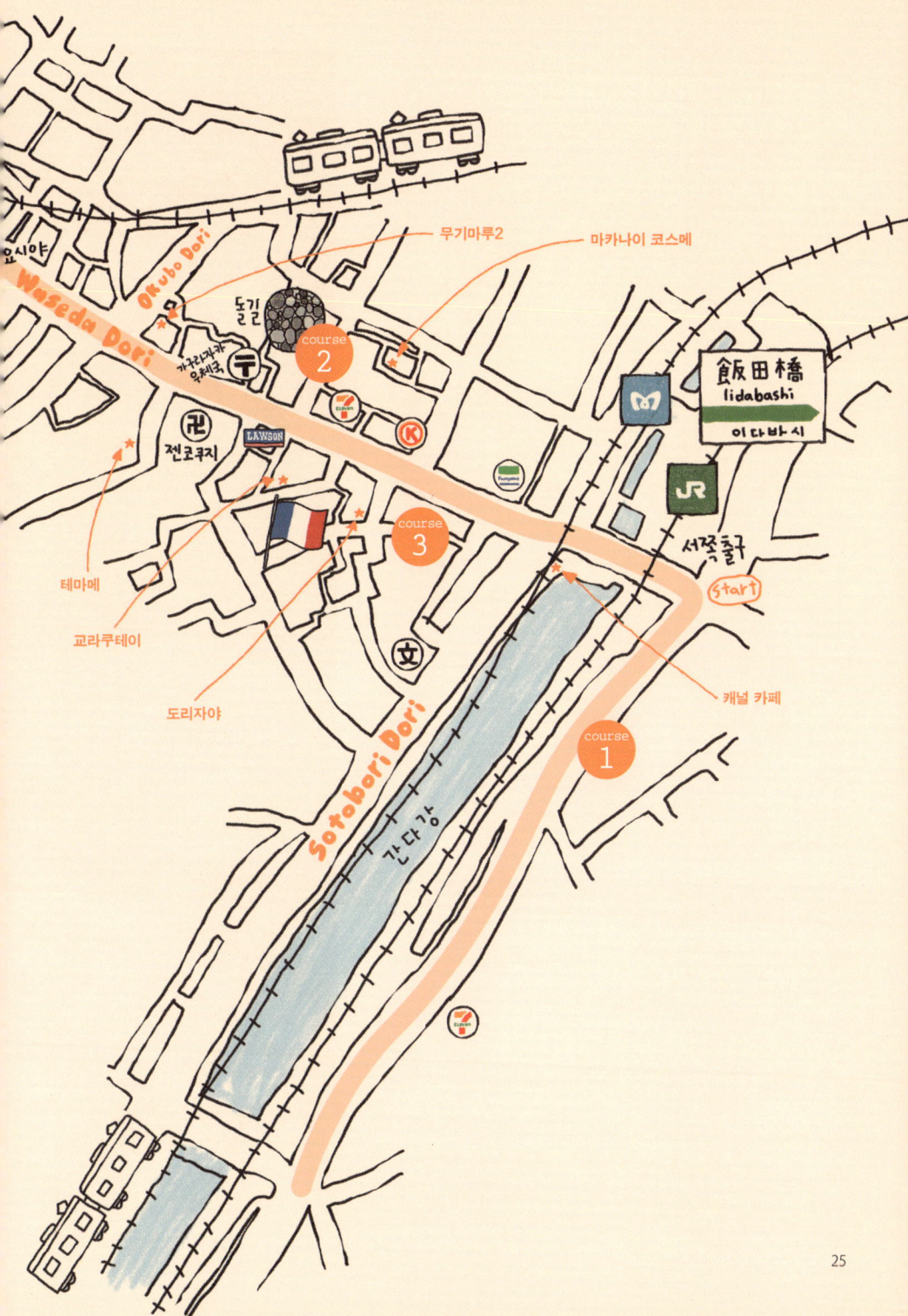

고전적인 당신을 끌어당기는 매력적인 길

이다바시 역과 가구라자카 역 사이 언덕에 있는 가구라자카는 옛것과 새것이 조화를 이루면서 공존하는 느낌을 준다. 그 옛날 기모노를 차려입은 게이샤들이 이루어질 수 없는 사랑에 가슴 아파하며 눈물을 뿌렸을 이곳은 조용히 마음을 비우고 걷기에 좋다.

수많은 인연이 밟고 지나다녔을 돌길에는 세월의 흔적이 고스란히 담겨 있다. 그 아득한 이야기를 듣기 위해서는 잠시 멈춰 서서 숨을 죽이고 귀 기울이는 수고를 해야 한다. 그 바람의 이야기에 매료된 사람들은 이곳에 둥지를 틀기도 한다. 일본의 셰익스피어라고 알려졌으며《나는 고양이로소이다》를 쓴 나츠메 소세키(夏目漱石)도 이곳에 머물면서 작품 활동을 했다.

게이샤들이 하나둘 떠나자 사랑과 예술이 넘쳐흐르던 요정 골목은 재미있게도 낭만의 상징인 프랑스인이 물려받았다. 프랑스 레스토랑이 자리 잡고, 프랑스 학교가 들어서고, 프랑스 사람들이 살기 시작해 지금은 한국의 서래마을처럼 도쿄의 프랑스 마을이 되어 21세기식 사랑과 예술을 이어가고 있다.

course
1

도심과 자연의
아름다운 조화,
그린로드

바람은 구름을 담고, 구름은 물을 담고, 물은 생명을 담고, 생명은 사람을 담아낸다. 자연을 향한 사람들의 귀소본능과 편함을 추구하는 현대적 욕망은 도시 속의 자연, 자연 속의 도시라는 친환경적 주제를 이끌어냈고, 일본은 이 분야에서 상당히 숙달되어 있는 듯하다. 새로운 것을 만들어내기 위해 기존 것을 깡그리 없애기보다는 가치 있는 과거나 자연을 최대한 보존하고 그에 덧붙여 새로운 무언가를 첨가하는 재능. 일본에서 길을 걷다보면 그런 재능이 부러워진다.

이다바시 역에서 간다 강둑을 따라 길게 펼쳐진 산책길은 도심의 문명을 가로지르듯 우뚝 솟은 나무숲과 비어 있는 공간에 적절하게 배치되어 있는 벤치 그리고 도심과 자연을 가로지르며 걸어가는 사람들이 조화된 곳이다.

point.
강변 언덕길을 따라 걸으며
잠시 멈춰 강 바라보기

휴일에는 도시락을 싸들고 와서 쉬는 사람도 있고, 악기를 들고 나와 방해되지 않을 정도의 소음을 만들어내며 열심히 음악 활동을 하는 젊은이도 있다. 강을 바라보고 앉을 수 있도록 설치된 벤치에는 커플이 나란히 앉아 데이트를 즐기는가 하면 산책 나온 젊은 여성과 강아지가 잠시 앉아 숨을 고르기도 한다.

course 2

소매가 스칠 정도로 골목이 좁다고 해서 '소데스리자카(袖摺坂)' 라는 수식어가 붙은 효고요코초는 가구라자카의 숨겨진 보물 같은 곳이다. 두 사람이 한 번에 지나가기 어려울 정도로 좁기 때문인지 에도시대에는 무기 저장소로, 다이쇼시대에는 '하나마치(花街, 요정 밀집지역)'로 이용되기도 했다.

게이샤의
눈물 따라 걷는 길,
효고요코초

효고요코초를 걷는 동안 마치 숨바꼭질을 하는 것 같은 느낌이 든다. 갑자기 막다른 골목과 맞닥뜨리거나 구불구불한 미로 같은 길을 돌아다니다보면 꼭 술래가 된 것처럼 흥미진진해진다. 물론 돌길이 그리 길지 않아 아쉬움을 남기지만 말이다.
주택가와 상점으로 이뤄진 이곳은 사람이 사는 집은 물론, 이자카야나 식당도 돌길을 품고 있는데 수많은 종류의 돌로 만든 돌길은 효고요코초만의 특색이기도 하다. 세월의 흔적에 반들반들하게 닳아버린 검은색 자갈돌길, 무뚝뚝한 아저씨같이 투박하고 네모반듯한 대리석길, 부채꼴 모양으로 파도처럼 펼쳐져 있는 돌길, 징검다리처럼 놓인 둥그런 돌길이 다양한 모습으로 여행자에게 걷는 재미를 선사한다.
시대를 거치며 쌓인 예술적 감성이 묻어나서일까. 이곳은 2007년 일본 드라마 〈친애하는 아버님〉을 비롯한 많은 드라마의 배경으로 나오며 인기를 얻기 시작했다.

point.
골목골목마다 스타일이 다양한 돌길 관찰하며 걷기

course 3

사랑과 예술이 머물다 가는 길, 가구라자카 언덕길

이다바시 역에서 가구라자카 역까지 큰길을 따라 펼쳐져 있는 언덕길은 경사가 만만치 않지만 주위를 둘러보며 천천히 걸을 수 있는 여유를 갖게 해준다. 전통 가게와 최신 제품을 파는 세련된 가게가 중간에 늘어서 있는데, 가구라자카에는 에도시대 목조가옥이 그대로 보존되어 있어 인사동에 온 것 같다. 다만 인사동은 외부 사람들이 세를 얻어 장사를 시작했다면 이곳은 가구라자카에 사는 사람들이 집을 개조해 물건이나 음식을 파는 것 같다.

유럽, 특히 프랑스 사람들이 많이 거주하면서 프랑스 식당이나 베이커리 등이 자리 잡기 시작했다. 골목을 돌아다니다 만나는 프랑스 국기도 반갑고, 프랑스 식당과 상점이 모여 있는 거리나 골목골목에 여유롭게 에스프레소 한잔을 즐길 수 있게 만들어 놓은 테라스 카페도 이국적인 즐거움을 선사한다.

point.
프랑스 분위기 만끽해보기

가구라자카

It Place

 마카나이 코스메
まかないこすめ

 테마메
てまめ

 도리자야
鳥茶屋

천연재료로 만든 화장품과 소품이 유명한 코스메 전문 브랜드. 1899년에 금박공장에서 일하던 여직원들이 거칠어진 피부를 보호하기 위해 직접 만든 화장품으로 '마카나이'는 식당 종업원들이 먹기 위해 만든 요리라는 뜻이다. 가구라자카에서 처음 만들어진 화장품인 만큼 이곳 본점은 그윽한 정취가 묻어난다. 귀여운 토끼가 그려져 있는 로고가 귀여워서 쓸어담고 싶은 물건이 많다. 보습성이 높은 곤약 스펀지가 얼굴 각질제거용으로 유명하고 도라야키와 무방부제 우유도 먹을 만하다. 하네다공항과 아사쿠사 스카이트리에도 숍이 있으니 참고할 것.

주소 東京都新宿区神楽坂 3-1
오픈 월~토 10:30~20:00,
일 11:00~19:00
요금 곤약 스펀지 756엔,
보디크림 1512엔,
누에고치 각질제거제 756엔,
무방부제 우유 648엔
문의 03-3235-7663
www.e-makanai.com

손재주라는 뜻의 '테마메'는 손으로 만든 수제품을 파는 셀렉트숍. 신인 아티스트들이 만든 다양한 수공예품을 볼 수 있다. 액자, 목걸이, 액세서리, 가방, 의류 등 다양한 상품이 전시되어 있다. 앙증맞은 인형과 가죽으로 만든 펜던트, 목걸이도 눈여겨볼 만하다. 아기자기한 제품을 좋아한다면 추천한다. 골목 안으로 들어가면서 이런 곳에 상점이 있을까 싶은 생각이 든다면 맞게 찾아간 것이다.

주소 東京都新宿区神楽坂 2-1-C
오픈 11:00~18:00(일요일 휴무)
문의 03-6228-1600
www.grazie.co.jp/temame

오야코동의 진수를 맛볼 수 있는 곳. 항생제를 사용하지 않은 닭과 이와테현에서 매일 배달되는 신선한 달걀을 원료로 만든 오야코동은 육질이 연한 닭고기와 담백한 달걀이 어우러져 깊은 맛을 낸다. 가구라자카 대표 맛집의 명성을 오랫동안 이어온 도리자야는 가구라자카에만 본점과 분점이 두 곳 있다. 오야코동 이외에도 두툼하고 쫄깃한 오사카의 명물 우동전골을 맛볼 수 있다.

주소 東京都新宿区神楽坂 3-6
오픈 월~금 11:30~14:30/
17:00~22:30,
토 11:30~14:30/16:00~22:30,
일 11:30~15:00/16:00~22:00
(연말연시 휴무)
요금 오야코동(런치) 980엔,
오야코동 정식(런치) 1540엔,
우동전골(런치) 1480엔
문의 03-3260-6661
www.torijaya.com

교라쿠테이
蕎楽亭

미슐랭 원스타 소바집으로 유명한 교라쿠테이는 현대적이면서도 고전적인 분위기가 풍기는 인테리어로 시선을 사로잡는다. 맛집이 대부분 그렇듯 줄을 서야 들어갈 수 있다. 소바면은 탱탱하고 차진 느낌이 있고, 다른 소바집에 비해 츠유에서 생선 비린내가 거의 나지 않는다. 카운터석에 앉아 있으면 주문을 받자마자 기름에 튀기는 소리가 낙숫물 떨어지는 소리처럼 들려 기분이 좋아진다. 월요일에는 런치가 되지 않는다.

주소 東京都新宿区神楽坂 3-6
오픈 11:30~15:00,
17:00~21:00(일·공휴일 휴무)
요금 소바·우동 900엔부터,
런치세트 1200엔부터,
덴푸라세트 2000엔
문의 03-3269-3233
www.kyourakutei.com

캐널 카페
CANAL CAFE

조용히 흐르는 간다 강과 강변을 따라 흐르는 바람, 강 위에 둥둥 떠 있는 보트와 그 속에서 노를 저으며 데이트를 즐기는 연인들. 벚꽃 피는 봄에는 줄을 서서 한참을 기다려야만 입장이 가능할 정도로 인기가 많은 도쿄의 대표적 강변 카페다. 강변이라는 최고의 프리미엄을 갖고 있는 데 비해 가격은 그리 비싸지 않다.

주소 東京都新宿区神楽坂 1-9
오픈 화~토 11:30~23:00,
일·공휴일 11:30~21:30
(월요일 휴무)
요금 카레라이스 600엔(세트 1300엔),
파스타 800엔(세트 1500엔),
카푸치노 500엔,
치즈케이크 380엔
문의 03-3260-8068
www.canalcafe.jp

 ### 무기마루2
mugimaru2

효고요코초 끝자락쯤에 있는 무기마루2는 오래된 나무판자로 만든 듯한 외관이 시선을 사로잡는다. 사람들에게 방랑 고양이 마츠코짱의 카페로 알려진 이곳은 크기가 아담한 2층 카페. 조명이 조금 어두운 1층에는 10석 정도 좌석이 있고, 한 명만 겨우 오르락내리락할 수 있는 계단을 올라가면 햇빛이 비치는 2층 좌석이 마련되어 있다. 이곳의 대표 메뉴는 만주(まんじゅう). 오랜 시간 공들여 만들어낸 달콤한 팥소가 입안을 가득 데워준다.

주소 東京都新宿区神楽坂 5-20
오픈 12:00~21:00(수요일 휴무)
요금 만주 140엔, 카페오레 600엔,
차이 600엔, 젠차 550엔
문의 03-5228-6393
www.mugimaru2.com

초록으로 빛나는
녹차 한 잔

오차노미즈
御茶ノ水 Ochanomizu

철도와 평행선을 그리며 유유히 흐르는 강물
그 사이사이로 빼꼼히 고개를 내민 채
평화로운 노래를 부르는 조그만 숲.
강물은 숲의 청아함을 다시 끌어안고
초록으로 물들인 물방울은 숲을 간지럼 태운다.
순간, 건조한 도시인의 귓가에 들리는
상큼한 속삭임.
'오차노미즈 한잔하실래요?'

산책하기 오차노미즈

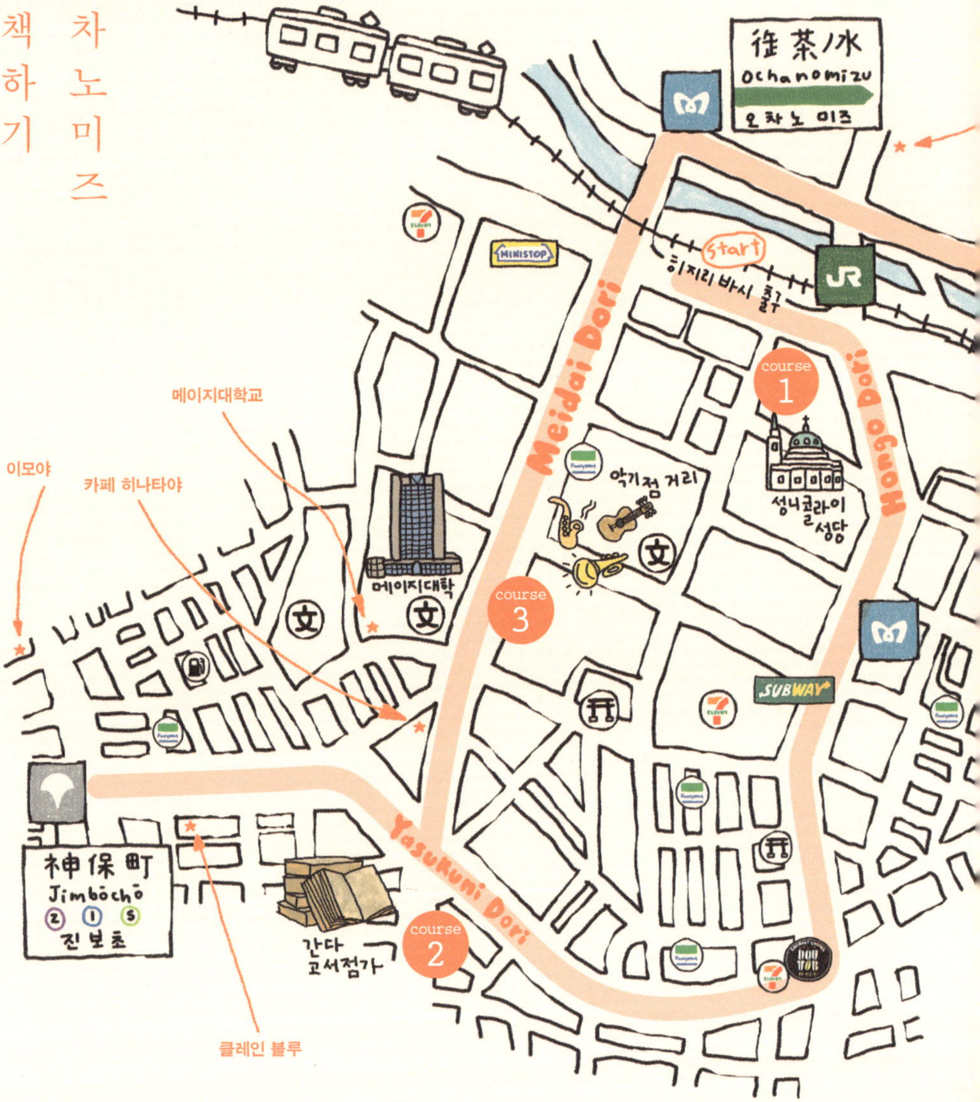

お茶ノ水
Ochanomizu
오차노미즈

start
이지리 바시 출구
JR

course 1
성니콜라이 성당

Meidai Dori
Hongo Dori

메이지대학교
메이지대학

악기점 거리

course 3

카페 히나타야

이모야

SUBWAY

Yasukuni Dori

神保町
Jimbōchō
진보초

간다 고서점가

course 2

클레인 블루

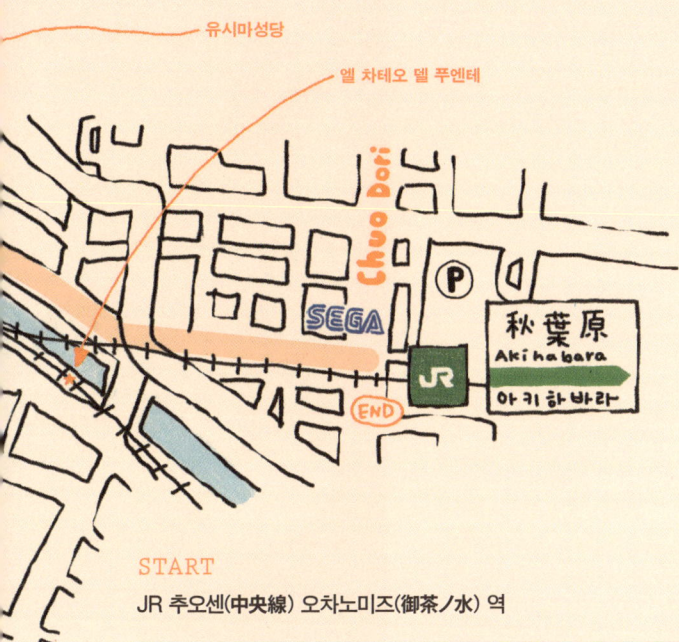

START
JR 추오센(中央線) 오차노미즈(御茶ノ水) 역

Course1
성 니콜라이성당
ニコライ堂
정식 명칭은 도쿄부활대성당
東京復活大聖堂

히지리바시 출구에서 횡단보도를 건너 언덕 아래로 200m 정도 내려가면 오른쪽에 성 니콜라이성당이 보인다.

Course2
간다 고서점가
神田古書店街

성 니콜라이성당에서 나와 아래로 내려가면 큰길을 만나는데 그곳에서 우회전해 진보초(神保町) 역이 있는 곳까지 큰길을 따라 걷는다. 진보초 역에 다다르기 전에 간다 고서점가가 시작된다.

Course3
악기점 거리
楽器店街

고서점가에서 메이다이도리(明大通り) 쪽으로 걷다보면 메이지대학교 방향에 있다. 악기점 거리를 산책한 뒤 유시마성당에 갔다가 다시 간다 강을 따라 아키하바라 역을 향해 걷는다(도보 15분).

END
JR 야마노테센(山手線) 아키하바라(秋葉原) 역

▶ 총 2~4시간 소요

영화에서나 볼 듯한 장면을 담아내는 곳

이름이 대상의 모든 것을 대변하듯, 오차노미즈 역에 내리면 왜 그곳이 오차노미즈라고 불리는지 단번에 알 수 있다. '차의 물', '찻물'이라고 해석되는 오차노미즈라는 이름은 선로를 따라 흐르는 간다 강과 숲이 한데 어우러져 마치 녹차 향이 난다고 해서 붙여진 이름이 아닐까.

오차노미즈를 구성하는 것은 배움과 젊음, 열정이다. 도쿄의 대학촌이라고 불리는 이곳은 명문 사립인 메이지대학교를 비롯해 오차노미즈여대, 도쿄의대 치과대학이 오밀조밀 모여 대학가를 형성하고 있고, 유명 대학 입시학원이 밀집되어 있어 명실공히 학문의 열정이 뿜어져나오는 거리라고 할 수 있다. 대학가답게 음식점이나 카페 등의 가격이 다른 지역에 비해 저렴해서 주머니가 가벼운 사람들이 부담 없이 즐길 수 있는 긍정의 힘이 느껴지는 곳이다.

일본 교육의 발상지인 유시마성당(湯島聖堂, p.48)은 합격을 기원하기 위해 오는 수험생들로 가득하다. 근처에 있는 간다 고서점가는 수많은 공부벌레의 지식욕과 탐구욕을 충족주며 세계 최대 고서점 거리로 인정받고 있다.

오차노미즈에서 진보초(神保町)에 이르는 산책길에는 젊음을 쏟아낼 수 있는 볼거리와 놀거리가 많은데 거리 자체는 길지 않지만 스포츠용품 전문거리, 고서점거리, 악기거리 등 가게가 많아 스포츠나 음악에 관심이 많으면 둘러보며 시간을 보내기 좋다.

오차노미즈

course
1

도쿄의
옛 랜드마크,
성 니콜라이성당

신사와 절이 편의점처럼 곳곳에 터를 잡고 있는 도쿄에서 교회나 성당을 발견하기는 쉽지 않다. 이 때문에 새벽부터 울어대는 까마귀도 그렇고 전반적으로 음산한 기운을 무시할 수 없는데 성당이나 교회 건물을 보면 한 줄기 빛을 만난 것처럼 신선하고 감동적이다.

성 니콜라이성당의 정식 명칭은 일본 하리스토스(그리스도) 정교회 교단 도쿄부활대성당이다. 일본에 최초로 정교회를 전파한 니콜라이 선교사의 이름에서 유래했다. 성 니콜라이성당은 1884년 착공해 1891년 완성되었는데 러시아 공과대학의 건축가 시추르포프(Michael A. Shchurupov)의 설계 도면에 기초해 콘더(Josiah Conder)라는 영국 사람이 감독해서 지었다. 비잔틴양식으로 지어진 일본 최초의 건물로 아치형 창문과 돔형태 지붕이 인상적이며 주변 건물들과 완전히 달라 무척 도드라진다. 특히 성당 자체가 고지대에 있어 예전에는 도쿄의 랜드마크로 불리기도 했다. 1923년 관동대지진 때 대성당의 종루와 돔지붕이 붕괴되고 내부도 소실되었다가 1927년부터 1929년까지 복원되었으며 1983년에 문화재로 지정되었다. 예배가 있을 때는 시간에 맞춰서 내부 관람도 가능한데 사진 촬영은 불가능하다.

point.
시간과 여유가 된다면
성당 내부 둘러보기

오차노미즈

course 2

도쿄 사람들의
자존심,
간다 고서점가

빈티지 와인이 가치를 알아주는 소믈리에를 만나야 그 진가가 드러나듯, 고서적도 가치를 알아주는 사람을 만나야 더욱 값지다. 진보초 역 일대에 넓게 분포되어 있는 간다 고서점가에는 자신을 알아봐주길 바라며 보물처럼 숨겨져 있는 고서적들과 중고서적들이 오랜 시간 인내하며 새로운 주인을 기다리고 있다. 진보초 역 일대는 지금은 행정상 치요다구(千代田区)로 바뀌었지만 원래 간다구(神田区)에 속해 있었기에 현재도 간다 고서점가로 불린다. 100년 전 메이지시대에 이 지역에 대학들이 들어서면서 대학생을 대상으로 한 서점이 문을 열었고, 이후 읽은 책을 사고파는 중고서점으로 활성화되면서 도쿄 사람들의 자존심이 되었다. 현재 고서를 취급하는 서점이 150개 정도 될 만큼 세계에서 손꼽히는 고서점가라고 해도 전혀 손색이 없는 규모를

자랑한다.

간다 고서점가 사이사이에는 출판사도 있고 일반 서점도 있지만 대부분 한 점포에서 고서, 만화책, 서양음악 관련 악보, 아이돌 잡지, 그림책, 영어책 등 한 분야만 전문으로 판매하므로 주인의 해당 분야에 대한 지식의 깊이와 양은 엄청나다. 한 권 한 권 책을 손질하는 주인의 손길은 마치 아이를 돌보듯 세심하고 부드럽다.

켜켜이 쌓여 있는 책을 쉽게 찾기 위해 책 제목을 쓴 종이를 진열대 바깥쪽에 이름표를 붙이듯 붙여놓았다. 새 책이 들어오면 한 장 한 장 섬세하게 먼지를 털어내 최상의 상품을 만들어낸다.

10월에는 100만 권이 넘는 서적을 선보이는 '고서축제'가 열린다. 이때 평소보다 저렴하게 책을 살 수 있으며 때에 따라 희귀본 경매도 한다. 10시 30분 이후 문을 열기 시작하니 11시 넘어서 가는 것이 좋다.

point.
관심 있는 분야의 전문서점 둘러보기

course 3

이 세상 모든 악기가 있는 곳, 악기점 거리

메이지대학가를 걷기 시작하면 기타 가방을 멘 젊은이들이 삼삼오오 걸어가는 모습이 눈에 들어오고, 곧이어 휘황찬란한 기타를 펼쳐놓은 상점들의 파노라마가 시작된다.

20여 개 남짓한 악기 상점 앞에는 전자기타와 통기타가 마치 선발대회에 나온 것처럼 가격과 이름표를 달고 다닥다닥 전시되어 있다. 상점 안에는 가격도 성품도 고귀한 기타들이 여유롭게 자리 잡고 있다.

종로의 낙원상가가 한 건물에 여러 가지 악기 전문점을 모아놓았다면 이곳은 건물마다 펼쳐놓아 좀 더 다양하게 악기를 고를 수 있다. 전자기타와 이펙터, 앰프, 어쿠스틱기타, 미니기타, 디제잉 도구, 전자바이올린, 수제 기타, 현악기, 타악기, 관악기 등 다양한 악기를 판매하는데 우리나라에서는 보기 어려운 악기도 쉽게 만날 수 있다.

중고 모델이나 저가형 모델도 많으며 같은 종류의 악기나 액세서리 등도 가게마다 가격이 다르고 주말에 세일을 많이 하니 꼼꼼하게 발품 팔면 좋은 녀석을 합리적인 가격에 데려올 수 있다.

메이지대학교 건물 꼭대기에서 내려다보는 오차노미즈 전경도 신선하다.

point.
사고 싶은 악기가 있다면 미리
가격을 조사하고 올 것

악기점 거리를 둘러본 뒤에는 오차노미즈 역으로 돌아와 히지리바시(聖橋)를 건너 유시마성당에 들른 뒤 간다묘진(神田明神)을 지나 아키하바라까지 걸으면 산책이 끝난다.

히지리바시를 건널 때
추오센(中央線),
마루노우치센(丸の内線),
소부센(総武線) 세 전철이 동시에
지나가는 장면을 포착해보는 것도
쏠쏠한 재미 중 하나다.

It Place

 유시마성당
湯島聖堂

공자를 모시는 사당으로 1690년 건립해 학생들에게 논어를 가르친 사당 겸 교육기관이다.
이 성당이 지어진 뒤 인재가 많이 모여들었지만 유신정부에 인계된 뒤 1871년 폐쇄되었다. 대부분 건물이 검은색이어서 엄숙한 분위기인데 관동대지진 때 피해를 입어 일부 건물만 남고 소실된 것을 복원해놓았다. 내부에 세워진 3m가량의 공자상은 세계 최대 크기라고 한다. 대학입시를 앞둔 수험생들이 많이 찾아와 합격을 기원한다.

주소 東京都文京区湯島 1-4-25
오픈 3~10월 09:30~16:00,
11~2월 09:30~17:00
(토·일·연말은 10:00 오픈,
추석 전후 5일간,
12월 29~31일 휴무)
문의 03-3251-4606

 메이지대학교
明治大学

일본 정치경제 중추를 담당하는 기업, 관공서와 가까운 곳에 자리 잡은 메이지대학교는 4개 캠퍼스로 구성되어 있다. 오차노미즈 근처 스루가다이(駿河台) 캠퍼스가 메인캠퍼스다. 대로를 중심으로 건물들이 이리저리 흩어져 있어 대학 캠퍼스라는 느낌은 들지 않지만 랜드마크가 된 리버티 타워(リバティタワー)에 있는 도서관과 카페에 모여 공부하고 토론하는 학생들의 열기를 느낀다면 그런 생각은 사라질 것이다. 엘리베이터를 타고 17층 학생식당에 가면 도쿄를 전망할 수 있다. 2014년 도쿄국제만화도서관이 개관되니 일정을 확인하고 관심 있는 사람들은 둘러봐도 좋다.

주소 東京都千代田区神田駿河台 1-1
문의 03-3296-4545

 엘 차테오 델 푸엔테
El Chateo del Puente

스페인식 선술집의 의미를 담은 레스토랑으로 간다 강변에 있는 카페. 해가 지고 어둑어둑해지면 더욱 운치 있는 카페로 스페인 각지의 요리에 와인을 곁들여 먹을 수 있다. 발코니에서 간다 강을 바라보며 분위기를 낼 수도 있다. 음식 재료는 모두 스페인에서 공수해온다. 스페인식 음식을 조금씩 맛볼 수 있는 작은 접시 요리 타파스와 화이트 아스파라거스 샐러드가 유명하다.

주소 東京都千代田区神田淡路町 2-9
오픈 월~금 11:30~15:00,
17:00~23:00, 토 11:30~15:00,
17:00~22:30, 일 12:00~21:00
(공휴일 휴무)
요금 갈릭수프 600엔,
앤초비 조각피자 600엔,
스페인식 로스트치킨 1800엔,
코스 요리 3000엔부터
문의 03-3255-1005

이모야 본점
いもや

진보초 역 A4번 출구로 나와서 작은 길을 두 번 지나 왼쪽 골목을 쳐다보면 바로 보인다. 덴푸라를 좋아한다면 가봐도 좋을 곳이다. 튀김소스에 생강과 무를 넣어서 메밀소바 간장 같은 느낌이 드는데 차진 밥이 더욱 맛있다. 할아버지와 할머니, 아들로 보이는 세 명이 장사한다. 바로 뒷골목에 있는 이모야 2호점에서는 튀김덮밥인 텐동을 맛볼 수 있다.

주소 東京都千代田区神田神保町 2-16
오픈 월~토 11:00~20:00
        (일·공휴일 휴무)
요금 에비정식 900엔,
        덴푸라정식 700엔
문의 03-3261-6247

클레인 블루
Klein Blue

처음 들어서면 다방 같은 분위기가 난다. 낡은 나무 탁자와 의자, 마룻바닥에서 오랜 세월을 느낄 수 있다. 음악과 미술을 좋아한다면 들러봐도 좋다. 60대는 넘어 보이는 멋진 할아버지가 재즈 음악을 틀어준다. 마치 자기 집에 온 손님을 대접하듯 친근하게 말을 걸고 대화를 이어나간다. 한 벽 가득히 커피, 찻잔이 전시되어 있는데 손님이 고르는 잔에 음료를 담아내준다. 아티스트를 선정해 입구와 벽에 그림을 전시해놓는데 구입할 수도 있다. 진보초 역 A7번 출입구에서 코너를 돌아 걷다보면 2층에 있다.

주소 東京都千代田区神田神保町 1-7
        三光堂ビル 2F
오픈 12:00~24:00
문의 03-3295-2635

카페 히나타야
カフェ ヒナタ屋

진보초에서 메이지대학교 쪽 언덕으로 올라오다보면 메이지대학교 본관 바로 못 미쳐 왼쪽으로 작은 거리가 나온다. 그 코너 건물 4층에 있는 작고 아담한 카페. 오차노미즈 근처 식당 중에서 평점이 좋은 카페로 매운 인도식 카레가 유명하다. 엘리베이터는 수동으로 작동하는 구식 엘리베이터니 당황하지 말 것. 내부는 소박하고 깔끔하게 꾸며져 있다.

주소 東京都千代田区神田小川町 3-10
        振天堂ビル 4F
오픈 11:30~22:00(일·월·공휴일 휴무)
요금 커피 450엔, 치킨카레 800엔,
        샌드위치 900엔,
        치킨카레세트 1000엔
문의 03-5848-7520
        www.hinata-ya.net

할아버지, 할머니의
하라주쿠

스가모

巣鴨 Sugamo

꽃분홍색 숄형 재킷에 검은색 개량식 기모노를
겹쳐 입은 트렌드세터,
정갈하게 빗어 넘긴 쪽진 머리를 하고
다소곳하게 걸어가는 품절녀,
운동으로 단련된 세련된 몸을
슈트와 중절모로 마무리한 차도남,
빨간 티셔츠를 입은 개와 함께 산책 나온 완소녀,
10대 소년의 스피드로
자전거를 씽씽 몰고 가는 몸짱,
찰랑이는 은빛 머리, 여유로운 발걸음,
자체 발광 무게감.
누가 감히 그들을 할머니, 할아버지라 부르는가.

산책하기 스가모

START
JR 야마노테센(山手線) 스가모(巣鴨) 역

Course1
스가모 쇼핑가
巣鴨地蔵通り商店街

정면 출구로 나와 오른쪽 3시 방향으로 멀리 육교가 보이고 그 옆에 스가모 상점가로 들어가는 입구가 보인다. 그곳까지 걸어가면 된다. 미타센(三田線)을 타고 왔다면 A4 출구로 나오면 바로 앞에 상가가 있다.

Course2
코간지
高岩寺

상가 입구에서 약 200m 정도 직진하면 오른쪽에 코간지가 보인다. 입구가 크지는 않지만 모르고 지나칠 정도로 작지도 않다.

END
JR 야마노테센 스가모 역

▶ 총 40분 소요

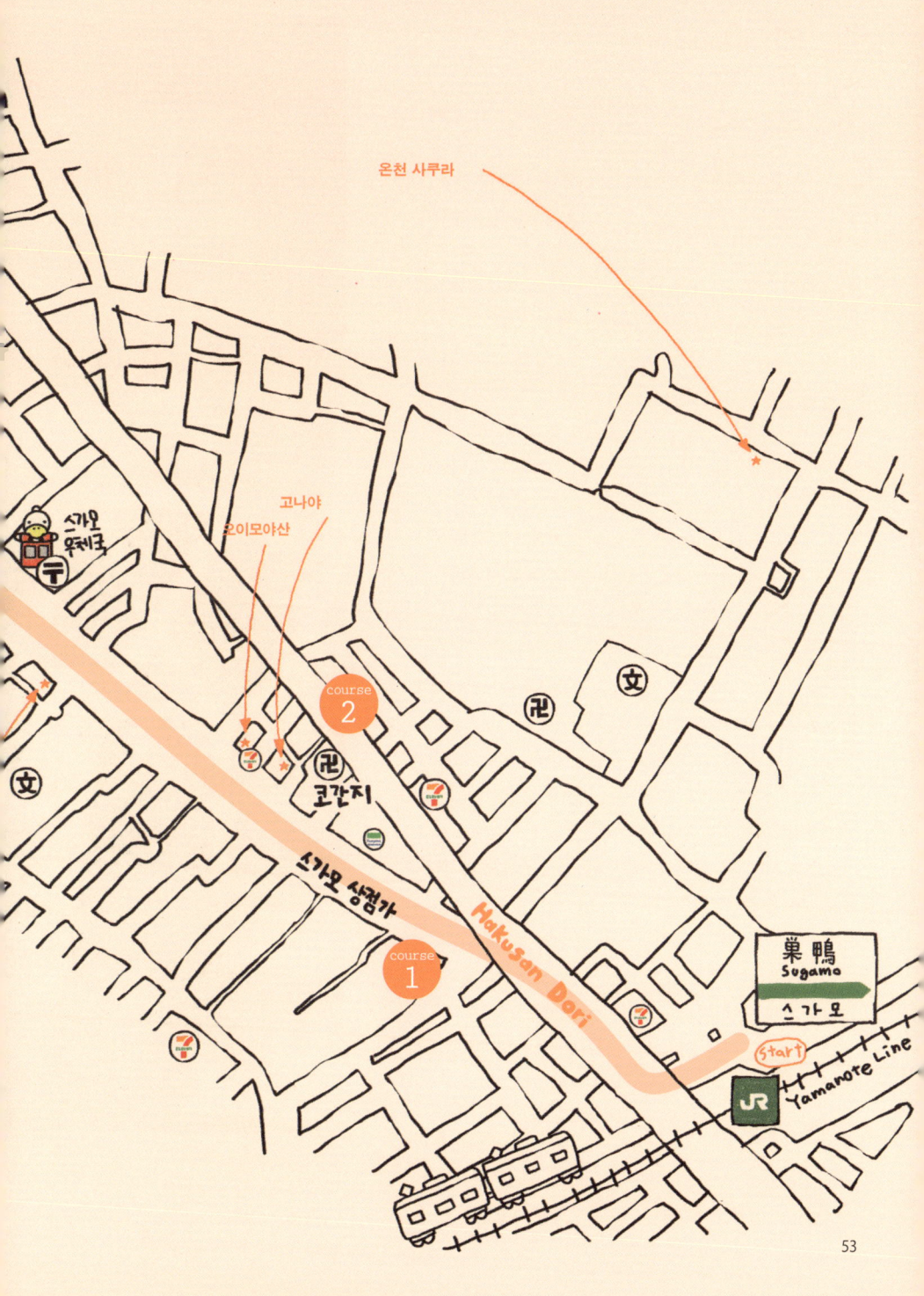

노년시대,
어른이라고
놀리지 말아요

21세기 젊은 트렌드세터들에게 하라주쿠가 있다면 1960~70년대를 주름잡던 차도남녀들에게는 스가모가 있다. 세계적 장수 국가답게 일본에는 실버산업이 발달했는데 이들의 패션과 유행을 선도하는 '할머니들의 파라다이스' 스가모는 도쿄 중심에서 거대한 상점가를 이루며 존재감을 과시한다.

도쿄 시내 북쪽 이케부쿠로 옆에 있는 스가모는 JR선과 도에이 미타센이 바로 앞에 있어 이동하기 편리하다. 이런 위치적인 장점을 기반으로 쇼핑가 안쪽에 있는 '코간지'라는 사찰을 찾는 노인들을 손님으로 끌어들이기 위해 계획적으로 상점가를 만들었는데 해마다 이곳에 1000만 명 정도가 찾아온다.

너비 6m의 도로 양옆으로 800m 정도에 들어선 190개 상점에서는 실버세대를 위한 다양한 필수용품을 판매하며 옷 가게, 패션용품점, 레스토랑, 커피숍 또한 어른들을 위해 만들어진 독특한 콘셉트를 가지고 있다. 거대한 연못에 많은 오리(카모, 鴨)가 살면서 둥지(스, 巣)를 만든 것이 유래가 되어 생겨난 이름인 스가모를 대표하는 캐릭터는 귀여운 오리 '스가몬(すがもん)'이다. 거리를 걷다보면 스가몬 로고송이 시도 때도 없이 울려퍼진다. 스가모에서 저녁 늦게까지 머무를 계획은 하지 않는 것이 좋다. 상점은 대부분 오후 5시 정도 되면 슬슬 문을 닫는다. 할머니, 할아버지 들이 해가 지기 전에 귀가하시기 때문에!

course
1

오로지 노인만을
배려하는 곳,
스가모 쇼핑가

스가모 쇼핑가에 들어가자마자 가장 먼저 눈에 띄는 것은 차도와 인도의 턱이 거의 없다는 것과 자동차 통행을 줄이기 위해 차로를 1차선으로 만들었다는 것이다. 그래서 이곳에서는 차들이 속력을 내지 않고 천천히 지나간다. 자전거를 타고 다니거나 천천히 걸음을 옮기며 쇼핑하는 노인들을 배려한 것이다.
몇 걸음만 안으로 들어가면 시원시원한 글씨들이 눈에 들어오는데 전부 판매되는 물건들의 이름과 가격표다. 눈이 좋지 않은 노인들을 배려해 가격을 대문짝만 하게 써놓은 것이다.

차도와 인도를 구분하는 턱이 없는 스가모의 거리와
노인들을 배려해 글씨를 크게 써놓은 상점들.

Part 1 과거와 현재가 공존하는 길

나이가 많은 사람들일수록 빨간색을 선호하고 빨간색이 건강에 좋은 영향을 준다고 믿는 것에 착안해 빨간색 간판이 많다. 빨간색 속옷 '아까 빤추'와 패션잡화만 파는 상점도 있다. 외국어나 외래어를 써서 상점 이름을 멋지게 하기보다는 소바집, 타바코(담배), 이발소 등 상점 이름을 단순하게 붙여놓은 것도 재미있다.

의자를 곳곳에 배치해놓은 것도 쇼핑하다가 다리가 아플 노인들을 배려한 것이다. 그래서 붕어빵 가게나 아이스크림 가게에서 간식을 산 뒤 오순도순 앉아서 맛있게 여유를 즐기는 할아버지, 할머니를 쉽게 볼 수 있다.

노인들이 좋아하는 만주나 센베이 과자를 파는 가게는 물론 건강식품점, 노인들에게 필요한 약과 생필품을 전문으로 하는 드러그 스토어, 모자를 많이 쓰는 노인들을 위한 모자판매점, 의류점, 속옷 가게, 노장의 로맨스를 전하는 꽃 가게 등이 줄지어 있다.

point.
노인들을 위해 섬세하게 배려한 곳을 찾아보며 걷기, 동네를 어슬렁거리는 고양이와 놀기

course
2

몸과 마음에
위로를 찾는 이들이
모이는 곳, 코간지

사람들은 대부분 어떤 대상을 정해놓고 그 대상에게 행운이나 소원을 빌며 그것이 이루어지기를 바란다. 엿을 고사장 철문에 붙이며 합격을 빌기도 하고, 연등을 날리며 소원을 빌거나 돌덩이를 만지며 임신을 기원하기도 한다. 모양은 제각각이지만 공통점은 무언가 자기 힘으로는 할 수 없는 문제들이 해결되기를 바란다는 것이다.

코간지는 스가모 지조도리 상점가 중간쯤에 위치한 사찰로, 아픈 곳을 치료해준다는 도게누키 지장보살(とげぬき地蔵尊)이 있어 많은 사람이 찾는다. 이곳은 실수로 바늘을 삼킨 한 여인이 지장보살 부적을 삼켜서 죽지 않고 살아났다는 전설에서 유래했다. 사찰 안쪽에 놓인 관음상이 치료에 효험이 있다고 소문나 아픈 사람들이 많이 찾는다. 관음상에 물을 붓고 나서 아픈 부위를 수건으로 닦으면 낫는다고 해서인지 많은 사람이 줄을 서서 기다린 뒤 소원을 비는 의식을 치른다.

절 앞쪽에 있는 향로에서는 희뿌연 연기가 계속 피어오르는데 그 연기에 몸을 씻으면 몸과 마음이 정결해진다고 한다. 4, 14, 24일 등 4자가 붙는 날은 사람들이 많이 찾아오니 번잡한 것을 싫어하는 사람들은 이날을 피하자.

point.
코간지에 온 사람들 관찰하기

스가모

실버 패션 센스 엿보기

보라색 톤 모자를 곱게 쓴 할머니, 표범무늬 재킷으로 한껏 멋을 낸 할머니, 깔끔한 정장을 빼입은 할아버지 등 젊었을 때는 한 스타일 했을 것 같은 노인들이 점령하고 있는 이상 스가모는 언제나 자체 발광하는 실버들의 핫 플레이스다.

스가모

It Place

코신즈카 역 도쿄 노면전차 정거장
庚申塚停留場

와세다대학교에서 출발해 미노와바시(三ノ輪橋) 역까지 13km를 왕복하는 도덴아라카와센(都電荒川線) 노면전차 정거장이 스가모에 있다. 도덴아라카와센은 도쿄 유일의 노면전차로, 버스 길이 정도 되는 짧은 전차가 플랫폼으로 들어오는 모습을 보면 저절로 미소가 지어질 정도로 귀엽다. 도쿄 시내에서 옛날의 소박한 정취를 느끼고 싶다면 노면전차 정거장으로 가보자. 스가모 관광을 마쳤다면 이곳에서 노면전차를 타고 이케부쿠로 등 시내로 나가는 것도 추천한다.

요금 기본 170엔

온천 사쿠라
SAKURA

도쿄 시내에 있다는 프리미엄 만으로도 가볼만 한 가치가 있는 온천이다. 도쿄의 오다이바 오오에도온천(お台場大江戸温泉物語)이나 우라야스(浦安) 지역의 유메구리만게쿄(湯巡り万華郷)의 규모와 비교하면 작지만 도쿄 중심에서 온천을 즐길 수 있다는 장점을 갖추었다. 스가모를 둘러본 뒤 해가 질 무렵 이곳에 와서 여행의 피로를 씻어보는 것도 좋다. 노천탕은 네 가지 물을 느낄 수 있게 준비되어 있고 식사, 음료도 즐길 수 있다. 스가모 전철역까지 셔틀버스가 운영되며 셔틀버스 시간표는 홈페이지에 나와 있다. 한국말을 하는 직원이 있어 도움을 요청할 수 있다.

주소 東京都豊島区駒込 5-4-24
오픈 10:00~23:00
요금 대인 1296엔, 소인 756엔, 수건 대여 108엔, 목욕수건 216엔
문의 03-5906-5566
www.sakura-2005.com

마루지
マルジ

일본 최고의 빨간 팬티 '아까 빤추'를 전문적으로 파는 가게로 속칭 '빨간 내복집'이다. 스가모에 1호점부터 4호점까지 있다.
정열의 '빨강'을 선호하는 노인들의 마음을 읽어내 비즈니스로 연결한 속옷 가게로 창업한 지 29년 되었다. 우리나라에는 첫 월급을 받으면 부모님께 빨간 내복을 선물하는 전통이 있는데 이곳에 전시되어 있는 수많은 종류의 빨간 속옷, 내복, 양말 등 패션잡화들을 보면 부모님께 이것저것 선물하고 싶은 효심이 발동한다.
스가모의 마스코트인 오리 이외에 개구리 캐릭터도 많은데, 개구리가 일본어로 돌아간다는 뜻과 동음어인 '카에루(カエル)'이기 때문이다. 젊은 시절로 돌아가고 싶은 마음을 나타내고자 했다.

주소 東京都豊島区巣鴨 4-21-11(1호점)
오픈 10:00~18:15
요금 팬티 795엔, 빨간 내복 상의 2000엔~, 하의 1350엔~, 복대 1050엔
문의 03-3918-4558
www.sugamo-maruji.jp

고나야
古奈屋

타이완에 분점이 진출한 덕에 타이완 손님들이 많이 온다는 카레우동집 고나야는 점심시간이 되면 줄을 선 사람들을 쉽게 볼 수 있다. 아직 한국 사람에게는 많이 알려지지 않았다. 1983년 개점했는데 뉴칼레도니아에서 잡아온 새우로 만든 튀김카레우동이 인기 메뉴다. 짠 음식에 익숙하지 않은 사람은 맛이 조금 강하고 짜다고 느낄 수 있지만 특유의 묘한 맛 때문에 가끔 생각난다. 상점가 입구에서 직진해 들어와 신사를 지나자마자 오른쪽 골목에 있다. 영업시간이 길지 않으므로 잘 계획해서 가야 한다.

주소 東京都豊島区巣鴨 3-37-1
오픈 11:00~16:30, 토·일·공휴일,
　　　 11:00~18:30(연중무휴)
요금 새우카레우동 1380엔,
　　　 카레우동 1080엔
문의 03-3940-6180
　　　 www.konaya.ne.jp

오이모야산
おいもやさん

설탕시럽이 코팅돼 바삭하고 달콤한 고구마맛탕을 보고 그냥 지나간다면 당신은 고된 노동 뒤 시원하게 들이켜는 식혜의 맛을 모르는 맹숭맹숭한 사람일 수도 있다. 스가모를 걷다보면 어르신들이 좋아하는 달짝지근한 간식을 많이 볼 수 있는데 어릴 적 추억이 담겨 있는 고구마맛탕도 예외는 아니다. 오이모야산은 도쿄에만 체인을 10개 정도 두고 있는데 스가모에 있는 것이 본점이다.

주소 東京都豊島区巣鴨 3-38-1
오픈 10:00~19:00
요금 고구마맛탕 100g 189엔,
　　　 200g 378엔, 500g 945엔
문의 03-3916-2839
　　　 www.oimoyasan.com

사쿠라비요리
さくらびより

벚꽃을 보러 가는 날 날씨가 좋아 금상첨화라는 뜻의 사쿠라비요리는 손님이 찻잎을 직접 빻아서 마실 수 있는 일본 전통찻집이다. 현지인이 가는 곳이라 화려하거나 요란하지 않고 스가모에 있는 점포답게 작고 오래된 느낌이 들어 더 정겹다. 차가 30가지 이상 마련되어 있으며 좋아하는 차를 고르면 차 빻는 도구와 뜨거운 물, 차 우려내는 세트를 가져다준다. 커피를 그라인딩할 때 흡족한 향이 나는 것처럼 찻잎을 갈 때 나는 향기를 맡으면 마음이 편안해진다.

주소 東京都豊島区巣鴨 4-13-21
오픈 09:00~20:00
요금 티 & 과자 세트 950엔
문의 090-6929-1369

오미야게, 아사히, 스카이트리,
스미다 강의 사중주

아사쿠사

浅草 Asakusa

스미다 강 언덕에 터를 잡은 스카이트리는
아름다운 불빛과 첨단 디자인으로
사람들의 관심과 시선을 받으며
도쿄의 상징이었던 도쿄타워의 자리를
슬며시 빼앗았다.
일본의 다양한 오미야게를 구경하기 위해,
센소지를 찾기 위해 아사쿠사를 찾던 사람들은
이제 발걸음을 길게 늘려
스카이트리 그늘에서 쉰다.
전통과 최첨단이 조우하는 곳.
과거와 미래와 자연이 함께하는 곳.
아사쿠사가 지금 가는 길이다.

산책하기 아사쿠사

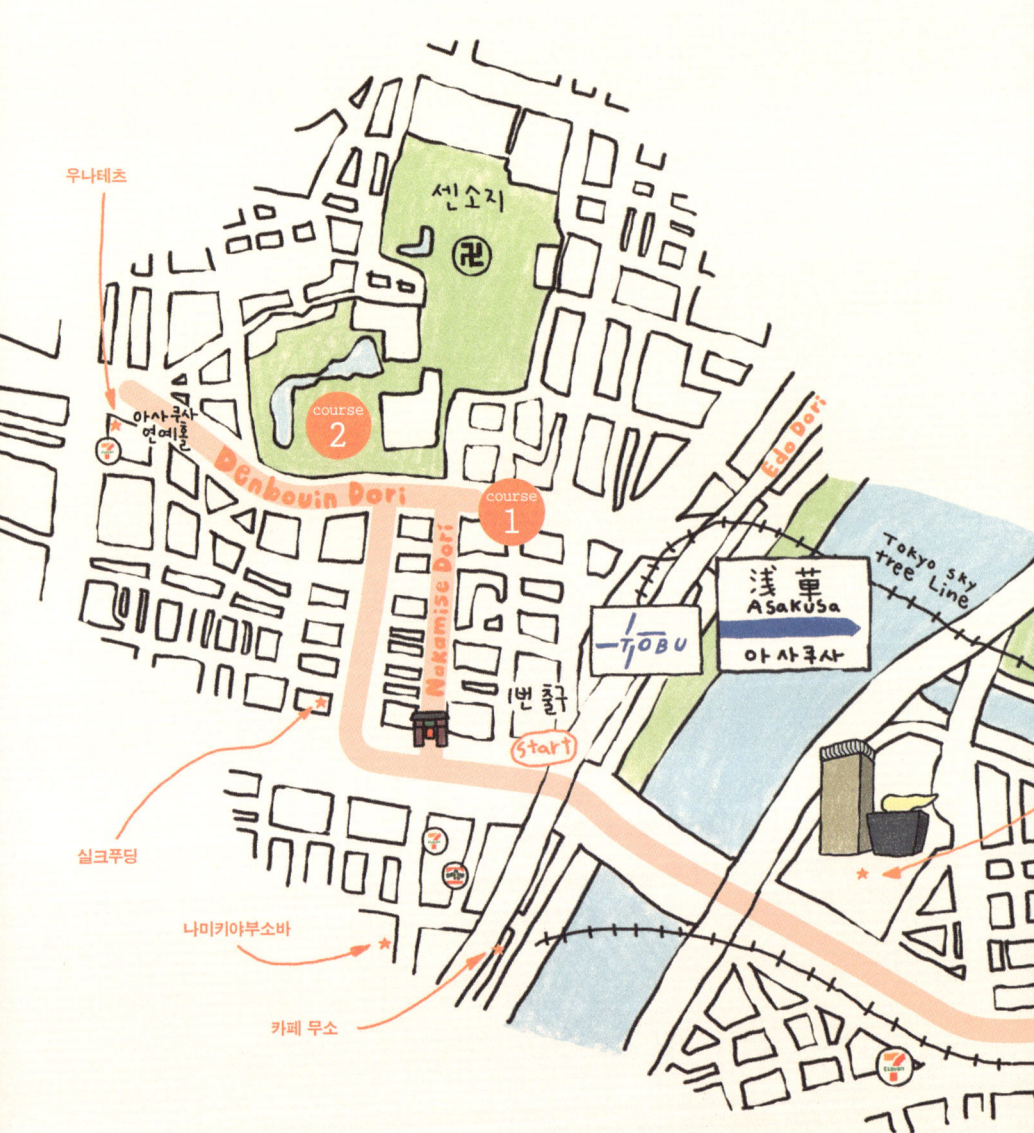

START
도쿄 메트로 긴자센(銀座線) 아사쿠사(浅草) 역

Course1
나카미세도리 仲見世通り

1번 출구로 나와 사람들이 오른편으로 많이 몰려 있는 곳을 보면 가미나리몬이 보인다. 그 안으로 들어가면 센소지로 가는 길에 펼쳐져 있는 나카미세도리와 만난다.

Course2
덴보인도리 伝法院通り

나카미세도리에서 센소지를 향해 계속 걸어가다 센소지 입구에서 왼쪽으로 눈을 돌리면 덴보인도리가 보인다. 마치 일본 정통사극을 보는 듯한 느낌이 든다면 그 방향으로 들어가면 된다.

Course3
스카이트리 スカイツリー

아사쿠사 역 쪽으로 다시 걸어와 강 건너 아사히빌딩을 바라보며 빨간색 다리를 걷는다. 아사히 빌딩을 지나 계속해서 걸어가다가 오거리를 지나 혼조아즈마바시(本所吾妻橋) 역이 나오면 그곳에서 좌회전한다. 그리고 직진해서 걸어가면 조그만 다리가 나오는데 그곳에서 스카이트리 촬영을 하면 좋다. 그 이후에는 스카이트리를 계속 보며 걸어가면 된다(도보 30분).

END
도부 스카이트리라인(東武 スカイツリーライン) 도쿄스카이트리(とうきょうスカイツリー) 역

▶ 총 3시간 30분~7시간 소요

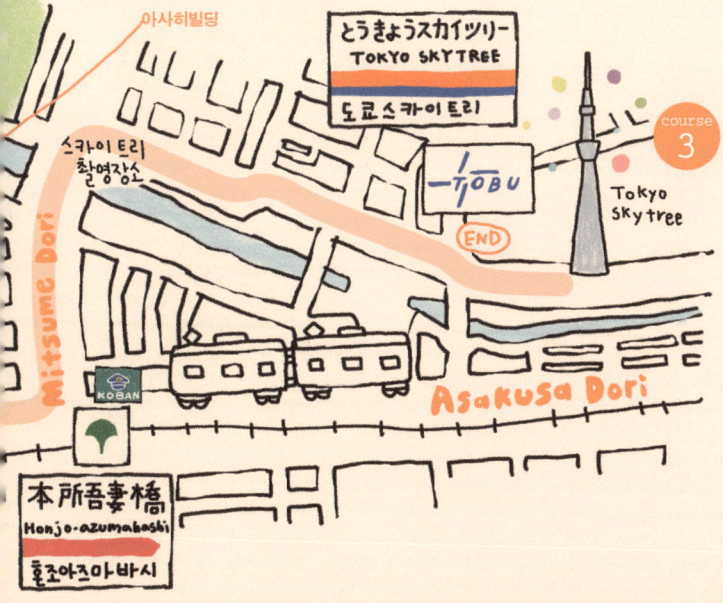

67

전통과 최첨단이 만난 관광명소

도쿄의 대표 관광지로 외국인뿐만 아니라 일본 사람도 수없이 찾아오는 아사쿠사는 전통적인 일본을 느낄 수 있는 대표적인 곳이다. 과거 도쿄에서 가장 변화한 지역이었던 만큼 에도시대부터 놀이문화의 중심이었던 이곳에는 아직도 그 문화가 고스란히 남아 있다. 오래된 극장과 공연장은 건물을 보수하기 시작해 거리가 조금 복잡하다. 그럼에도 시타마치(下町, 일본의 옛 모습이 많이 남아 있는 서민적인 곳)의 느낌을 고스란히 간직한 거리들이 아직 남아 있어 에도시대 일본 분위기를 느낄 수 있다.

사찰인 센소지가 목적지인 사람들도 많지만 관광객에게는 나카미세도리가 훨씬 더 유혹적이다. 에도시대부터 자리를 지키고 있는 전통 상점가로 지금까지 보존되고 있다. 이곳에는 일본 전통소품과 전통의류, 기념품, 전통과자, 토산품, 장신구, 먹거리 등 100여 가게가 양옆으로 줄지어 있다.

스미다 강 건너로 황금색 맥주거품을 상징하는 아사히빌딩이 있고 그 너머로 높게 솟은 스카이트리가 웅장하게 위엄을 드러낸다. 거대한 쇼핑몰과 수족관, 푸드코트, 최첨단 시설로 많은 사람의 시선을 잡아끄는 스카이트리는 적어도 5~6시간 기다려야 입장할 수 있을 만큼 인기가 많다. 강을 중심으로 전통과 현대가 묘하게 만나다보니 일본의 과거와 현재를 통찰할 수 있는 곳이 바로 아사쿠사가 아닌가 싶다.

아사쿠사

course
1

전통이
숨 쉬는 거리,
나카미세도리

나카미세도리에 가려면 가미나리몬(雷門)을 거쳐야 하는데 가미나리몬의 무게가 100kg이 넘기 때문인지 살짝 위압감이 든다. 그럼에도 아사쿠사의 상징으로 자리 잡고 있기에 많은 사람들이 사진을 찍기 바쁘다. 가미나리몬을 지나면 250m 정도에 이르는 나카미세도리가 나온다. 100년이 넘은 상점이 있을 정도로 전통 있는 거리다.

양옆으로 100여 가지 과자와 사탕 등 간식거리를 파는 효반도(評判堂), 에도시대 전통양식을 그대로 본뜬 인형전문점 스케로쿠(助六), 100년이 넘는 역사를 자랑하는 부채 전문점 분센도

point.
일본의 색깔을 제대로 느낄
수 있으니 다양한 오미야게를
감상해볼 것

가미나리몬텐(文扇堂雷門店), 모나카 전문점 아사쿠사초친모나카(浅草ちょうちんもなか), 50년 역사의 전통 데누구이 전문점 후지야(フジヤ) 등이 있다. 나무젓가락에 이름을 새겨주는 상점도 있고, 일본 전통 미니어처를 파는 곳도 있어 천천히 둘러보면 재미있는 것을 많이 발견할 수 있다.

나카미세도리 상점은 대부분 오전 10시 정도면 문을 여는데 11시가 넘으면 사람들이 물밀듯 밀려온다. 휴일이나 관광 시즌에 오면 말 그대로 사람 위에 둥둥 떠다닌다고 할 정도로 사람이 많다. 그나마 여유롭게 보고 싶다면 평일 오전에 오는 것이 좋다.

한국으로 가져갈 일본 기념품은 이곳에서 사는 것도 나쁘지 않다. 가격이 싸지는 않지만 그렇다고 비싸지도 않다.

course 2

전통시대극 세트장 같은 곳, 덴보인도리

200m 남짓한 거리에 에도문화를 고스란히 느낄 수 있는 상점들이 밀집된 거리다. 일단 거리에 들어서면 일본 전통시대극을 촬영하는 세트장에 온 것 같은 느낌이 들 정도로 시타마치 분위기가 잘 보존되어 있다. 거리에 있는 상점들은 고전적 느낌을 주는 수공예품을 주로 파는데 마츠리용 의상점, 장인들이 만든 각종 수공예품점, 전통의상 포목점 등 핸드메이드 상점들이 있다. 장인이 만든 전통 빗의 경우, 1만 6000엔(한화 약 16만 원)이 넘는 것도 있다.

덴보인도리의 상점들이 문을 열지 않은 아침에 가면 셔터들에 그려진 그림을 볼 수 있는데 대부분 아사쿠사의 대표 인물인 에도 8인과 전통문양이 들어간 그림들이다. 포목전에서 도둑을 찾는다는 공문과 지붕 위에 올라가 있는 도둑을 찾아보는 것도 재미있다.

덴보인도리를 조금 더 지나면 롯쿠도리(六区通り)가 나온다. 1950~60년대 아사쿠사의 번화가이자 다양한 공연이 열렸던 곳이다. 가장 유명한 아사쿠사 연예홀(浅草演芸ホール)을 비롯해 크고 작은 극장이 있었으며 가부키, 서커스, 연극 등을 공연했다. 특히 아사쿠사 연예홀은 만담, 서커스 등 다양한 예능을 즐길 수 있는 곳으로 지금도 공연을 보기 위해 이곳을 찾는 사람들이 많다.

point.
에도문화 느껴보기

도쿄의 새로운 랜드마크, 스카이트리

도쿄타워를 대신해 새로이 도쿄의 중심이 된 스카이트리. 현존하는 전파탑으로는 세계 최고 높이(634m)다. 남산타워(236.7m)의 2.5배, 에펠탑(301m)의 2배다. 2008년 7월에 공사를 시작해 2012년 2월 완공한 뒤 5월 22일에 개장했는데, 스카이트리의 주된 목적은 방송전파의 송수신이다. 고층건물이 많아지면서 도쿄타워가 송·수신탑 역할을 제대로 하지 못하자 일본 NHK 등 방송사들이 디지털 전파가 장애 없이 잘 전달되게 하려고 힘을 모아 건설했다. 2011년 3월 대지진 이후 무너진 일본의 재건을 상징한다는 점에서도 의미가 있다.

지상 350m 지점에 전면 유리로 둘러져 있는 제1전망대가 설치되어 있어 시계가 좋은 날 타워를 중심으로 전방 70km까지 볼 수 있다. 지상 450m 지점에 설치된 제2전망대에는 유리로 된 복도가 있는데 공중에 떠 있는 듯한 짜릿함과 스릴을 맛볼 수 있다.

스카이트리에는 전망대 외에도 도쿄소라마치(東京ソラマチ)라는 상업시설이 자리 잡고 있다. 이곳에는 스미다수족관, 쇼핑센터, 일본체험관, 푸드코트, 기념품점 등이 있다. 특히 수족관과 코니카에서 운영하는 천문관은 눈여겨볼 만하다.

아사히빌딩 근처 관광안내소에 가면 스카이트리를 촬영하기 좋은 장소가 나와 있는 지도를 구할 수 있다. 다양한 각도에서 스카이트리를 촬영할 수 있는데, 아사쿠사에서 다리를 건너 스카이트리 방향으로 가는 길에 장애물이 가장 적은 상태로 스카이트리를 촬영할 수 있는 명소가 있다.

시간이 없어 걷기 힘들면 도부 스카이트리라인을 타고 오시아게(押上) 역이나 스카이트리 역에서 내리면 된다.

point.
스카이트리 전체를 촬영할 수 있는 포토 스폿을 놓치지 말 것

스카이트리

주소 東京都墨田区押上 1-1-2
오픈 08:00~22:00
요금 2000엔, 중·고등학생 1500엔
문의 www.tokyo-skytree.jp/kr

It Place

 아사히빌딩
アサヒビル

 우나테츠
うな鐵

황금색의 큰 빌딩은 아사히맥주 본사인 아사히 아즈마바시빌딩(アサヒビール吾妻橋ビル)이다. 일명 맥주 타워로 맥주잔에 담긴 맥주와 하얀 거품이 얹힌 이미지를 형상화했다. 오른쪽 까만 건물은 아사히 슈퍼드라이홀로 맥주 거품을 모티브로 만든 황금색 형상이 건물 위에 있다. 사람들은 대부분 이 건물을 '응꼬비루(똥빌딩)'라고 한다. 황금색 구름 같은 형상은 프랑스의 디자이너 필립 스탁(Philippe Starck)이 황금불꽃(Flamme d'Or)의 콘셉트를 이미지화했는데 아이러니하게도 사람들은 '똥'이라고 부른다. 1989년에 준공된 22층짜리 빌딩으로 22층에는 아사쿠사 전경을 볼 수 있는 라운지가 있다. 슈퍼드라이홀 4~5층에는 아트 스퀘어가 있는데 전시, 공연, 창작 활동 등을 할 수 있게 문을 열어놓았다. 빌딩 1층에 있는 23번지 카페와 2층에 있는 레스토랑에서 아사히 공장에서 직접 조달되는 맥주를 마셔볼 수 있다.

주소 東京都墨田区吾妻橋 1-23-1

장어 맛은 느끼하게 씹히는 육질을 어떻게 요리하느냐에 따라 좌우된다. 비린내가 나지 않으면서도 담백한 장어 맛을 느낄 수 있는 곳을 찾기는 쉽지 않은데 이곳은 명성만큼 품질 좋은 장어를 제공한다.
특히 히츠마부시(ひつまぶし)로 유명하다. 히츠마부시란 '히츠(櫃)'라고 불리는 둥근 나무그릇에 밥을 담고 그 위에 알맞게 자른 장어구이를 얹어놓은 덮밥이다. 함께 나오는 와사비, 파 등과 비벼 먹는 음식으로 나고야에서는 유명하다. 히츠마부시는 4가지 방법으로 먹을 수 있는데, 4분의 1은 밥과 장어를 그냥 먹고, 두 번째는 와사비와 파를 섞어 먹고, 세 번째는 와사비, 파를 섞은 것에 국물을 부어 국처럼 먹고 네 번째는 그중 제일 맛있는 방법으로 먹는다고 한다.
한글 메뉴판이 있고 먹는 방법을 설명해놓아 쉽게 따라서 먹을 수 있다.

주소 東京都台東区浅草 1-43-7
오픈 11:30~22:00(매월 두 번째 화요일 휴무)
요금 오리지날 히츠마부시 3070엔(0.8피스, 1인분), 3480엔(1피스, 1인분)
문의 03-3841-1360
www.hitsumabushi.com

나미키야부소바
並木藪蕎麦

1913년에 문을 연 아사쿠사 100년 전통의 소바집으로, 도쿄에서 유명한 소바집을 거론할 때 빠지지 않는 곳이다. 빌딩과 빌딩 사이에 요란하지 않게 옛날 집의 외관을 그대로 간직하고 있어 흘러간 역사를 느끼게 해주는 정감이 가는 곳이다. 특히 나이가 지긋한 아주머니들이 서빙해서 푸근한 느낌을 준다. 일본에서 맛있는 소바집을 많이 다녀봤다면 줄을 서서 먹을 정도는 아니라고 생각할 수도 있지만 평균 이상의 맛이니 근처에 있다면 한 번쯤 들러봄직한 곳이다.

주소 東京都台東区雷門 2-11-9
오픈 11:00~19:30(목요일 휴무)
요금 자루소바 750엔,
　　　노리카케소바 850엔,
　　　덴푸라소바 1700엔
문의 03-3841-1340

카페 무소
CAFE MEURSAULT

스카이트리타워와 아사히빌딩, 스미다 강을 보면서 식사나 디저트를 즐길 수 있는 오붓한 강변 카페. 조용한 골목에 숨어 있어 번잡하지 않고 차분한 느낌이 좋다. 테라스 쪽 좌석도 있어 날씨가 좋으면 바깥에 앉는 것도 좋다. 점심시간에는 대부분 런치세트를 먹는데 사과케이크와 크림 브륄레 등 20가지가 넘는 케이크를 맛볼 수 있다. 2층은 카페, 3층은 바, 반지하 1층은 케이크 가게로 이용된다.

주소 東京都台東区雷門 2-1-5 中村ビル
오픈 11:00~22:00(연중무휴)
요금 케이크 세트(케이크 2조각+커피,
　　　홍차 중 선택) 1100엔,
　　　과일타르트 500엔, 커피 630엔
문의 03-3843-8008
　　　www.cafe-meursault.com

실크푸딩
シルクプリン

아사쿠사의 명물 실크푸딩. 텔레비전 등 매스컴에 많이 등장한 곳으로 입맛을 당기는 달달한 것이 먹고 싶다면 이곳 푸딩이 제격이다. 실크처럼 부드러운 식감을 느낄 수 있다는 뜻에서 실크푸딩으로 이름 지었는데 오리지널, 커피, 캐러멜, 검은깨, 딸기, 녹차 등 여러 가지 맛이 있다. 이바라키(茨城)의 달걀, 홋카이도산 생크림 등 신선한 재료만 사용한다. 센소지 바로 옆 골목에 있어 찾기가 어렵지 않다. 앉아서 먹고 갈 수 있도록 간이의자도 있다.

주소 東京都台東区浅草 1-4-11
오픈 11:00~21:00(부정기 휴일)
요금 오리지널 380엔, 생캐러멜 380엔,
　　　커피 380엔
문의 03-5828-1677
　　　www.testarossacafe.net

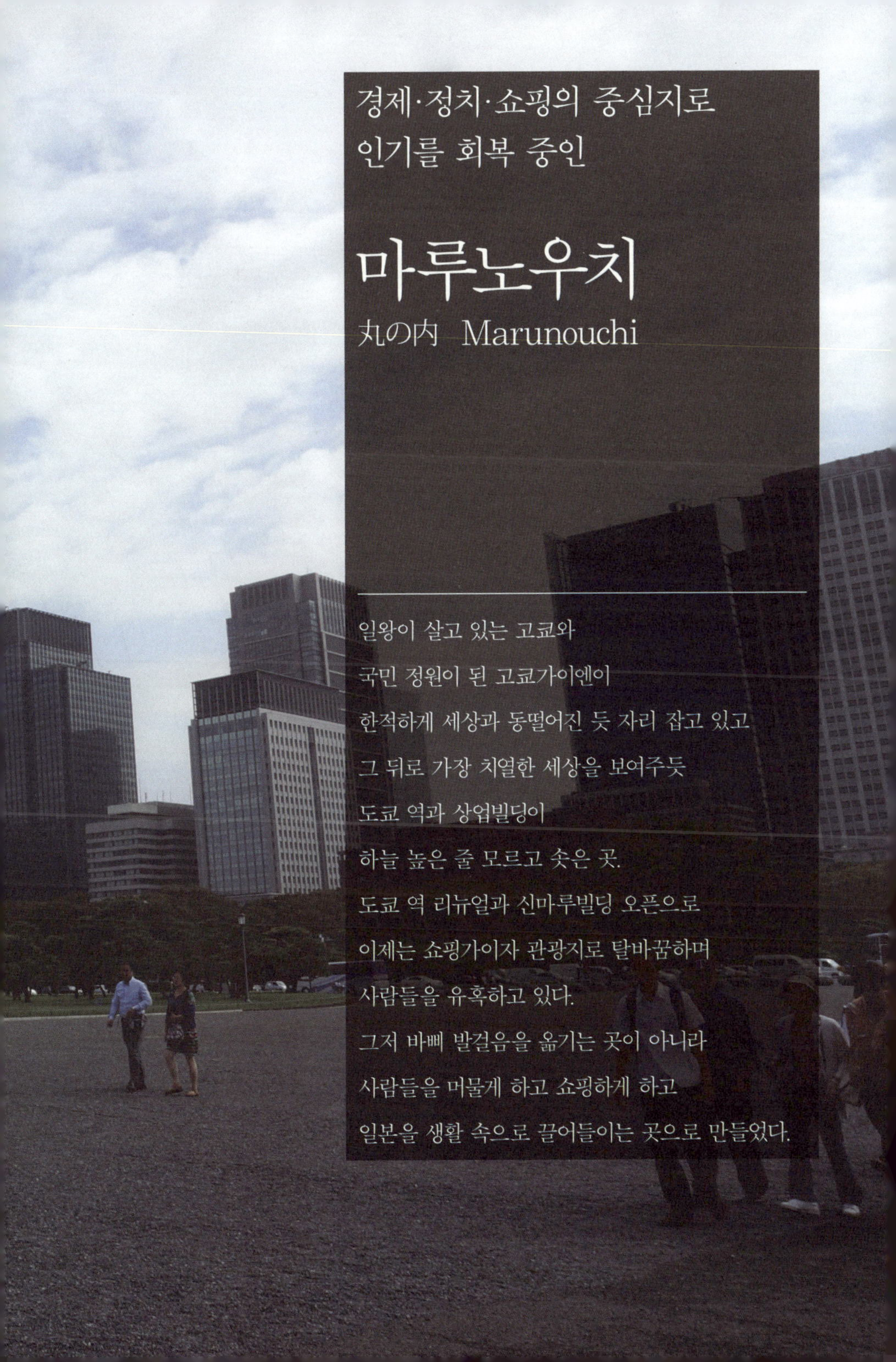

경제·정치·쇼핑의 중심지로
인기를 회복 중인

마루노우치
丸の内 Marunouchi

일왕이 살고 있는 고쿄와
국민 정원이 된 고쿄가이엔이
한적하게 세상과 동떨어진 듯 자리 잡고 있고
그 뒤로 가장 치열한 세상을 보여주듯
도쿄 역과 상업빌딩이
하늘 높은 줄 모르고 솟은 곳.
도쿄 역 리뉴얼과 신마루빌딩 오픈으로
이제는 쇼핑가이자 관광지로 탈바꿈하며
사람들을 유혹하고 있다.
그저 바삐 발걸음을 옮기는 곳이 아니라
사람들을 머물게 하고 쇼핑하게 하고
일본을 생활 속으로 끌어들이는 곳으로 만들었다.

마루노우치 산책하기

START
JR 야마노테센(山手線) 도쿄(東京) 역

Course1
고쿄·고쿄가이엔
皇居·皇居外苑

도쿄 역을 등지고 맞은편 신마루빌딩과 마루빌딩 사이로 걸어가면 넓게 펼쳐진 광장이 보인다. 그 광장 너머에 고쿄와 고쿄가이엔이 자리 잡고 있다.

Course2
마루노우치 나카도리
丸の内仲通り

고쿄와 고쿄가이엔을 둘러보고 다시 도쿄 역으로 방향을 되돌려 걷는다. 마루빌딩과 신마루빌딩을 지나기 전 양팔 방향으로 펼쳐진 도로가 나카도리다. 나무와 조각품들, 명품숍들이 있어 쉽게 찾을 수 있다.

Course3
도쿄 역
東京駅

도쿄 역사 안으로 들어가면 그곳을 중심으로 구역을 정해 걷는 것이 좋다. 1층에 있는 상점들을 둘러본 뒤 지하로 내려가 각종 스트리트를 중심으로 구경하면 된다.

END
JR 야마노테센 도쿄 역

▶ 총 3~5시간 소요

변모하고 있는 일본을 느낄 수 있는 곳

도쿄의 거대 관문인 도쿄 역과 그 역을 중심으로 펼쳐져 있는 비즈니스 거리, 관공서, 쇼핑타운이 마치 알이 꽉 찬 포도처럼 갖가지 맛을 선사하는 곳. 여의도와 종로를 합쳐놓은 듯한 인상을 주지만 중간에 버티고 있는 고쿄 덕분에 훨씬 더 여유로우면서도 초현실적으로 느껴지는 곳이다. 400년 전인 에도시대 영주들의 저택이 늘어서 있으며, 메이지시대에 비즈니스 시설이 들어서면서 일본을 대표하는 정치, 비즈니스 중심가로 변모했다. 이후 비즈니스의 중심이 신주쿠, 시부야로 옮겨갔다가 최근 신마루빌딩(新丸ビル)이 들어서면서 다시 명성을 되찾고 있다.

도쿄 역 주변은 크게 마루노우치 주변, 일왕이 살고 있는 고쿄 주변, 과거 상업의 중심지 니혼바시 주변 세 군데로 나뉜다. 도쿄 역에서 마루노우치 출구 방면으로 나가면 일본 정부기관, 대기업과 은행 본사, 대형 빌딩, 호텔 등이 밀집해 있는 마루노우치 빌딩가가 나오고, 그 너머로 고쿄와 고쿄가이엔 히가시교엔(東御苑) 등을 볼 수 있다. 조금 더 북서쪽으로는 신사참배로 문제를 일으키는 야스쿠니신사(靖国神社)도 있다. 도쿄 역에서 야에스구치(八重洲口) 방면으로 나가면 일본은행 본점, 도로원표, 미쓰코시 니혼바시 본점, 니혼바시 등 과거 상업의 중심지를 만날 수 있다. 특히 니혼바시 최초의 백화점인 미쓰코시 본점은 르네상스 양식의 건물로 1953년에 준공되었다.

마루노우치 워킹투어

오픈 낭만산책코스(화요일 14:00~),
역사탐방코스(목요일 14:00~),
아트산책코스(금요일 11:30~)
요금 1000엔(역사탐방코스 티타임 포함 1500엔)
문의 www.ligare.jp

마루노우치 무료 셔틀

마루노우치를 기점으로 오테마치와 유라쿠초를 순환하는 셔틀.

오픈 08:00~20:00, 토·일·공휴일 10:00~20:00(15분 간격 운행)
문의 www.hinomaru.co.jp/metrolink/marunouchi

course 1

일왕이 살고 있는 곳, 고쿄·고쿄가이엔

에도시대 도쿠가와 가문이 265년간 살았던 성곽인 에도성에 메이지유신 후 일왕이 입성하면서 실제 왕궁이 된 곳. 도쿠가와 이에야스(德川家康)가 정치의 중심지를 교토에서 도쿄로 옮기기 위해 바다를 메운 뒤 에도성을 세워 입성했고, 130년 뒤인 지금은 일왕이 살고 있다.

높은 성벽과 적의 침입을 막기 위해 성 밖을 둘러 파서 못으로 만든 해자에 둘러싸여 있어 적막함이 감도는 고쿄 안에는 일왕가족이 사는 궁전과 각종 행사가 열리는 건물들이 있다. 고쿄 정문 앞에서 삼엄하게 경비하는 경비병만 보더라도 일반인은 출입할 수 없다는 결론이 나온다. 고쿄는 또한 니주바시(二重橋)가 유명한데 니주바시는 해자 너머로 보이는 망루 후시미야구라(伏見櫓)를 함께 사진에 담을 수 있는 곳으로도 알려져 있다.

point.
고쿄 쪽에서 마루노우치 빌딩숲을 바라보면서 초현실적인 여유 만끽하기

고쿄
주소 東京都千代田区千代田 1-1
문의 03-3213-2050
www.kunaicho.go.jp

84　　Part 1　과거와 현재가 공존하는 길

고쿄가이엔은 에도성 일부를 정비해 만든 동쪽 정원으로 궁중 행사에 지장이 없는 한 일반인에게 공개한다. 에도성 정문인 오테몬(大手門)을 지나 들어가면 21km²의 광대한 정원이 펼쳐져 있고 계절마다 다른 꽃들이 관광객에게 즐거움을 선사한다. 문을 오전 9시에 열고 오후 4시 정도에 닫는데 운영시간이 계절마다 다르니 꼭 시간표를 확인하자. 이 밖에 이봉창 의사가 일왕의 암살을 시도했던 사쿠라다몬(桜田門), 고쿄마에광장(皇居前広場) 등도 둘러볼 만하다.

마루노우치

course 2

브랜드숍과 유명 작가의 작품을 만날 수 있는, 마루노우치 나카도리

비즈니스 빌딩이 늘어서 있는 거리를 관통하는 1.2km의 쇼핑거리로 카페, 레스토랑 등이 줄지어 있는 부티크거리. 우거진 가로수는 여름에는 시원한 그늘을 선사하고 겨울에는 일루미네이션을 밝혀 아름다운 야경을 연출한다.

고급스러운 라이프스타일을 추구하는 브랜드숍과 레스토랑 등이 있는데 에르메스, 로열코펜하겐, 폴 스미스, 티파니, 코치, 프랑프랑, 아르마니, 폴리폴리, 꼼 데 가르송 등 브랜드숍이 입점해 있다. 가로수길 양쪽에는 유명 작가들의 조각품이 전시되어 있어 걸으면서 하나씩 감상해보는 것도 좋다.

갤러리를 중심으로 문화탐험을 하고 싶다면 19세기 근대미술을 중심으로 한 전시회가 열리는 미쓰비시 1호관 미술관(三菱一号館美術館), 현대미술을 중심으로 전시하는 제일생명갤러리, 일본 중요문화재를 포함한 동양미술을 볼 수 있는 이데미츠미술관, 서예가 아이다 미츠오(相田みつを)의 작품이 전시된 아이다 미츠오미술관을 살펴보면 된다. 미쓰비시 1호관 미술관 옆 광장과 나카도리 곳곳에 있는 벤치에서 쉬고 가도 좋다.

point.
가로수길에 숨어 있는 조각 작품 찾아보기

문의 www.marunouchi.com/nakadori

마루노우치

course 3

밤이면 환상적으로 변신하는 곳, 도쿄 역

도쿄의 관문 도쿄 역은 우리나라의 서울 역처럼 상징적인 곳으로, 하루에 발착하는 열차가 4000편이 넘는다고 한다. 도쿄 역은 리뉴얼을 마친 뒤 일본인에게도 뜨거운 관광 명소로 떠올랐다. 외국 관광객은 물론 지방에서 올라온 일본 사람들도 모두 역 앞으로 나가 도쿄 역을 배경으로 기념사진을 찍는 모습을 흔히 볼 수 있다.

도쿄 역은 1914년 건립된 도쿄의 중앙역으로, 제2차 세계대전 이후 대부분 파손되어 복원해서 사용하다가 2012년에 대대적으로 리뉴얼했다. 르네상스 양식의 3층 적색 벽돌로 복원된 이 건물은 국가 중요문화재로 지정되어 있다. 밤이 되면 조명을 밝혀 더 아름답고 환상적인 분위기가 난다.

도쿄 역 안으로 들어가면 지하철 승객들과 기차 승객들이 번잡하게 오가며 바쁘게 돌아가는 일상을 보여준다. 도쿄 역 안의 도쿄역일번가(東京駅一番街)에는 라멘 스트리트, 캐릭터 스트리트, 오미야게 플라자 등이 있다. 캐릭터 스트리트에는 스누피, 헬로키티, 리락쿠마, 레고, 미피, 일본 텔레비전 캐릭터 등을 비롯해 최근 개발된 화제의 캐릭터 상품들을 만나볼 수 있다. 일본 전통과자는 물론 스위츠, 카스텔라, 모찌 등 디저트류, 캐릭터 상품 등 100여 개 가게가 있다. 시간은 없는데 선물을 사야 할 경우, 이곳에서 알차게 쇼핑할 수 있다. 도쿄 스테이션 갤러리도 문을 열었는데 다양한 전시를 관람할 수 있다.

point.
공항보다 더 다양한 캐릭터용품, 선물용품 둘러보며 쇼핑하기

문의 www.ejrcf.or.jp/gallery/index.html, www.tokyoeki-1bangai.co.jp(일번가 정보)

It Place

 마루빌딩, 신마루빌딩
丸ビル, 新丸ビル

마루노우치를 대표하는 두 건물로 마루빌딩은 2002년에, 신마루빌딩은 2007년에 세워졌다. 이 지역의 랜드마크인 마루빌딩은 원래 1923년에 건설되어 아시아에서 가장 높은 빌딩으로 불렸는데 건물이 노후되어 철거하고 다시 지었다. 지하 1층부터 4층까지는 구두, 의류, 액세서리 등을 파는 가게들이, 5층과 6층에는 레스토랑이, 35층과 36층에는 라운지형 레스토랑이 있다. 신마루빌딩에는 1층과 5~6층에 레스토랑이 있고, 지하 1층부터 7층까지 캐주얼 브랜드가 입점해 있어 의류, 보석, 잡화 등을 사기 좋다. 마루노우치에 입점한 가게들의 의류, 소품을 소개하는 마루노우치 페이퍼가 발행되므로 신문을 보고 마음에 드는 상품을 직접 살 수 있다. 마루빌딩 35층과 36층에 앉아서 쉴 수 있는 라운지 형태의 소파가 마련되어 있는데 이곳에서 도쿄 역 주변과 고쿄 전경을 볼 수 있다.

주소 東京都千代田区丸の内 2-4-1
오픈 상점 월~토 11:00~21:00, 일·공휴일 11:00~20:00,
　　　레스토랑 월~토 11:00~23:00, 일·공휴일 11:00~22:00
문의 03-5218-5100
　　　www.marunouchi.com/marubiru

 도쿄 라멘 스트리트
東京ラーメンストリート

도쿄 역 1층과 지하 1층에는 키친 스트리트라는 이름의 식당가가 있는데 이곳에서 웬만한 음식을 모두 먹을 수 있다. 그러나 도쿄 역의 하이라이트는 무엇보다 라멘 스트리트다. 도쿄에서 이름난 라멘 가게 여덟 곳이 이곳에 모여 있어 가고 싶었던 곳을 찾아가거나 입맛에 맞는 집을 골라 가면 된다. '로쿠린샤(六厘舍)'는 대표적인 라멘집으로 츠케멘이 유명하다. 라멘 스트리트 인기라멘 베스트 2위인 도쿄에끼라멘을 한정판으로 만들어내는 '이카루가(斑鳩)', 시오라멘 전문 '히루가오(ひるがお)', 인공재료 무첨가 미소라멘과 쇼유라멘이 인기인 '시치사이(七彩)' 등 매일 한 번씩 먹어도 질리지 않을 정도로 다양한 맛과 품질의 라멘집이 라멘 마니아들을 유혹한다. 야에스(八重洲) 중앙개찰구를 나와 계단을 내려오면 바로 보인다.

주소 東京都千代田区丸の内 1-9-1
오픈 07:30~22:30 *점포마다 시간이 다르다
문의 www.tokyoeki-1bangai.co.jp/street/ramen
　　　www.hitsumabushi.com

중앙우체국 JR 타워 전망대 가든

2013년 3월 문을 연 중앙우체국 타워로 키테(KITTE)라고 불리는 복합상업문화시설이다. 키테는 일본어로 '우표'라는 뜻이다. 1~4층은 쇼핑센터이고, 5~6층에는 레스토랑이 있다. 6층에 가면 도쿄 역 전경을 볼 수 있는 전망대 가든이 무료로 개방되어 있다. 도쿄 역 전경 사진을 찍기 좋은 곳으로 많은 사람이 방문하면서 인기 스폿으로 자리매김하고 있다. 이 건물 입구 쪽에는 도쿄 역을 그리는 화가들이 정겹게 한 줄로 앉아 있는데 그 모습이 열정이 넘쳐 보인다.

주소 東京都千代田区丸の内 2-7-2
오픈 월~토. 11:00~21:00,
일·공휴일 11:00~20:00
문의 jptower-kitte.jp

시치사이 七彩

라멘 스트리트에 있는 라멘 전문점으로 기타카타라멘을 선보이는 곳이다. 기타카타라멘은 하카타의 돈코츠라멘, 삿포로의 미소라멘에 이은 일본의 3대 라멘 중 하나로 쇼유라멘 계열이다. 돈코츠베이스와 건어물베이스를 따로 만든 뒤 섞고 나중에 쇼유(간장)로 간을 맞춘다. 맑고 투명한 국물이 담백하고 깔끔해 느끼한 일본식 라멘을 좋아하지 않는 사람들에게 안성맞춤이다. 면발이 칼국수처럼 굵은 것도 특징이다.

주소 東京都千代田区丸の内 1-9-1
東京駅一番街 東京ラーメンストリート B1F
오픈 07:30~23:00(연중무휴)
요금 기타카타라멘 750엔,
조식 라멘 600엔
문의 03-3211-8330

시암 헤리티지 サイアム ヘリテイジ

천장이 높아 상당한 웅장함이 느껴지는 이곳은 오픈키친으로 되어 있는 전통 태국음식점으로 도쿄 역 전경을 보면서 식사할 수 있다. 태국 요리사, 태국 종업원이 있어 한껏 태국 분위기를 낼 수 있다. 저렴하지는 않지만 편하게 이국적인 분위기에서 밥을 먹을 수 있다. 태국 음식을 좋아한다면 톰얌쿵 등 16가지 태국 음식을 즐길 수 있는 런치 뷔페를 추천한다. 저녁에는 멋진 야경을 보며 식사할 수 있어서 분위기를 내기에 좋다. 신마루빌딩 6층에 있다.

주소 東京都千代田区丸の内 1-5-1 新丸の内ビルディング6F
오픈 런치 월~금 11:00~15:30,
토·일·공휴일 11:00~16:00,
디너 월~토. 17:00~23:00,
일·공휴일 17:00~22:00
*주문 마감은 영업시간 1시간 전
요금 런치 뷔페 2200엔, 팟타이 1900엔,
새우볶음밥 2000엔,
타피오카 & 코코넛밀크 600엔
문의 03-5224-8050
www.blueceladon.com/Siam_Heritage_Tokyo.html

PART 2

야옹야옹 고양이 마실 길

낭만 고양이의
놀이터

야나카
谷中 Yanaka

도쿄 중심가에
마치 교토에 와 있는 듯한 동네가 있다.
한때 일본의 작가들과 예술인들이 모여 살았고
고양이들이 저녁노을을 보며 산책하던 곳,
죽은 자와 산 자가 태평하게 조우하는
묘지가 있는 기묘한 공간이다.
발걸음 닿는 곳마다 절이 들어선 이곳에는
아무리 햇빛이 쨍하게 비춰도
왠지 모를 쓸쓸함이 내려앉아 있다.

야나카 산책하기

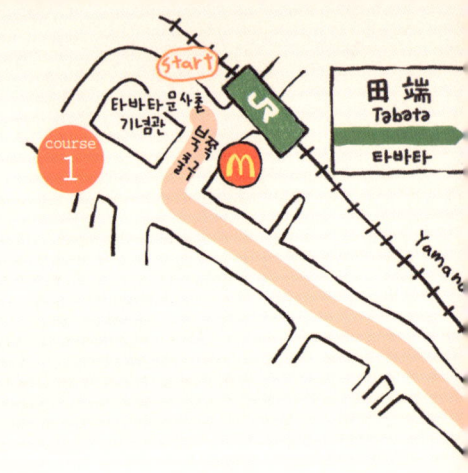

START
JR 야마노테센(山手線) 타바타(田端) 역

Course1
타바타

북쪽 출구로 나와 5분 정도 걸으면 오른쪽에 큰 아스카(ASUKA)타워가 보인다. 그 건물 1층이 바로 타바타문사촌기념관이다.

Course2
야나카긴자
谷中銀座

타바타 역을 마주하고 오른쪽 옆에 있는 건물 3층으로 올라가면 니시닛포리 역으로 가는 전철 선로와 평행한 길이 나온다. 길을 따라 20분 정도 걸으면 니시닛포리 역이 보이는 육교가 나오는데 육교 위로 올라가면 닛포리공원과 사찰을 지나 언덕길 아래로 내려갈 수 있다. 언덕길에서 좌회전하면 마주하는 곳이 유야케단단이고, 오른쪽이 야나카긴자 입구다(도보 40분).

Course3
야나카레이엔
谷中霊園

유야케단단에서 계단을 올라와 닛포리 역 쪽으로 걷는다. 5분 정도 걷다보면 오른쪽 계단 위로 올라가는 언덕에 야나카레이엔이 보인다.

END
JR 야마노테선 닛포리(日暮里) 역

▶ 총 3~4시간 소요

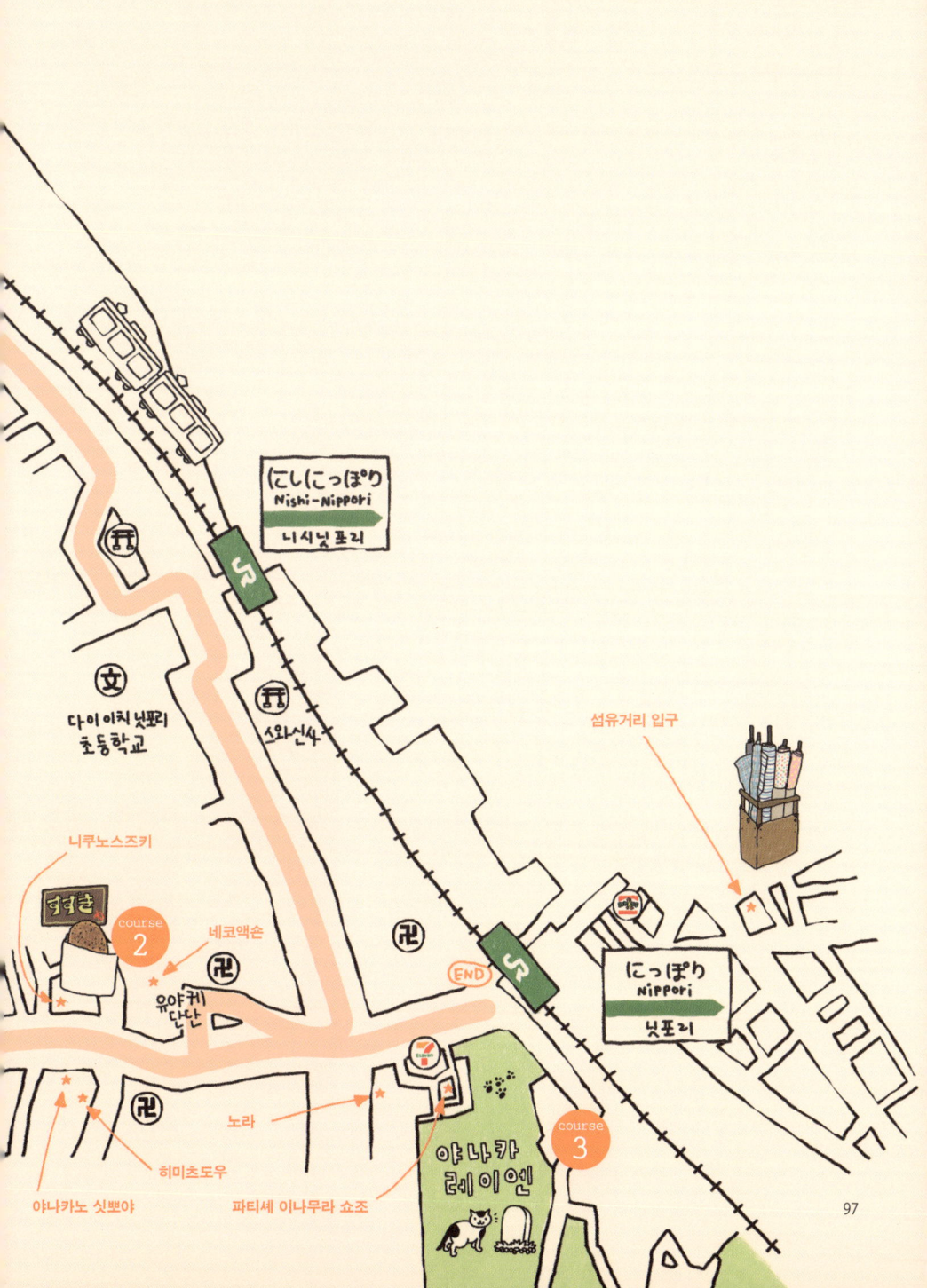

과거의 낭만이 곳곳에 배어 있는 오래된 마을

일본을 강타했던 대지진과 태풍에도 쓰러지지 않은 동네 야나카. 그래서인지 에도시대 자취를 많이 간직하고 있다. 대표적인 시타마치라 골목을 걷다보면 수백 년은 됐을 법한 목조건물이 간간이 눈에 띈다. 골목이 좁아 택배도 자전거로 배달한다는 동네 주민의 말에서 야나카에 대한 자부심이 묻어난다.

입으로 직접 불어서 만든 수제품 유리가 끼워져 있는 창문은 울퉁불퉁 굴곡이 있지만 그것이 더 정감이 간다. 주택가 골목에 덩그러니 홀로 문을 연 100여 년 된 목공예 상점은 들여다보는 것만으로도 설렌다.

고양이들의 홈 타운인 야나카레이엔(谷中靈園)은 사찰과 묘지가 밀집되어 있는 데다 집들과 붙어 있어 동네 전체가 스산하게 느껴진다.

타바타에서 니시닛포리(西日暮里) 그리고 닛포리(日暮里)까지 걷는 길은 가장 일본다운 면모를 보여준다. 닛포리는 '히구라시노사토(ひぐらしの里)', 즉 해가 질 때까지 있어도 질리지 않는 마을이라는 뜻이다. 경치가 아름다워 에도시대 문인들이 사랑했다고 한다. 일본의 예술인과 문학인들의 작업터, 사찰과 묘지, 드넓게 펼쳐진 전철길, 오랜 시간 비바람과 지진을 견뎌온 나무들, 오며 가며 마주치는 동네 고양이까지 모든 '일본'을 온몸으로 느낄 수 있는 재미있는 동네.

장렬하게 빛을 내뿜는
네온사인과 빌딩숲.
시신경을 자극하는
요란한 이미지로 가득한
첨단 도시에서 사는
사람들은
가끔 쉼을 위해
전통적인 곳을
찾아나서는지도 모르겠다.

야나카

course 1

작가와 예술가가 모여 살던 곳, 타바타

야나카 근처에 있는 타바타는 일본의 옛 문인과 예술인이 모여 살았던 동네로 유명하다. 메이지 22년 우에노에 도쿄미술학교(현 도쿄예술대학)가 세워지면서 예술을 꿈꾸며 살아가던 자유로운 영혼이 많이 모여들었다. 그들은 이곳에서 함께 교류하고 이야기하며 예술적 영감을 나눴고, 창작의 고통을 달랬으며, 동지이자 경쟁자로서 인연을 이어나갔다. 특히 《라쇼몽》으로 유명한 아쿠타가와 류노스케(芥川龍之介)와 카토리 호츠마(香取秀真) 등이 들어와 살면서 더 유명해졌다.

일본이 낳은 천재적 소설가이자 35세에 삶을 마감한 비운의 소설가 아쿠타가와 류노스케가 살던 집터에서는 그를 기념하는 표지판을 볼 수 있다. 마을 입구에 있는 지도에는 작가들이 살던 집과 지도를 자세하게 표시해놓아 여행자들이 그들이 거닐던 길을 따라 걸을 수 있다.

타바타문사촌기념관(田端文士村記念館)에는 자유로운 영혼이 남기고 간 물품과 작품을 전시해놓았다. 모임 사진과 필기구, 그림, 원고, 조각 작품 등이 있고, 작가들의 생애를 담은 비디오도 상영한다. 일본 문화에 관심이 있다면 들러볼 만하다. 1, 2, 7, 8월을 제외한 매월 셋째 주 토요일 오후 1시에는 예술가들의 발자취를 따라 걷는 테마산책도 진행된다.

타바타 역 북쪽 출구 오른쪽에 있는 후레아이바시(ふれあい橋)에 마련된 작은 공원도 산책해볼 만하다.

point.
일본 천재 작가와 예술가의
자취 되짚어보기

타바타문사촌기념관
주소 東京都北区田端 6-1-2
오픈 10:00~17:00
　　 월요일, 연말연시 휴관
요금 무료
문의 03-5685-5171
　　 www.kitabunka.or.jp

야나카

course 2

**고양이와
함께 걷는 길,
야나카긴자**

야나카긴자에 놀러온 여행자들을 맞아주는 것은 마실 나온 고양이다. '저녁노을 계단'이라는 뜻의 유야케단단(夕焼けだんだん) 주변을 점령하고 있는 고양이들은 동네를 시찰하듯 마음 내키는 대로 마실을 나간다.

이 동네는 고양이와 살을 맞대고 살아가는 덕에 소소한 재미가 가득하다. 유야케단단에 앉아 저녁노을을 감상하거나 계단 아래 펼쳐져 있는 골목시장에서 주전부리를 즐기며 고양이처럼 이 가게 저 가게를 어슬렁거리는 것도 좋다.

가게마다 특징을 살린 걸개들이
눈길을 끈다.

야나카긴자 상점가는 거리 중간에 있는 생선 가게, 채소 가게, 정육점 등을 보면 알 수 있듯이 관광객을 위해서 생긴 시장가가 아니라 동네 사람들을 대상으로 장사하다가 이곳을 찾는 외부 사람들이 많아지면서 유명해졌다. 관광객이 늘면서 상점들도 조금씩 변했다. 현재는 고양이 캐릭터를 전문으로 파는 곳만 다섯 개가 넘으며, 고양이 도넛 가게, 기념품 가게 등이 새로 문을 열었다.

야나카긴자의 명물은 누가 뭐래도 멘치까스의 대명사 '니쿠노 스즈키(p.108)'다. 텔레비전과 잡지에 소개된 내용을 큼지막하게 붙여놔 지나가는 사람들의 발길마저 붙잡는다. 조청이나 팥을 바른 떡 같은 당고와 차를 파는 '다마루'도 유명하다.

고양이 도넛, 멘치까스, 당고, 맛탕 등을 먹으며 각 상점들의 특징을 그림 한 컷으로 승화시킨 걸개 간판을 찾아보는 재미도 쏠쏠하다. 지붕 위에서 생선 가게를 노려보며 늘 대기 중인 고양이를 만난다면 놀라지 말 것. 절대 당신을 해치지 않을 테니 말이다.

point.

주전부리를 즐기며 일본의 일상생활 체험

닛포리 섬유거리

약 1km에 걸쳐 직물 가게가 모여 있는 곳. 각종 직물은 물론 단추, 액세서리 등 패션산업에 종사하는 사람들이 가볼 만한 거리다. 가게는 대부분 화려하거나 세련된 느낌보다는 오래되어 친근한 느낌이 든다. 동대문 원단상가 등에 익숙한 사람들은 딱히 흥미를 느끼지 못할 수도 있다. 하지만 일본 전통문양이 있는 원단이나 앤티크 단추 등 우리나라에서는 살 수 없는 소품들이 종종 눈에 띄니 한번 도전해볼 만하다. 5층짜리 토마토빌딩에는 젊은 사람들에게 인기 있는 가게들이 많다. 닛포리 동쪽역 출구로 나와 우회전해 한 블록 간 뒤 1시 방향 쪽에 거리가 보인다.

야나카

course
3

삶과 죽음이 공존하는 곳, 야나카레이엔

'웃고 있어도 눈물이 난다'는 노래 가사가 있다. 100여 개가 넘는 절이 포진해 있는 야나카는 해가 아무리 쨍한 날에도 동네 전체를 덮고 있는 왠지 모를 스산함 때문에 마치 웃고 있어도 눈물이 나는 것처럼 묘한 느낌을 준다.
야나카에 즐비하게 늘어서 있는 수많은 절과 묘지 중 단연 으뜸은 바로 야나카레이엔이다. 일본의 저명한 인사들이 잠들어 있는 도립 공동묘지인 이곳에는 무덤들 사이사이로 차가 다닐 정도의 길이 나 있다. 아침이면 주인과 산책 나온 강아지의 가쁜 숨소리, 조깅하는 사람들의 힘찬 발소리, 자전거를 타고 휙 지나가는 바람소리가 드넓은 묘지를 생동감 있게 해주어 고요한 무덤가와 묘하게 대비된다.

심신허약자의 경우 어두워지면 가지 말 것!
생각보다 많이 으스스하다.

길가를 따라 심어놓은 벚꽃나무가 만발하는 봄이 되면 수많은 사람이 무덤 옆에 자리를 펴고 앉아 축제를 즐긴다. 사람들은 마을 한가운데 위엄 있게 자리 잡은 무덤과 무덤 사이에서 정원을 산책하듯 걷거나 책을 읽는다. 우리로서는 상상할 수 없는 풍경으로 삶과 죽음이 공존한다. 이곳에는 또한 길 잃은 고양이가 70마리 정도 거주한다. 무덤 사이사이에 기거하는 고양이들은 야나카 지역을 순찰하듯 오가다 밤이면 이곳에 찾아와 머문다.

프랑스, 이탈리아, 독일 등 유럽인에게 많이 알려진 야나카와 그 중심을 차지하고 있는 야나카레이엔. 서양과 동양, 죽은 자와 산 자, 무덤과 주택가, 옛것과 새것이 공존하지만 그 이질감이 묘하게 잘 어우러진 곳이다.

point.
고양이와 함께 무덤가 걷기

It Place

 노라
のら

고양이에 관한 모든 것이 있는 캐릭터 가게. 야나카에 대해 성심성의껏 설명해주시는 야마다 사장님의 풍부한 말솜씨가 인상적인 곳이다. 한국에서 왔다고 하면 무척 반가워하며 야나카의 역사와 거리에 대한 소소한 이야기를 들려준다. 과거 프랑스, 이탈리아, 독일 사람들이 많이 찾던 이 지역에 지금은 한국, 타이완, 홍콩 사람들이 많이 온다고. 매장에는 아기자기하고 예쁜 캐릭터 상품들이 즐비하고 고양이가 그려진 가방, 컵세트, 캐릭터 상품 등 고양이에 관한 모든 것이 있다.

주소 東京都台東区谷中 7-18-13
오픈 월~금 11:00~17:00,
 토~일 11:00~18:00(연중무휴)
요금 고양이 가방 1995엔,
 컵세트 1545엔,
 핸드폰줄 인형 850엔
문의 03-3823-5180
 www.nora-neko.net

 네코액숀
Neco Action

유야케단단 초입에 위치한 고양이 캐릭터 전문 가게. 오픈한 지 2년 정도 된 가게로 작은 상점 안을 가득 채운 캐릭터 상품들이 가방에서 빠져나오려는 지갑과 그 속에 꾹 눌러놓아야 한다는 마음 사이에 갈등이 생기게 만든다. 고양이 먼지떨이와 벽면을 가득 채운 고양이 그림들, 고양이가 호시탐탐 노릴 것만 같은 생선 모빌 등도 눈길을 끈다.

주소 東京都荒川区西日暮里 3-10-5
오픈 11:00~18:00(월요일 휴무)
요금 에코백 1470엔, 텀블러 1260엔
문의 03-5834-8733
 www.necoactionproject.com

 니쿠노스즈키
肉のすずき

다진 쇠고기와 양파 등의 채소를 섞어 고로케처럼 튀겨낸 멘치까스로 유명한 야나카긴자의 명물. 야나카긴자를 걷다보면 결코 그냥 지나칠 수 없는 화려한 외관에 맛있는 냄새를 솔솔 풍기는 곳이다. 점포 밖에는 이곳을 찾은 연예인들이 멘치까스 먹는 사진이 진열되어 있다. 가격도 저렴하며 멘치까스를 손에 들고 먹으면서 시장을 돌아보아도 좋다.

주소 東京都荒川区西日暮里 3-15-5
오픈 11:00~19:00(일요일 휴무)
요금 고로케 90엔, 멘치까스 200엔
문의 03-3821-4526

파티셰 이나무라 쇼조
パティシエ イナムラショウゾウ

야나카레이엔 옆에 어울리지 않는 풍경으로 자리하고 있는 디저트 가게. 파티셰이자 쇼콜라티에인 이나무라 쇼조는 각종 제과대회에서 상을 많이 받은 실력자라고 한다. 동네 특성상 젊은 사람보다는 어르신들이 주된 고객이고, 요란하지 않게 영업하는 덕에 조용히 앉아서 여유를 부릴 수 있다. 종류가 많지 않지만 정성 들여 만든 초코케이크와 초콜릿만 전문으로 파는 곳이라 초콜릿을 좋아한다면 가볼 만하다. 커피나 음료수는 가격에 비해 딱히 추천하고 싶지 않다.

주소 東京都台東区谷中 7-19-5
오픈 10:00~19:00
(월요일, 매월 셋째 주 화요일 휴무. 월요일이 공휴일일 경우 화요일 휴무)
요금 돔쇼콜라 560엔,
야나카야마 몽블랑 560엔,
생초콜릿(소) 960엔
문의 03-6802-5501
www.inamura.jp/index.html

히미츠도우
ひみつ堂

아오이 유우가 《오늘도 빙수》라는 책에서 소개한 빙수집으로 여름에는 말 그대로 문전성시를 이루는 곳이다. 좁은 공간에 10명 정도 되는 직원이 얼음 갈기, 토핑, 테이블 서빙 등 분업해서 맡은 일을 하는 모습이 압권이다. 빙수 시즌인 여름에는 오전에 가서 오후에 먹을 수 있는 대기표를 받아야 할 정도로 손님이 많다. 이미 빙수의 맛과 종류에서 최상위를 달리는 우리나라를 기준으로 봤을 때 그 정도 수고를 할 이유는 없는 듯하다. 그래도 천연수를 얼려 만들어서 상큼하고 일본의 맛을 느낄 수 있다고 할까. 딸기, 메론 등 메뉴가 다양하고 토핑 방법도 각기 다르니 주문할 때 참고하자.

주소 東京都台東区谷中 3-11-18
오픈 11:00~20:00
(봄·가을에는 요일에 따라 18:00까지 영업. 월요일 휴무, 4~10월은 월·화요일 휴무)
요금 천연빙수 600엔,
딸기토핑빙수 800엔
문의 03-3824-4132
www.himitsudo.com

야나카노 싯뽀야
やなかのしっぽや

싯뽀는 '꼬리'라는 뜻으로, 고양이 꼬리를 닮은 기다란 도넛을 맛볼 수 있는 곳이다. 마치 고양이가 방금 지나간 듯 고양이 발자국이 그려진 도넛, 고양이 꼬리처럼 무늬가 그려진 도넛 등 아이디어가 기발한 도넛을 먹는 재미가 쏠쏠하다. 아이스크림 위에 얹어주는 고양이 발 모양 쿠키도 있다. 구운 도넛이라서 튀긴 도넛에 익숙한 사람들에게는 생소할 수도 있다.

주소 東京都台東区谷中 3-11-12
오픈 10:00~19:00(부정기 휴무)
요금 아이스크림콘 280엔, 와플 330엔, 도넛 100엔부터
문의 03-3822-9517
www.yanakasippoya.com

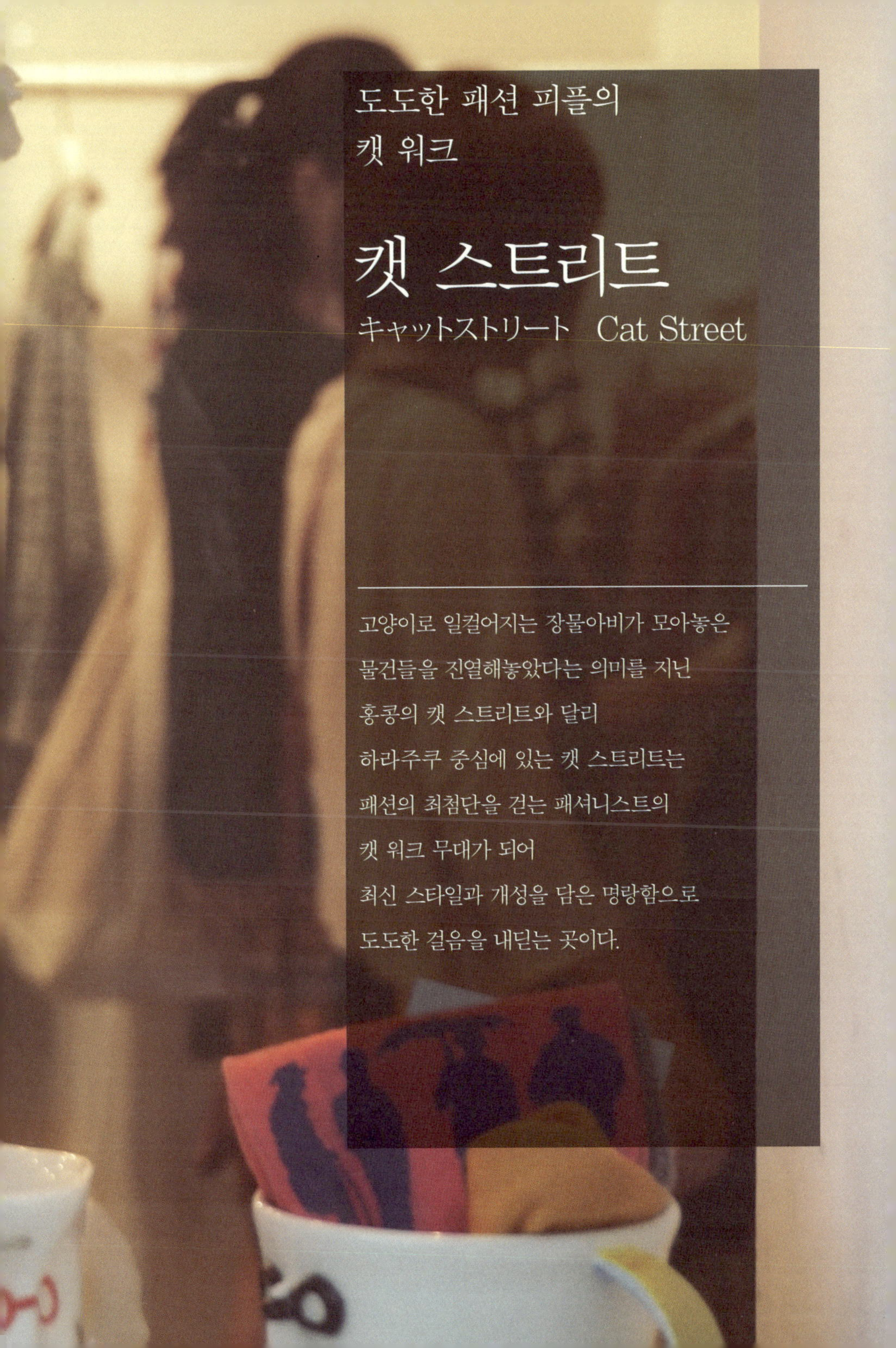

도도한 패션 피플의
캣 워크

캣 스트리트
キャットストリート　Cat Street

고양이로 일컬어지는 장물아비가 모아놓은
물건들을 진열해놓았다는 의미를 지닌
홍콩의 캣 스트리트와 달리
하라주쿠 중심에 있는 캣 스트리트는
패션의 최첨단을 걷는 패셔니스트의
캣 워크 무대가 되어
최신 스타일과 개성을 담은 명랑함으로
도도한 걸음을 내딛는 곳이다.

캣 스트리트 산책하기

START
JR 야마노테센(山手線) 하라주쿠(原宿) 역

Course1
메이지진구
明治神宮

하라주쿠 역을 등지고 오른쪽으로 걸어가다 선로를 가로지르는 다리를 건너면 메이지진구가 보인다. 큰길을 따라 계속 걸어가면 산책로 끝에 신사가 나온다.

Course2
다케시타도리
竹下通り

메이지진구에서 나와 다시 하라주쿠 역으로 돌아온 뒤 역 앞의 횡단보도를 건너면 바로 보이는 쇼핑가가 다케시타도리다.

Course3
캣 스트리트
キャットストリート

다케시타도리를 빠져나와 큰길을 만나면 오른쪽으로 직진해 걸어간다. 큰 사거리에서 오모테산도 방향으로 길을 건너(횡단보도를 두 번 건넌다) 나무들이 울창한 가로수길을 향해 걷다가 오모테산도 힐스 쪽 골목이나 불가리 건물 사이 골목으로 들어가면 된다.

END
JR 추오센(中央線) 시부야(渋谷) 역

▶ 총 1~3시간 소요

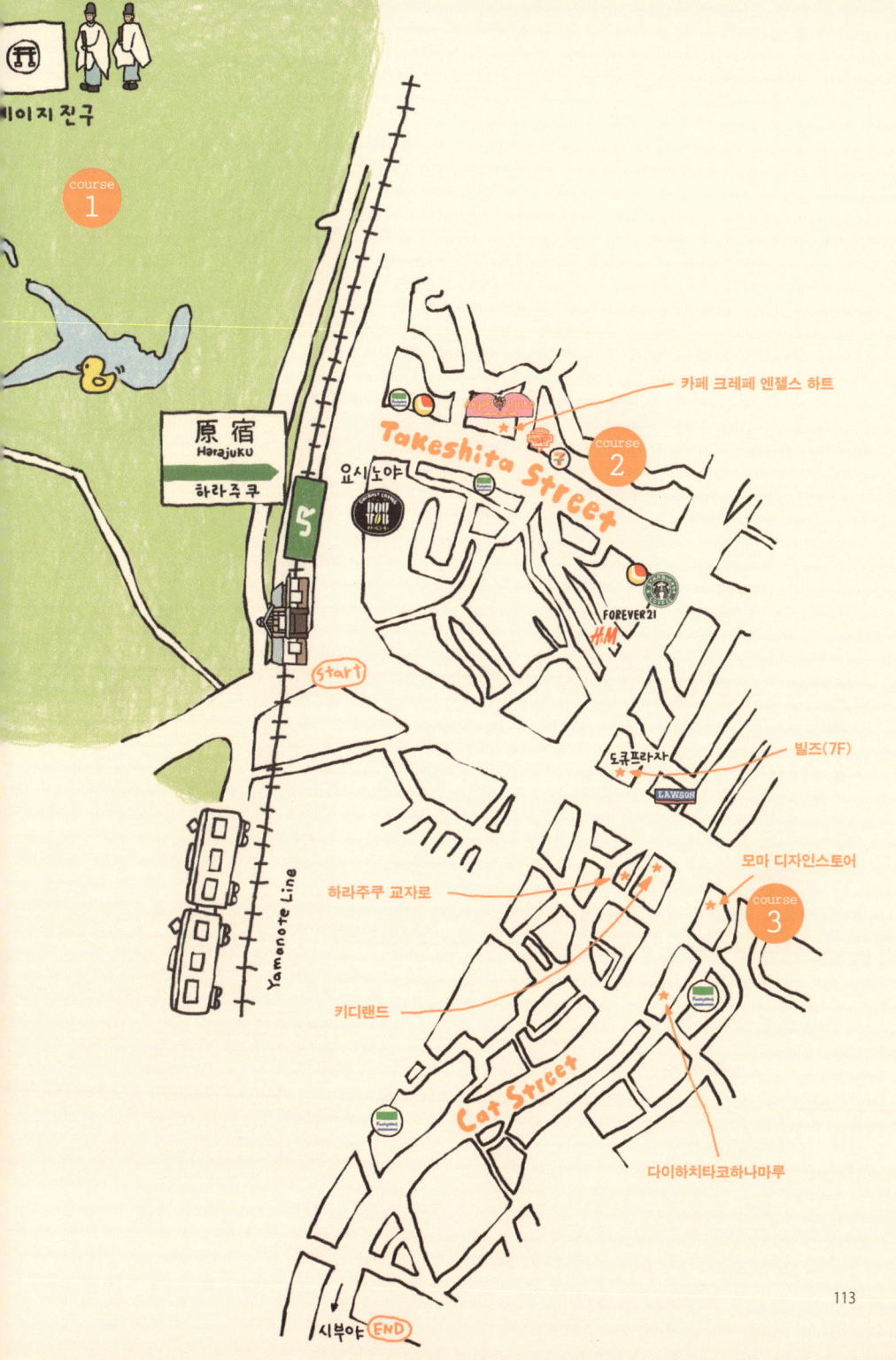

캣 스트리트를 빼고 패션을 논하지 마라

개성과 예술, 패션이 공존하는 하라주쿠는 오모테산도, 시부야를 이으면서 10대 청소년부터 나이 지긋한 어르신을 모두 아우르는 패션 스트리트로 명성을 쌓아왔다. 큰 리본과 프릴이 달린 흰 광목 원피스에 보라색 스타킹을 입은 20대 청춘이 있는가 하면, 주차장에 차를 맡기고 최신 프랑스제 잇백을 가볍게 든 채 쇼핑가를 둘러보는 30대 여성도 보인다. 입술을 검게 칠하고 아라시 사진을 사기 위해 포토전문점에서 한참을 서서 사진을 고르는 10대 소녀들이 있는가 하면, 길거리에서 힙합 의상 카탈로그를 들이밀며 호객 행위를 하는 흑인도 눈에 띤다. 패션에 대한 모든 것이 '개성'이라는 폴더 안에 있는 곳, 이곳이 바로 하라주쿠다.

하라주쿠에서 인기를 끌고 있는 곳이 바로 캣 스트리트. 작고 예쁜 보세 가게와 신인 디자이너의 숍 등이 자리 잡기 시작하면서 캣 스트리트는 패셔니스트들이 선호하는 거리가 되었다. 차 한 대가 겨우 지나가는 차도조차 보행자들이 점령해 여유롭게 걸을 만큼 철저히 사람 위주로 조성해놓았다.

패션의 개성이 강한 동네라는 특성 때문인지 웬만큼 쇼킹한 차림이 아니면 주위 사람들이 별로 신경 쓰지 않는다. 남의 시선을 의식하지 않고, 독립적이며, 자기 멋대로 행동하면서도 도도함을 유지하는 고양이를 닮았다고 해야 할까.

캣 스트리트

course
1

진한 숲 향을 느끼며 걷기 좋은 곳, 메이지진구

1920년 영국에서 초빙한 건축가가 지은 북유럽식 목조건물인 하라주쿠 역사에서 나와 오른쪽으로 언덕을 넘어 작은 다리를 건너면 일본의 대표 신사인 메이지진구와 마주하게 된다. 1912년 사망한 메이지 일왕과 1914년 사망한 쇼우켄 태후를 존경하는 의미로 세워진 메이지진구(신궁)는 70만m²에 전국에서 헌목된 365종 10만 그루의 인공림으로 구성되어 있는 도쿄 최대 신사이자 관광명소다. 일본에서 흔히 볼 수 있는 신사와 달리 일왕을 모시는 신궁은 일본 전역에 22개 있다.

입구부터 끊임없이 이어진 산책로에는 올려다보아도 끝이 보이지 않는 나무들이 빽빽이 들어차 있어 산책하기 좋다. 특히 비가 부슬부슬 내리는 날에는 낮게 드리운 숲의 진한 향기가 전해져 크게 심호흡하면 온몸이 숲의 향기로 물드는 듯하다.

1894년 청일전쟁, 1904년 러일전쟁 등 수많은 전쟁을 일으키고 1910년 한일병합을 지시한 당사자가 메이지 일왕이라는 역사를 조금이라도 알고 간다면, 신궁에서 참배하거나 진구에서 소원을 비는 '에마'를 한국어로 쓴 뒤 자랑스럽게 걸어놓고 오지는 않을 것이다. 설날과 성인의 날(1월 둘째 주 월요일)에는 기모노를 입은 여성들을 볼 수 있고, 공휴일에는 전통 혼례 등 다양한 이벤트가 마련되니 일본의 전통의식을 지켜보는 일은 흥미로울 것이다.

point.
크고 풍성한 나무가 많아
도심에서 잠시 쉴 수 있지만
이곳이 어떤 곳인지는 잊지 말 것!

메이지진구

주소 東京都渋谷区代々木神園町 1-1
오픈 화원과 보물전시실
　　　 4~10월 09:00~16:30,
　　　 11~3월 09:00~16:00
　　　 (매월 셋째 주 금요일 휴무)
요금 어른 500엔, 학생 200엔
문의 03-3379-5511
　　　 www.meijijingu.or.jp

캣 스트리트

course 2

유쾌발랄한 10대를 위한 쇼핑거리, 다케시타도리

경제적으로 여유가 없는 10대를 겨냥한 쇼핑 스트리트인 다케시타도리는 1000엔 이하의 아기자기한 의류와 소품 등 말 그대로 '소녀' 취향의 상품을 판매한다. 10대가 많이 몰리면서 의류, 소품, 팬시 가게가 400m 거리에 속속 들어서고 10대의 놀이터로 인정받으며 아낌없는 사랑을 받고 있다. 지방에 있는 학생들이 도쿄에 오면 꼭 들르는 곳이자 관광객이 많이 찾아오는 곳으로 주말이면 사람에 떠밀려 이동하듯 걷게 된다.

이곳의 상징은 크게 세 가지다. 하나는 아이돌 사진 전문점이고, 다른 하나는 크레페 전문점, 또 하나는 알록달록 펑키한 의류, 소품 가게다.

초입부터 눈에 띄는 건 아이돌 사진을 전문적으로 파는 포토숍이다. 1980년대 소녀팬의 마음을 달래줄 어마어마한 양의 아이돌 사진을 구비해놓고 팔기 시작해 30년 넘게 자리를 지키고 있는 터줏대감들이다.

다케시타도리의 또 다른 상징은 바로 크레페. 교복을 입고 길게 줄을 서서 재잘대며 무슨 크레페를 먹을지 고민하는 여학생들과 한입 가득 크레페를 먹고 있는 소녀들의 모습은 보기만 해도 흐뭇하다.

알록달록 펑키한 의류, 액세서리, 소품을 파는 상점들 또한 눈을 반짝거리며 '가와이(귀여워)'를 외치는 소녀들로 가득하다. 발랄한 젊음에서 튀어나오는 사운드와 가벼운 발걸음을 여유롭게 만끽하고 싶다면 주중에 방문하는 것이 좋다.

point.
고등학생이 된 기분으로 둘러보기. 유치해 보이는 것들이 친근하게 다가올 것이다.

Part 2 야옹야옹 고양이 마실 길

캣 스트리트

course
3

도도하고 여유로운
사람들의 놀이터,
캣 스트리트

캣 스트리트는 남들의 시선 따위는 신경 쓰지 않은 채 자신만의 헤어스타일과 패션에 자신감을 가진 도도하고 여유로운 사람들의 놀이터다. 보행자들의 시선이 물 흐르듯 자연스럽게 흐르도록 거리를 디자인해 거리가 마치 굽이굽이 흐르는 강줄기 같은 느낌이 든다. 캣 스트리트는 동쪽과 하이라이트인 서쪽으로 나뉘어 있다. 오모테산도 힐스를 중심으로 우라하라주쿠(裏原宿)와 연결된 동쪽은 빈티지 제품들을 주로 파는 스트리트 패션숍이 많다. 시부야 쪽으로 연결된 서쪽에는 디자이너 브랜드와 고급 브랜드 매장이 많이 들어서 있다. 버버리, 안나수이, 오클리, DKNY, 폴 스미스 등은 물론 키디랜드 등 캐릭터 가게까지 있다.

S라인으로 그려진 주요 도로 사이사이에 숨어 있는 골목에는 맛있는 수제 햄버거 가게와 유럽 스타일의 레스토랑, 인테리어나 소품 매장도 있어 골목골목을 누비며 다니다보면 세상에 몇 개밖에 없는 독특한 소품을 발견할지도 모른다.

point.
골목에 숨어 있는 트렌디한 숍
발견하며 걷기

캣 스트리트

It Place

 키디랜드
Kiddy Land

오모테산도 주요 도로에 있던 하라주쿠점이 리뉴얼해 다시 개장했다. 캐릭터 인형은 물론 액세서리, 게임 등 완구에 관한 모든 것이 있는 백화점으로 일본에만 80개 매장이 있다. 캣 스트리트점은 4층으로 되어 있다. 1층에는 여성 취향의 캐릭터 인형과 액세서리 소품이 가득하고, 2층에는 스누피, 헬로 키티, 세서미 스트리트 인형 등 다양한 인형과 취미용품이 있다. 3층은 게임용품, 장난감 등이 주를 이룬다.
각 층을 이어주는 계단도 동심을 자극하듯 컬러풀하고 재미있게 만들어놓았다.

주소 東京都渋谷区神宮前 6-1-9
오픈 월~금 11:00~21:00,
　　　토·일·공휴일 10:30~21:00
　　　(부정기 휴무)
문의 03-3409-3431
　　　www.kiddyland.co.jp

 모마(MoMA)
디자인스토어

뉴욕 모마(Museum of Modern Art, 뉴욕현대미술관)의 멋진 예술품은 감상할 수 없지만 트렌디한 상품을 구입할 수 있는 곳이 도쿄에 있다. 모마에서 직접 선정한 물건들이 입점해 있는 모마 디자인스토어에는 예술성 높은 생활용품과 상품이 전시되어 있다. 캣 스트리트가 시작되는 입구이자 오모테산도의 대표 장소이기도 한 샤넬 건물 3층에 있다. 둘러볼수록 기분이 좋아지고 기발한 아이디어로 상상력이 퐁퐁 솟아나게 하는 작품들이 즐거운 휴식을 주는 공간이다.

주소 東京都渋谷区神宮前 5-10-1 GYRE 3F
오픈 11:00~20:00(연중무휴)
문의 03-5468-5801
　　　www.momastore.jp

 하라주쿠 교자로
原宿餃子樓

고기를 갈아 소스와 버무려 만들어낸 독특한 맛이 나는 양념과 아삭하게 잘 데친 숙주나물이 환상적인 궁합을 이루는 숙주나물무침에 기본적으로 물만두, 군만두로 나뉘어 있고 주문을 받으면 가운데 있는 튀김기계에서 만두를 조리해준다. 젊은이, 어른 할 것 없이 모두 앉아서 즐기는 교자. 밥과 국도 판매하므로 배가 많이 고프면 간단하게 한 끼를 해결할 수 있다.

주소 東京都渋谷区神宮前 6-2-4
　　　岡島ビル
오픈 13:30~03:00
요금 교자 290엔,
　　　숙주나물 180엔,
　　　양배추절임·우롱차 180엔
문의 03-3406-4743

카페 크레페 엔젤스 하트
カフェクレープ エンジェルスハート

다케시타도리에서 200m 정도 안쪽으로 걸으면 눈에 띄게 오색찬란한 크레페 전문점이 두 곳 보인다. 하나는 마리온, 다른 하나는 엔젤스 하트다. 30여 년을 라이벌이자 동반자로 지내온 두 크레페 전문점의 맛을 비교하기는 쉽지 않은데, 엔젤스 하트의 가격이 마리온보다 조금 싼 것 빼고는 별 차이가 없다. 얇은 밀전병에 아이스크림과 생크림이 기본으로 들어가고, 딸기, 키위 등 각종 과일, 초콜릿, 캐러멜 등 토핑에 따라 크레페의 이름과 가격이 다르다. 달콤하면서도 풍미가 가득한 크림 맛이 일품이지만 살이 찌는 게 염려된다면 이곳은 과감히 지나가길. 과거 서태지가 이곳에서 크레페를 먹은 적이 있어 우리나라 사람들에게 유명해졌다.

주소 東京都渋谷区神宮前 1-20-6
오픈 월~금 10:30~22:00,
토~일 10:00~22:00
요금 크레페 340~580엔
문의 03-3497-0050

다이하치타코하나마루
第八蛸華丸

키디랜드 골목에 있는 타코야키 전문점. 줄을 서서 기다리는 사람과 앉을 곳도 없는데 어떻게든 자리 잡고 앉아서 먹는 사람들로 늘 붐빈다. 엄청나게 맛있다기보다는 눈에 띄는 큰길가에 있고 매스컴을 타서 더욱 유명해졌다고 보는 게 정확할 듯하다. 관광객과 일본인이 뒤섞여 줄을 서 있고 길거리에 서서 먹기도 한다. 타코야키를 좋아한다면 솔솔 풍겨나오는 냄새 때문에 그냥 지나치기는 불가능하다.

주소 東京都渋谷区神宮前 5-11-3
오픈 12:00~21:00
요금 타코야키 420엔,
오므타코 630엔
문의 03-3409-8787

빌즈
Bill's

캣 스트리트 근처에서 현재 최고 주가를 올리는 팬케이크 전문점 양대 산맥은 하와이에서 온 에그스 앤 씽스(Eggs'n Things)와 시드니에서 온 빌즈(Bill's)다. 유명하다고 하면 어떻게든 줄을 서서 먹고야 마는 일본 사람들의 인내심과 긴 줄을 유감없이 체험해볼 수 있다. 특히 도큐프라자 7층에 있는 빌즈는 폭신한 식감을 주는 리코타 치즈 팬케이크와 프레시 바나나, 허니콤버터 팬케이크가 인기다. 브런치는 아침 8시 30분에 시작되는데 휴일에는 아침 일찍부터 줄을 서 있다. 휴일 8시쯤 갔다가는 십중팔구 웨이팅 리스트에도 못 올라가니 꼭 먹어보고 싶다면 평일을 택해 갈 것. 온라인으로 예약도 가능하다.

주소 東京都渋谷区明治神宮前
4-30-3 東急プラザ 7F
오픈 08:30~23:00
문의 03-5772-1133
www.bills-jp.net

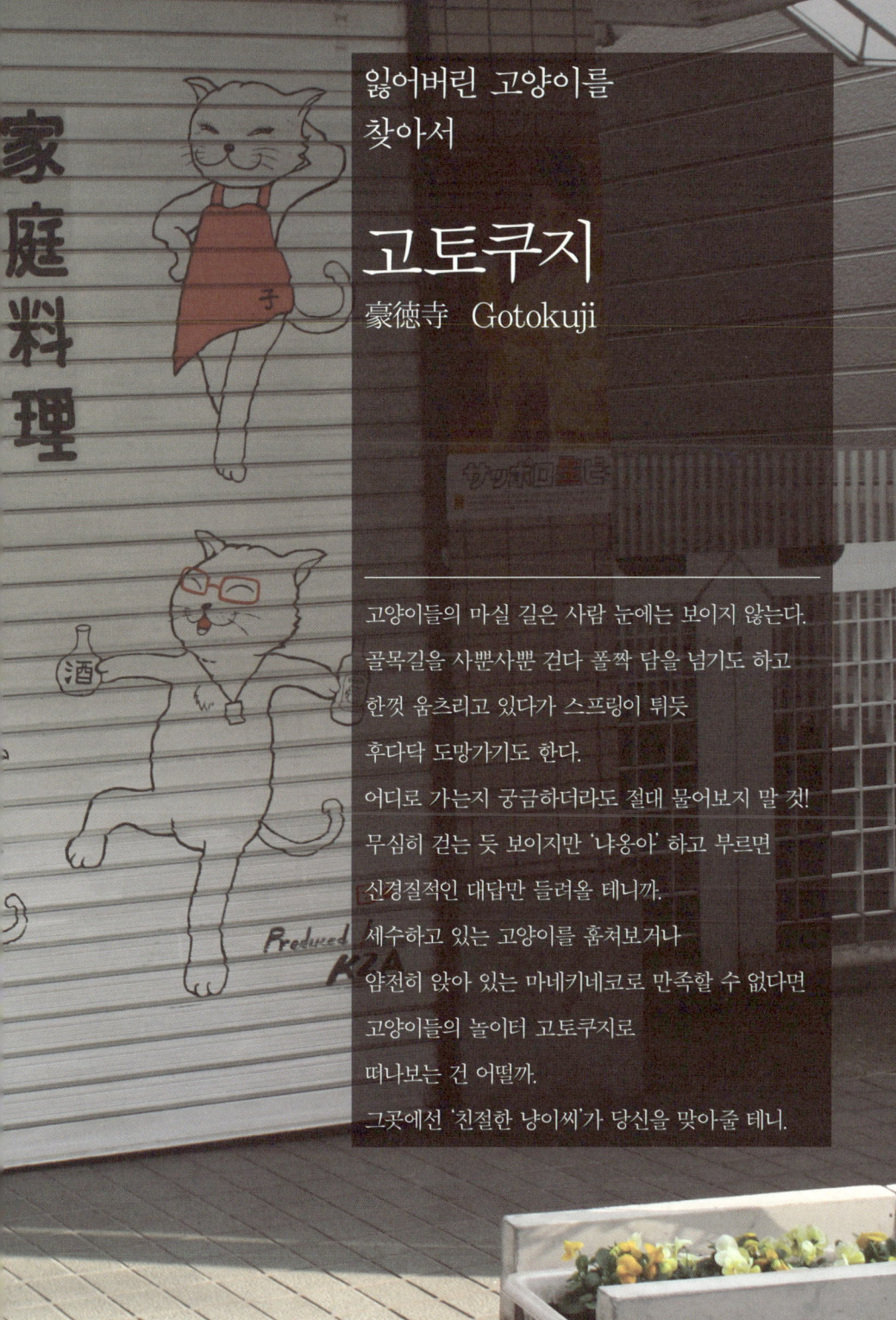

잃어버린 고양이를
찾아서

고토쿠지

豪德寺　Gotokuji

고양이들의 마실 길은 사람 눈에는 보이지 않는다.
골목길을 사뿐사뿐 걷다 폴짝 담을 넘기도 하고
한껏 움츠리고 있다가 스프링이 튀듯
후다닥 도망가기도 한다.
어디로 가는지 궁금하더라도 절대 물어보지 말 것!
무심히 걷는 듯 보이지만 '냐옹아' 하고 부르면
신경질적인 대답만 들려올 테니까.
세수하고 있는 고양이를 훔쳐보거나
얌전히 앉아 있는 마네키네코로 만족할 수 없다면
고양이들의 놀이터 고토쿠지로
떠나보는 건 어떨까.
그곳에선 '친절한 냥이씨'가 당신을 맞아줄 테니.

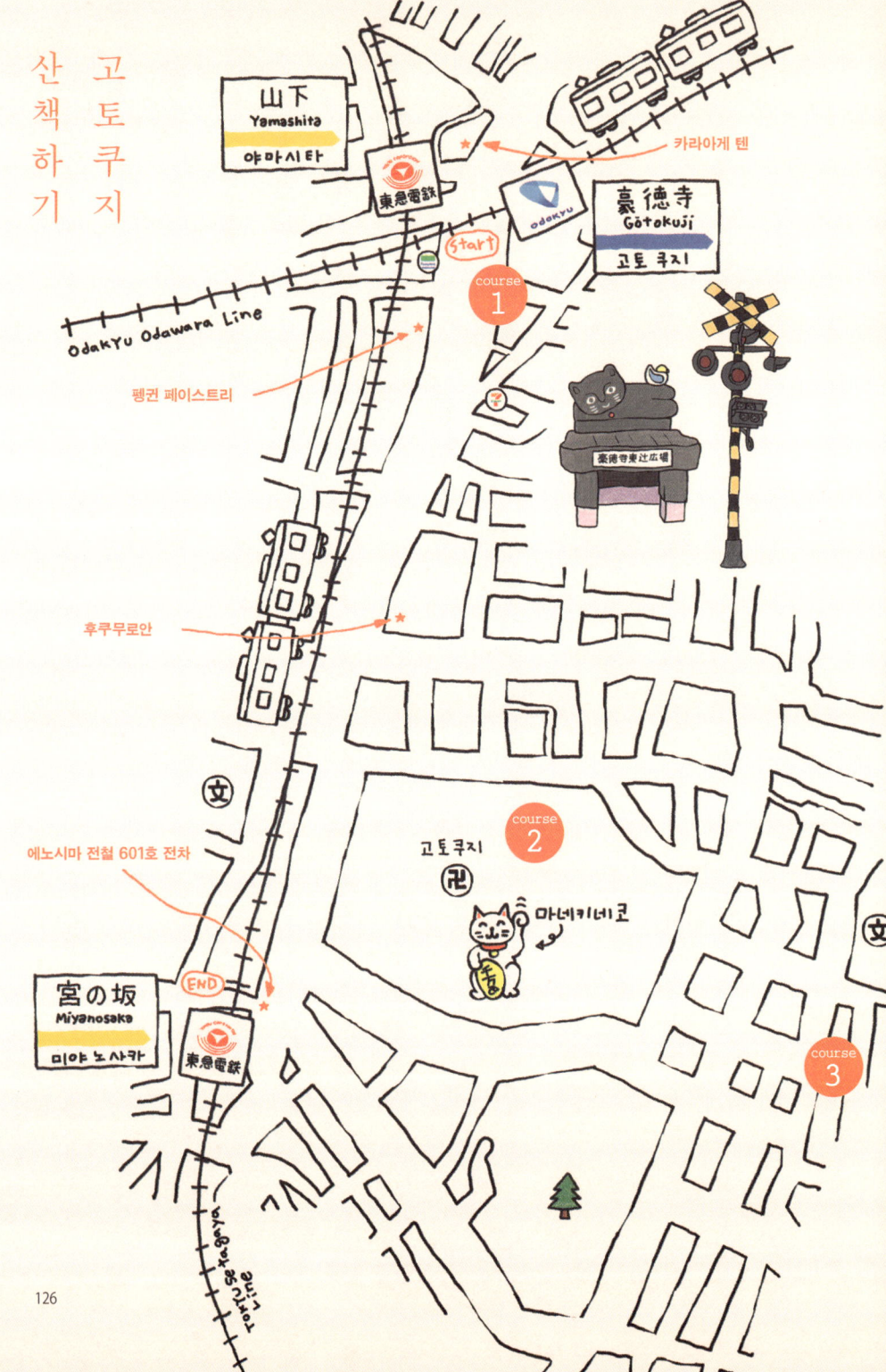

START
도큐 오다큐센(小田急線) 고토쿠지(豪徳寺) 역

Course1
고토쿠지 쇼핑거리

역에서 나오면 보이는 마네키네코 왼쪽으로 쇼핑거리가 시작된다. 열심히 걸으면 10분 정도밖에 걸리지 않는 짧은 거리이니 천천히 구경하며 걷는 것이 좋다.

Course2
고토쿠지

고토쿠지 쇼핑거리 끝에 노면전차길과 평행을 이루는 길이 나오고, 막다른 길에서 왼쪽 골목으로 걸어가면 오른쪽에 고토쿠지가 있다. 절의 담장을 끼고 돌아가면 입구가 나온다.

Course3
고토쿠지 주택가 산책길

고토쿠지 정문에서 오른쪽으로 걸어가다가 막다른 삼거리가 나오면 왼쪽으로 돌아 1분만 내려가면 오른쪽으로 미야노사카 역이 나온다. 횡단보도를 건너 왼쪽으로 난 길을 따라 산책하면 된다.

END
도큐 세타가야센(世田谷線) 노면전차 미야노사카(宮の坂) 역

▶ 총 50분~2시간 소요

마네키네코의 고향이라 불리는 곳

안녕! 한쪽 손을 들고 인사하는 마네키네코(招き猫)는 일본 어느 곳에 가든 스릴러 무비의 주연배우처럼 등장해 무심한 표정으로 자리 잡고 앉아 있는 상징적 인형이다. 그중에서도 발걸음이 닿는 곳마다 마네키네코를 볼 수 있는 곳은 고토쿠지 역 근처다.

일본 사람들은 고양이를 사랑하는 것을 넘어서 신격화하기까지 하는데, 이는 마네키네코의 유래에서도 확연히 드러난다. 에도시대 번주 이이 나오타카(井伊直孝)라는 사람이 길을 가는데 고양이가 자기를 보며 이리 오라고 손짓하는 것 같아 따라 들어가자마자 번개와 비가 그가 서 있던 곳을 강타했다. 고양이 덕에 목숨을 건진 그가 고양이가 죽은 후 고양이를 기념하기 위해 만든 것이 바로 마네키네코라는 것이다. 비가 오기 전 날씨 변화를 느낀 고양이가 불안감을 달래기 위해 습관적으로 발로 얼굴을 닦는다는 사실을 알고 나면 허무해지는 이야기이긴 하지만 말이다.

아직은 관광객보다는 동네 주민을 대상으로 한 점포가 많아 손님을 끌기 위해 치장할 것도 없이 그냥 있는 그대로 삶을 진열해놓은 모습을 볼 수 있다.

손님에게 손짓하듯 행운을 빌어준다는 마네키네코는 오른쪽 앞발을 든 것은 돈을, 왼쪽 앞발을 든 것은 손님을 부른다고 한다. 모든 상점에서 이 고양이가 행운을 가져다줄 것이라 생각하고 하나씩 갖다놓으면, 결국에는 제로섬 게임이 아닐까?

course 1

소박한 일상을 느낄 수 있는 곳, 고토쿠지 쇼핑거리

시부야에서 게이오 이노카시라센(井の頭線)을 타고 네 정거장 간 뒤 시모키타자와에서 도큐 오다큐센으로 갈아타고 세 번째 정거장에 있는 고토쿠지 역. 출구가 하나뿐인 고토쿠지 역에 내려 개찰구를 나서면 역 앞에 고양이 한 마리가 '안녕' 하고 인사한다. 그곳에서 왼쪽 방향으로 올라가면 '고토쿠지 쇼핑가'다. 쇼핑가는 로손 편의점을 지나 막다른 골목이 나타나는 지점에서 끝난다.

300m 정도 펼쳐져 있는데 아사쿠사나 다른 절처럼 관광명소가 아니기에 동네 주민들을 위해 생필품을 파는 상점과 미용실, 두부집, 꽃 가게 등이 주를 이룬다. 투박한 말투의 상인을 만나기도 하는데, '상냥함'으로 무장한 일본과는 또 다른 모습을 볼 수 있어서 색다른 기분을 느낄 수 있다.

꽃 가게에서 풍기는 꽃향기, 발마사지점에서 나오는 오리엔탈향이 지나가는 바람과 함께 흩어졌다 모이기를 반복하며 골목 곳곳을 채우는데, 마치 옛날 동네 골목에 와 있는 듯 정감이 간다. 물론 미식가의 입맛을 충족할 맛집이나 디저트 가게는 없지만 소박하게 그들의 일상을 즐긴다는 생각으로 눈을 낮춘다면 훨씬 즐거울 것이다.

역에서 고토쿠지를 찾아가기는 어렵지 않다. 고양이들이 친절하게 전봇대에 붙어 설명해주기 때문이다. 전봇대에 숨어 있는 고양이를 찾을 때마다 숨겨놓은 보물을 찾은 듯 쏠쏠한 재미를 느낄 수 있다. 누가 그려놓았는지 알 수 없지만 앙증맞고 귀여운 고양이들을 찾아보는 것도 고토쿠지 산책에 묘미를 더해준다.

point.
가로등에 숨어 있는 고양이 찾기

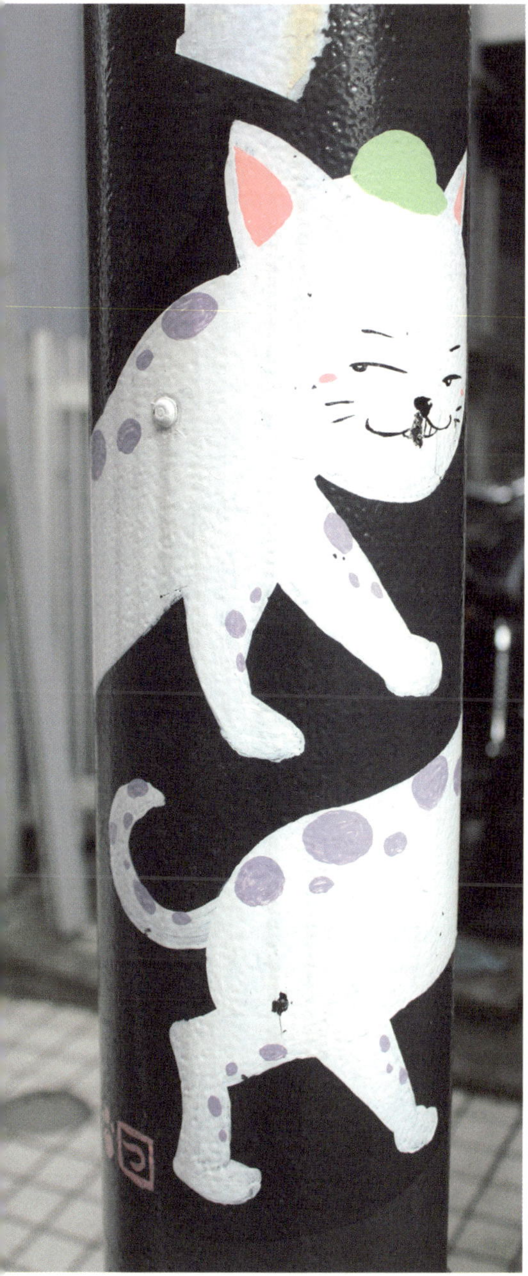

オランダ屋
☎03-3429-9609
シクラメン

やきとり
開店16時
なくなり次第終了
備長炭使ってます

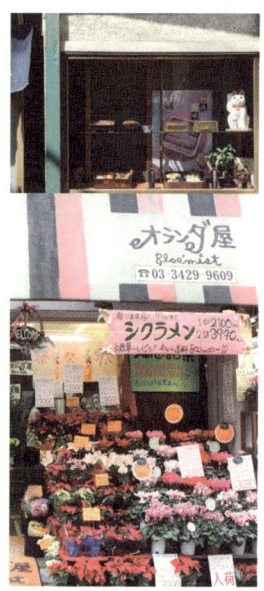

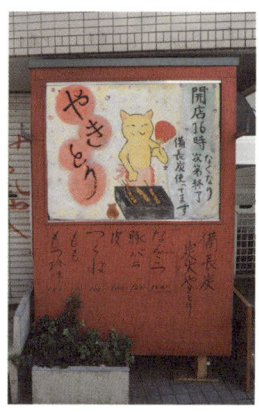

course
2

표정이 똑같은
마네키네코가
점령한 곳,
고토쿠지

주택가 한가운데 자리 잡고 있는 고토쿠지의 장엄한 정문으로 발을 내디디면 도시의 소음을 다 빨아들일 듯한 향로와 목탑이 정적으로 사람들을 맞이한다. 안으로 깊숙이 들어가면 왼쪽에 고양이들을 모아놓은 작은 터가 있는데 이곳에 바로 마네키네코가 모여 있다.

이곳을 방문한 사람들은 감정 단계를 세 번 거치게 된다. 처음에는 고양이 수백 마리가 떼를 지어 한 줄로 앉아 있는 모습에 깜짝 놀란다. 두 번째는 그들이 모두 같은 표정으로 앉아 있는 모습에 징그럽다는 느낌이 든다. 세 번째는 자꾸만 시선을 끄는 고양이들을 들여다보면서 귀엽다는 생각이 들기도 하고, 마치 만화 속에 불쑥 들어온 것 같은 광경이 재미있어진다.

표정이 똑같은 마네키네코가 점령한 터 뒤쪽을 유심히 쳐다보면 꽃분홍색 키티나 두 손을 든 고양이 등 자칭 '까도냥'이 그들만의 잔치를 벌이고 있다. 이곳에서는 손가락만 한 800엔짜리 마네키네코부터 1500엔짜리 큰 마네키네코까지 판매하는데 모양과 색이 다른 마네키네코는 외부에서 들여온 것이라고 여겨진다.

여름에는 시원한 그늘로, 가을에는 단풍으로 사람들에게 휴식을 선사하는 고토쿠지는 잘 가꾸어진 정원 덕택에 많은 사람이 와서 사진을 찍으며 시간을 보낸다.

point.
절 안에 있는 마네키네코와
고양이 찾으며 사진 찍기

고토쿠지

course
3

도시와는 다른 유쾌함이 있는 곳, 고토쿠지 주택가 산책길

고토쿠지 주택가를 산책할 때는 출발점에서 목표점까지 걷다가 다시 출발점으로 돌아오면 된다. 주택가를 중심으로 녹지 산책로가 펼쳐져 있고 대로 옆으로도 가로수길이 있어 길을 잃을 염려가 없다. 방향 감각과 모험심만 조금 있다면 골목골목을 누비며 돌아다녀도 좋다. 조용히 햇빛을 받으며 골목을 걷다보면 도시에서는 경험할 수 없는 유쾌한 광경이 불쑥불쑥 튀어나올 테니 말이다.

주말 오후 여유로움 속에 햇빛을 받으며 일광욕하는 빨래가 주인 성격을 그대로 드러내는가 하면, 어떻게 집어넣었을까 싶게 벽에 딱 붙여 주차한 자동차만 봐도 피식 웃음이 나온다.

point.
주택가 골목골목을 다니면서 산책하기

고토쿠지

It Place

 에노시마 전철 601호 전차
江ノ島電鉄601号電車

세타가야센(世田谷線) 미야노사카(宮の坂)
역에 바로 붙어 있는 한 량짜리 에노시마 전차.
옛날에 세타가야센을 운행하다가 1990년에
운행이 종료되었다. 현재는 전차 내부를 개방해
동네 꼬마들이 와서 놀기도 하고 주민들이
간식을 들고 와서 잠시 쉬었다 가기도 한다.
시모타카이도(下高井戸)와 산겐자야를 잇는
세타가야센은 1925년에 만들어졌다. 총 길이가
5.5km로 종점부터 종점까지 총 15분 정도
걸린다. 두 량짜리 짧은 전철에 역들이 작고 아담해
서민적이고 친근한 느낌을 준다. 미야노사카 역에
내리면 바로 찾을 수 있다.

주소 東京都世田谷区豪徳寺 2-21

 카라아게 텐
からあげ天

가끔 외국에 나가면 우리나라 치킨이 그리울 때가
있다. 튀김옷을 많이 입혀 바삭하게 튀겨낸 것도
좋지만 튀김옷을 입힌 듯 만 듯 바싹 튀겨낸 닭튀김이
그리울 때 한 번쯤 먹으면 좋은 닭튀김 전문점이다.
카라아게는 일본식 닭튀김이라는 뜻으로 튀김옷을
입히지 않고 튀긴 닭을 말한다. 주문을 받자마자
튀기기 때문에 받아서 바로 먹는 것이 가장 좋다.
고토쿠지 역 앞에 있다.

주소 東京都世田谷区豪徳寺 1-45-1
오픈 월~목·일 11:00~21:00, 금~토 11:00~22:00
요금 날개 100g 240엔, 가슴살 1개 650엔
문의 03-3420-1555
　　　www.karaageten.com

후쿠무로안
福室庵

고토쿠지 쇼핑가 거의 끝자락에 다다르면 왼쪽 코너에 분위기가 예사롭지 않은 소바집이 있다. 1928년 처음 생긴 이 소바집은 근처에 사는 연예인들이 가끔 들르면서 사람들에게 알려졌다. 손님은 외부인보다는 동네 주민들이 대부분이라서 그런지 정감 있고 따뜻한 분위기가 난다. 소바는 면발이 쫄깃하고 츠유는 너무 진하지 않고 적당한 농도여서 부담 없이 먹기 좋다. 주인이 음식 먹는 법을 친절하게 가르쳐주니 소소한 이야기를 나눠보는 것도 좋을 듯하다.

주소 東京都世田谷区豪徳寺 1-6-7
오픈 11:00~21:00(월요일 휴무)
요금 모리소바 560엔, 자루소바 660엔, 덴푸라정식 1440엔
문의 03-3429-6221
www.fukumuroan.com

 펭귄 페이스트리
Penguin Pastry

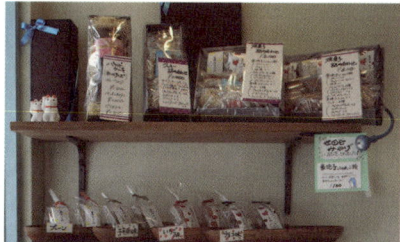

동네 수민들을 위해 생긴 디저트 가게. 아주 작고 조용한 동네였던 고토쿠지도 조금씩 변하고 있는데 이곳도 최근에 생긴 가게로, 펭귄처럼 천천히 한 걸음씩 사람들에게 다가가고 싶다는 바람을 담았다. 동네에서 거의 유일한 디저트 판매점으로 입소문을 얻고 있다. 앉을 공간이 없어 테이크아웃만 가능하다.

주소 東京都世田谷区豪徳寺 1-23-14
오픈 11:30~20:30(수요일, 두 번째 화요일 휴무)
요금 프루츠케이크 450엔, 치즈케이크 400엔, 몽블랑 490엔
문의 03-6413-5128
www.penguin-pastry.com

PART 3

숨·쉼·자연과 맞닿은 길

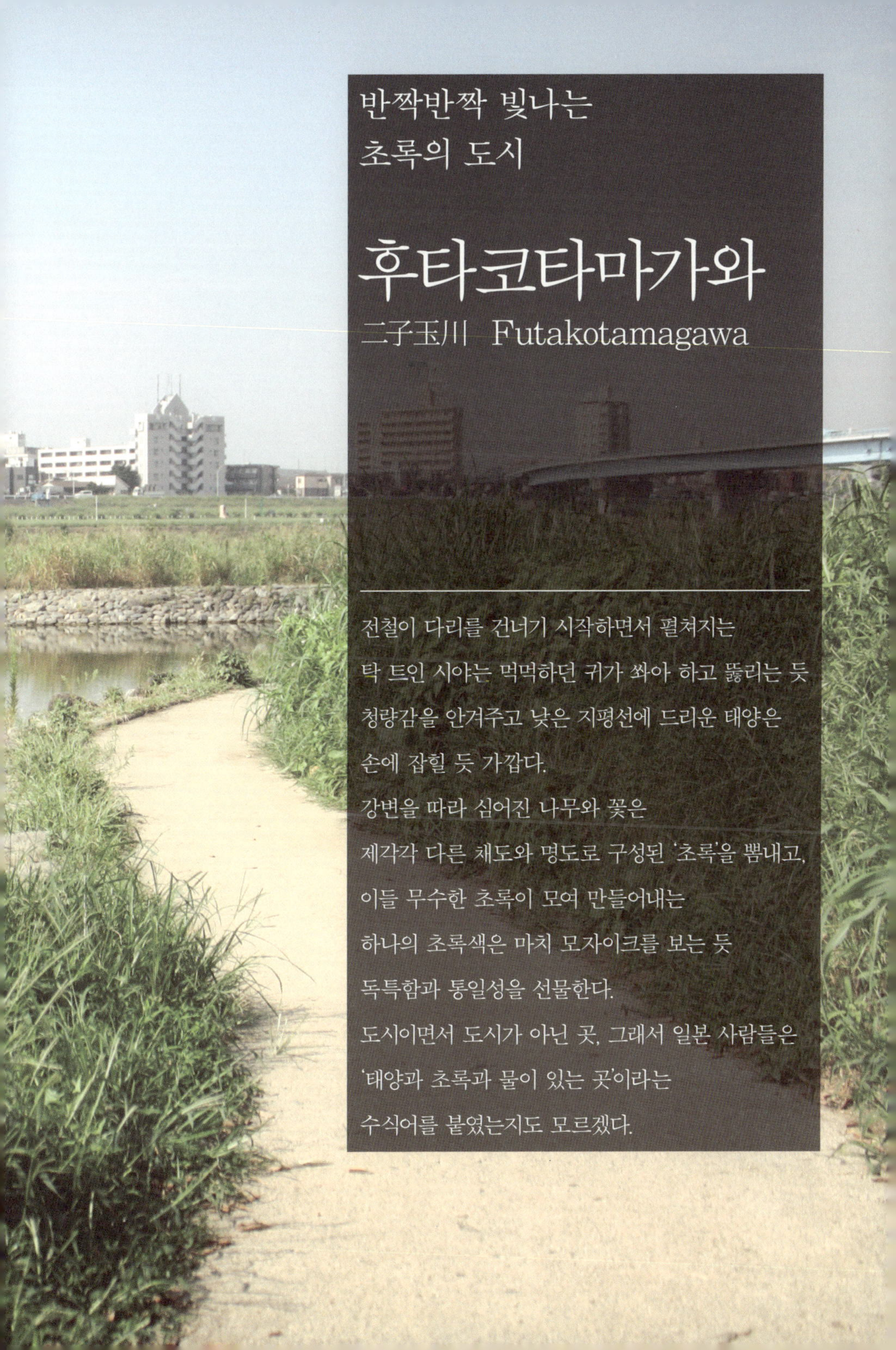

반짝반짝 빛나는
초록의 도시

후타코타마가와
二子玉川　Futakotamagawa

전철이 다리를 건너기 시작하면서 펼쳐지는
탁 트인 시야는 먹먹하던 귀가 쏴아 하고 뚫리는 듯
청량감을 안겨주고 낮은 지평선에 드리운 태양은
손에 잡힐 듯 가깝다.
강변을 따라 심어진 나무와 꽃은
제각각 다른 채도와 명도로 구성된 '초록'을 뽐내고,
이들 무수한 초록이 모여 만들어내는
하나의 초록색은 마치 모자이크를 보는 듯
독특함과 통일성을 선물한다.
도시이면서 도시가 아닌 곳, 그래서 일본 사람들은
'태양과 초록과 물이 있는 곳'이라는
수식어를 붙였는지도 모르겠다.

산책하기 후타코타마가와

START
도큐 덴엔도시센(田園都市線) 후타코타마가와(二子玉川) 역

Course1
리버사이드
リバーサイド

동쪽 또는 서쪽 출구로 나오면 왼쪽으로 다리가 보이는데, 그쪽을 향해서 직진한다. 다리를 건너지 말고 다리 옆쪽으로 난 길을 따라 걷다가 막다른 길이 나오면 우회전해서 굴다리 같은 곳으로 들어가면 왼쪽에 강변으로 들어가는 입구가 나온다.

Course2
유수로

강변에서 나와 역 쪽으로 되돌아오면 타카시마야(高島屋) 쇼핑센터가 보인다. 백화점 남관 뒤쪽으로 아기자기하게 정리해놓은 길이 보이는데 이곳에 있는 상점들을 둘러보며 천천히 걷는다.

Course3
후타코타마가와 상점가
二子玉川商店街

유수로에서 빠져나와 백화점 반대 방향으로 가다가 우회전하면 상점가가 시작된다.

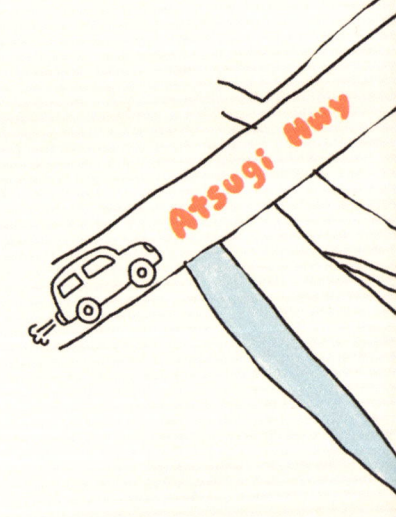

END
도큐 덴엔도시센 후타코타마가와 역

▶ 총 1시간 30분~4시간

효고지마 공원

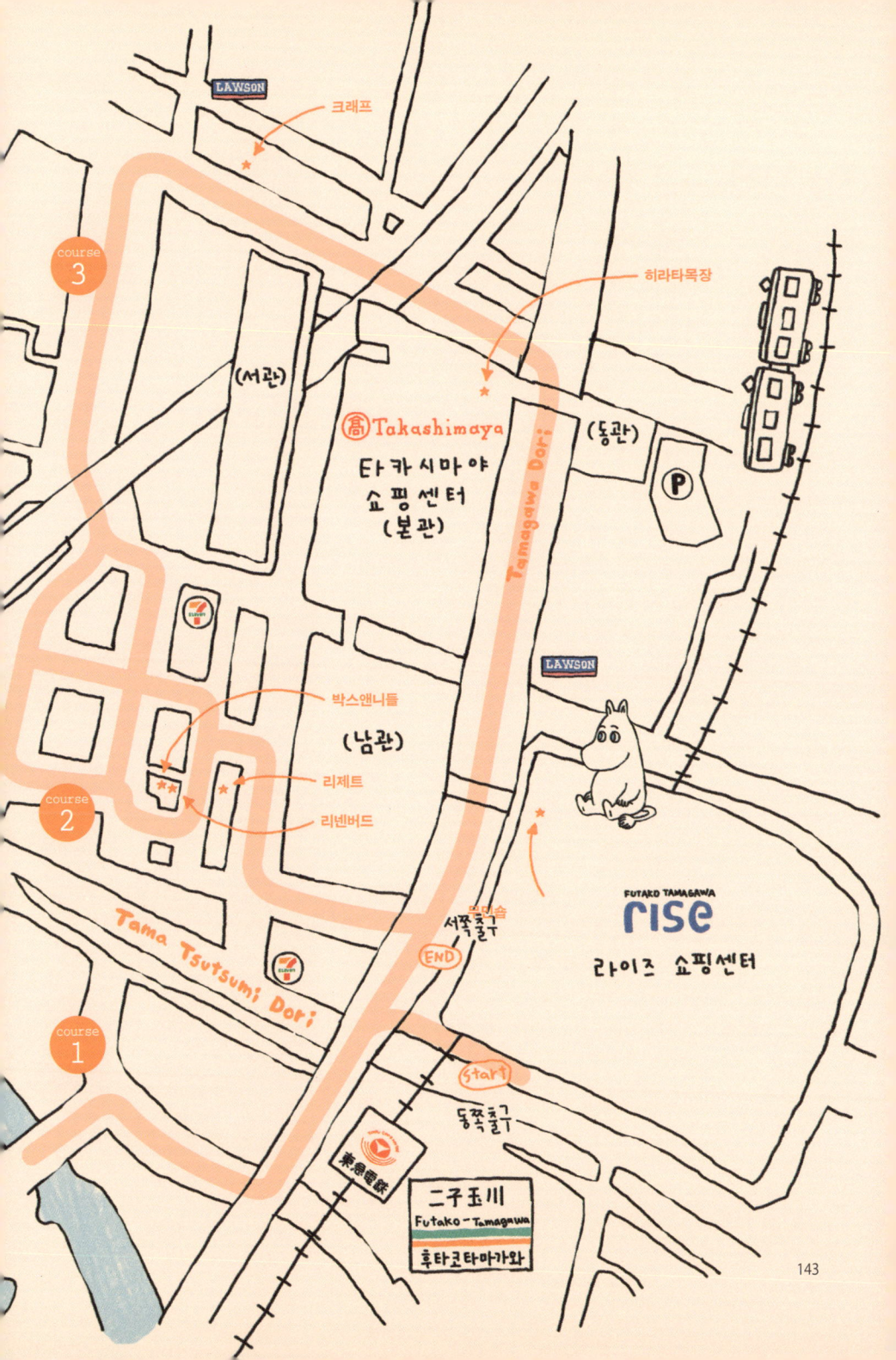

자연과 벗 삼아 삶을 꾸려가는 이들의 고급스러운 선택

덴엔토시센(田園都市線)을 우리말로 옮기면 '전원도시선'이다. 푸르른 전원과 도시를 이어주는 듯한 느낌을 주어서인지 이름만 들어도 왠지 반갑고 친근하다. 실제로 덴엔토시센에는 산겐자야, 후타코타마가와, 타마플라자 등 전원 느낌에 충실한 지역이 많다. 이 중 30대 후반에서 40대가 살고 싶어하는 지역 3위에 살며시 이름을 올려놓은 후타코타마가와. 도시의 편리함과 첨단 인프라를 갖추었으면서도 전원생활을 할 수 있는 지역이 각광받는 지금, 자연과 벗 삼아 아이들을 키우려는 학부모들과 노년을 편하게 보내려는 할머니, 할아버지 들에게 인기 있는 곳이다.

단아한 주택가, 자연주의 레스토랑과 소품 가게, 백화점 등은 타마가와(타마 강, 玉川)와 잘 어우러져 있으며, 여유로운 사람들이 생활하는 모습을 볼 수 있다. 강변에서 바비큐를 해서 먹는 가족, 바람이 부는 샛길을 따라 산책하는 커플, 따뜻한 햇살을 받으며 유모차에 아이를 태우고 점심을 먹으러 나온 주부들, 산들산들 바람 부는 강가에 낚시하러 나온 동네 할아버지들을 차례로 만나면 행복이 그리 먼 곳에 있는 것은 아니라는 생각에 가슴이 훈훈해진다. 하지만 이렇게 좋은 지역을 인간이 그냥 놓아둘 리 없는 법. 현재 900억 엔에 달하는 최대 규모의 재개발 프로젝트가 진행 중이라 곳곳에 공사 현장이 보인다.

후타코타마가와

course 1

무거운 짐을
내려놓는 곳,
리버사이드

후타코타마가와의 애칭인 니코타마(ニコタマ)는 각각 둘, 아이, 옥, 물이라는 뜻을 지니고 있다. 아이 둘이 노는 옥같이 맑은 물이라는 뜻일까?

바람이 부는 샛길 강변은 가족의 놀이터이자 쉼터다. 뙤약볕이 내리쬐는 한여름이나 두꺼운 외투를 껴입어야 하는 겨울을 제외하고 벚꽃이 피는 봄이나 선선한 가을이면 강변은 가족들로 넘쳐난다. 강변에서 동네 할아버지들이 소소한 잡담을 나누며 낚시에 몰두할 때 옆에서는 활활 타오르는 불에 지글지글 고기를 구우며 바비큐가 한창이다. 아이들은 한 뼘이나 자란 잔디밭

을 뛰어다니며 술래잡기에 바쁘고, 주부들은 개울물에 발을 담그고 수다 삼매경에 빠져 있다. 사춘기 소년들은 공놀이를 하며 시간 가는 줄 모르고 달리고 또 달린다. 덩그러니 놓여 있는 피스카페, 다리 구조물에 그려놓은 그래피티, 반질한 돌을 잘 쌓아 만들어놓은 개울가도 각자 자리에서 시간을 즐기고 있다. 답답한 도시에 있다가 가슴이 탁 트이는 강을 바라보는 것만으로도 무거운 짐을 한 꺼풀 벗겨내는 것 같아 감상적이 된다.

point.
햇빛과 자연과 강을 즐기며 걷기.
낚시하는 할아버지에게 말을 걸어보자.

후타코타마가와

course 2

자연주의 골목길, 유수로

흔히 '고급스러운 샬랄라' 느낌을 주는 자연주의 패션은 일본인 사이에서, 특히 아이를 둔 주부들 사이에서 대단한 인기를 끌고 있다. 꾸미지 않은 듯하면서도 공이 꽤나 많이 들어간 스타일로 웰빙을 선호하는 주부들은 옷에서부터 음식, 집 안 인테리어, 부엌 식기 등 모든 것을 자연주의로 도배하려는 성향이 강하다. 옅은 아이보리색으로 칠한 원목 소재 가구와 창틀 등의 햇빛 한 줄기도 놓치지 않고 빨아들일 것처럼 밀도 있는 리넨 소재 커튼, 구석구석에 작지만 무게감 있게 자리 잡고 있는 장식품은 조금 '산다 하는' 엄마들의 생활이자 로망이 되었다.

태양과 초록과 물이 있는 후타코타마가와의 특성에 잘 맞추어 자연주의 골목길을 만들어놓았다. 이곳에는 천연 패브릭의 대표주자인 리넨, 패브릭 소품 등을 파는 리넨버드(p.152)와 자연주의 인테리어를 총망라한 유니코, 세라믹 가게, 프랑스 직수입 보디용품을 파는 홈소품 가게, 카페 등의 상점이 밀집해 있다.

point.
자연주의자가 되어 자연주의
가게들을 여유 있게 둘러보기

재래시장의 추억을 되살리는 곳, 후타코타마가와 상점가

어릴 적 학교 앞 문방구에서 팔던 아폴로, 쫄쫄이, 쫀득이, 달고나 등 추억의 먹거리는 물론 딱지, 구슬, 팽이, 로봇 인형 등 수많은 자잘한 보물이 가득한 보물창고는 언제나 어린아이에게는 천국 같은 곳이었고, 하굣길에 결코 한눈팔지 않을 수 없는 불가사의한 공간이기도 했다.

후타코타마가와 상점가 느낌이 그렇다. 50년은 족히 넘어 보이는 오래된 코카콜라 간판이나 수제화점, 앞마당 한가득 꽃을 펼쳐놓은 꽃 가게, 고소한 냄새를 풍기며 사람들을 유혹하는 도넛 전문점, 손뜨개 교실을 운영하는 크래프(p.152) 등 골목골목을 누비다보면 시선과 관심을 뺏겨 시간 가는 줄 모르고 한참을 그 자리에 머물고 있는 자신을 발견한다.

도시화가 진행되고 있는 전원도시에 있는 후타코타마가와 상점가는 개발이 어느 정도 끝나면 그 오래됨이 더욱 빛나는 곳이 될지도 모르겠다. 역을 중심으로 건물들이 들어서고 강 주변은 개발되고 있다. 아쉬운 것은 재개발이 시작되면서 오래되고 유서 깊은 상점들이 건물 철거와 함께 문을 닫아 이쪽 상점가의 예스러움이 더욱 인상적일 수밖에 없다는 것이다.

point.
출발점을 중심으로 한 바퀴 돌며 동네 곳곳 산책하기

It Place

 무민숍
ムーミン

핀란드의 국민 캐릭터 무민의 도쿄 스토어. 편집 가게나 무민 카페 등을 제외한 첫 정식 스토어다. 무민은 뛰어난 문학성과 예술성을 인정받으며 북유럽 문화와 디자인을 상징하는 아이콘으로 주목받고 있는 캐릭터로 작가 토베 얀손이 창작했다. 이곳에서는 캐릭터가 그려진 여러 가지 잡화를 비롯해 생활용품, 인테리어용품, 문구류 등 다양한 무민을 만날 수 있다. 바로 옆 카페에서는 라테 등 무민음료도 판매한다. 새로 문을 연 라이즈빌딩 안에 있어 라이즈빌딩을 탐방하는 것도 쏠쏠한 재미를 준다.

주소 東京都世田谷区玉川 2-23-1
오픈 10:00~21:00(1월 1일 휴무)
요금 캐릭터인형 1000엔, 엽서 273엔, 머그컵 2835엔
문의 03-5797-5539
www.benelic.com/moominshop

 크래프
Craf

퀼트나 손뜨개 등 수공예 작품과 패브릭, 꼼지락거리며 손으로 뭔가를 만드는 것을 좋아하는 사람이라면 눈이 휘둥그레질 법한 가게. 온갖 종류의 패브릭, 실, 홈메이드 인형, 아기용품, 홈웨어 등 새내기 신부와 초보 엄마가 꿈꾸는 '결혼생활'의 일부분을 환상으로 채울 수 있는 소품이 가득 마련되어 있다. 130m² 정도 되는 가게 한쪽에서는 퀼트 수업이 매일 진행되는데 삼삼오오 모여 앉아 퀼트 등을 배우는 주부들의 웃음소리가 넉넉함과 푸근함을 준다.

주소 東京都世田谷区玉川 3-20-10
오픈 10:00~19:00(부정기 휴일)
요금 패브릭 250~400엔, 퀼트 천 2300엔, 아기용품 가방, 턱받이 630엔
문의 03-5491-2351
www.e-craf.com

 리넨버드
LINEN BIRD

후타코타마가와의 느낌을 압축해 표현하고 있는 상점으로 유럽에서 수입한 리넨 원단과 그 원단으로 만든 침실, 주방 패브릭 제품, 의류 등을 판매한다. 리넨이 주는 까슬까슬하면서도 몽글한 분위기를 좋아하는 사람이라면 꼭 들러야 한다. 대부분 수입 제품이어서 가격은 비싸지만 일단 들어가서 보는 것만으로도 마치 숲 속의 햇빛 비치는 오두막에 와 있는 것 같은 편안함이 느껴진다. 리넨을 비롯해 리넨가위, 리넨밴드, 도안, 책자, 반짇고리 등 각종 바느질 소품 등도 판매한다. 근처의 식기 전문점 코호로(Kohoro), 리제트(Lisette) 등도 모두 같은 회사 카후츠(Cahoots) 계열이다.

주소 東京都世田谷区玉川 3-12-11
오픈 10:30~19:00
문의 03-5797-5517
www.linenbird.com

박스앤니들
Box & Needle

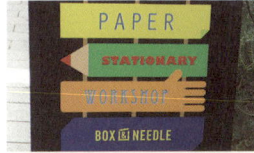

교토의 종이상자 회사가 도쿄에 만든 포장박스 전문점. '삶을 채색하는 종이상자'를 선보인다는 신념을 가지고 있다. 이탈리아, 영국, 프랑스, 핀란드, 인도, 네팔 등 전 세계에서 수입한 종이로 장인이 직접 제작한다. 종이 외에도 종이로 만들 수 있는 다양한 케이스, 문구류, 소품 등이 전시되어 있다. 1층에는 박스와 문구류가, 2층에는 전 세계에서 수입한 이국적인 스타일의 포장종이가 다양하게 구비되어 있다. 종이상자 만들기 관련 워크숍도 열린다.

주소　東京都世田谷区玉川 3-12-11
오픈　11:00~19:00(수요일 휴무)
요금　펜케이스 1512엔, 다옹도박스 5400엔, 포장지 300~3000엔
문의　03-6411-7886
　　　www.boxandneedle.com

히라타목장
平田牧場

두꺼운 고기에 바삭거리는 튀김옷을 자랑하는 일본식 돈까스는 일본 어디를 가도 기본 이상의 맛은 내지만 특히 이곳 돈까스는 결코 실망시키지 않는다. 히라타목장에서 직접 공수해온 돼지고기로 만든 돈까스로 유명하며, 신선도와 맛이 일품이다. 특히 '산겐부타'라는 특수한 품종의 돼지를 사용하는데 기름기가 적당한 고기와 육즙이 담백하다. 채소는 토마토소스와 참깨소스 두 가지 중 입맛에 맞는 걸로 부어 먹으면 된다. 미소수프가 한국 된장국처럼 진하고 안에 건더기가 많아 푸짐하다. 함께 제공되는 녹차도 진하고 부드러워서 돈까스의 기름기를 씻어내는 듯하다.

주소　東京都世田谷区玉川 3-玉川高島屋S·C本館 6F
오픈　11:00~22:00(주문 마감 21:00, 백화점 휴무일에 준함)
요금　로스까스 1800엔, 히레까스 2800엔
문의　03-3700-1729
　　　www.hiraboku.com

리제트
Lisette

리넨버드 맞은편에 있는 카페로 목가적인 분위기를 풍기는 프랑스 정통 브런치 카페다. 보는 순간 여행하는 듯한 로맨틱한 기분이 드는 과자를 만든다는 파티셰 타카시 씨의 철학이 깃든 과자는 프랑스산 밀가루와 발효 버터로 만든다. 신선하고 정갈한 재료를 엄선해 만든 요리가 여유로움 속에 준비된다. 올데이 브런치 메뉴로 어느 때나 브런치가 가능한데 지유가오카에도 매장이 있다.

주소　東京都世田谷区玉川 3-9-7
오픈　10:30~19:00
요금　평일 조식세트 500엔, 주말 조식세트 1000엔~
문의　03-5717-3779
　　　www.lisette.jp/cafe/menu.html

바람 따라 강 따라
터벅터벅 걷고 싶은 길

도요스
豊洲 Toyosu

스미다가와는 엄마가 아이를 달래듯
부드럽게 도쿄를 감싸며 흐른다.
물줄기를 시샘하듯 나란히 뻗은 강변에는
봄에는 벚꽃이 찬란하게 빛나고,
여름이면 불꽃이 하늘을 향해 자랑을 늘어놓고,
가을에는 단풍잎을 휘날리며 시선을 끌어도
강은 묵묵히, 젠체하지 않고
도쿄를 감싼 채 어제처럼 흘러갈 뿐이다.

도요스 산책하기

月島 Tsukishima
츠키시마

course 3
course 2

스마일 소보로빵 오카메 몬자

몬자곤도

START
도쿄 메트로 유라쿠초센(有楽町線) 도요스(豊洲) 역

Course1
에다가와
枝川

4번 출구로 나와 계속 직진해서 걸어가면 다리(아사나기바시, 朝凪橋)가 나온다. 그 다리를 지나 나오는 큰 사거리에서 길을 건넌 뒤 우회전해서 두 블록 걸어가면 왼쪽에 에다가와 조선학교가 보인다.

Course2
몬자거리
もんじゃストリート

도요스 역에서 1.2km 정도 거리를 걸으면 몬자거리가 있는 츠키시마 역이 나온다. 길을 따라 걷다보면 다리(하루미바시, 晴海橋)가 나오는데 이 다리를 건너 계속 걸으면 츠키시마 역이다(도보 40분).

Course3
스미다가와
隅田川

몬자거리의 1구역과 2구역 사이(1구역에서 2구역 방향)에 난 길로 우회전해서 들어가면 맞은편에 작은 놀이터가 나온다. 그 놀이터에서 산책로로 이어지는 계단을 올라가면 스미다 강변이 나온다.

END
도쿄 메트로 유라쿠초센 츠키시마(月島) 역

▶ 총 3시간 30분~5시간 소요

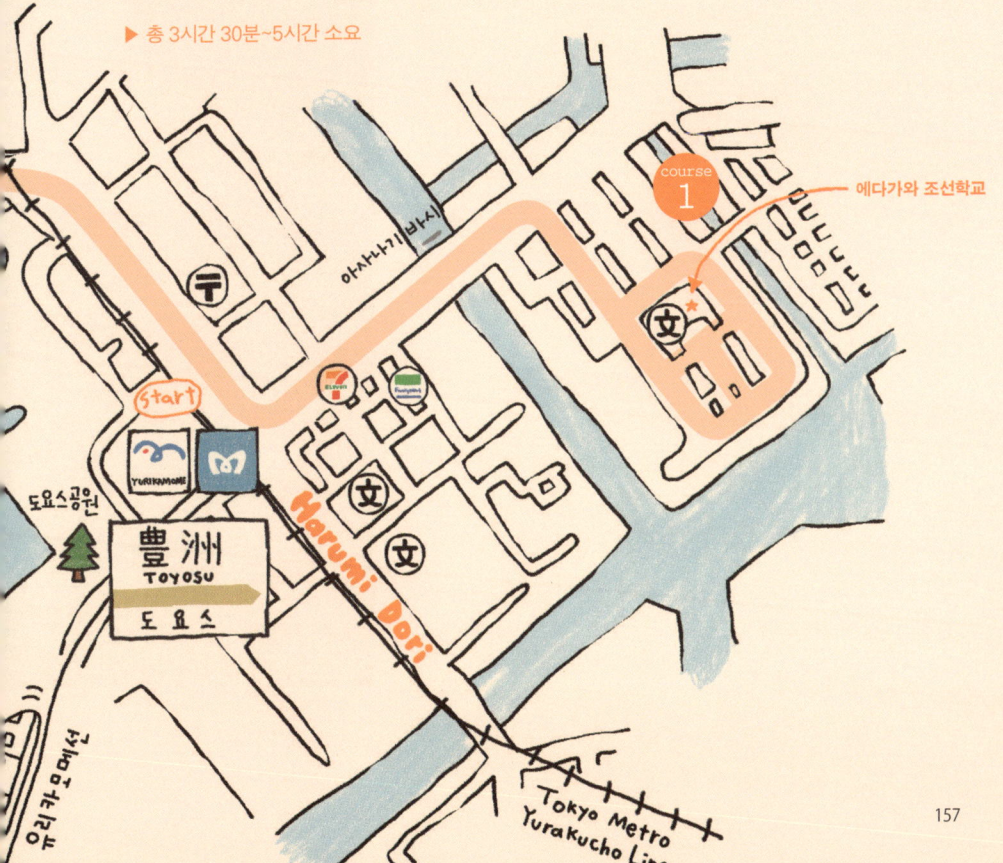

강제징용 조선인의 역사가 서린 땅

도쿄를 부드럽게 감싸며 흐르는 스미다가와(스미다 강, 隅田川)는 도쿄의 동부 도쿄만과 도쿄의 북부를 잇는 강으로, 도쿄의 핵심 수로다. 기쁨과 눈물, 과거와 미래를 품은 채 흘러가는 강을 바라보고 있으면 많은 생각이 교차하는데 스미다가와도 예외는 아니다.

스미다가와와 멀리 떨어지지 않은 곳에 있는 에다가와(枝川) 지역에는 일제강점기에 징용으로 끌려온 조선인의 눈물과 땀방울이 서려 있다. 열악한 환경에서도 삶의 터전으로 일구며 '배워야 산다'는 굳은 신념으로 초등학교를 세웠고, 이곳에서 한글을 배우며 한민족임을 잊지 않았다.

조선인의 애환이 서린 에다가와 지역에서 멀지 않은 곳에 있는 강변은 아이러니하게 기쁨과 즐거움 또한 담고 있다. 7월 중순부터 8월 중순까지 하나비 시즌이 되면 도쿄의 여러 지역에서 여름을 만끽할 수 있는 축제들이 펼쳐지는데, 강변에서 펼쳐지는 불꽃놀이는 하나비의 하이라이트라고 할 만큼 최고의 인기를 끌고 있다.

최근 도시 개발이 진행되며 높은 빌딩이 계속해서 들어서고 큰 쇼핑몰과 마켓들도 들어서는 등 모습이 변모하고 있다. 유리카모메 정거장이 개설되어 이곳에서 시오도메나 오다이바로 가는 유리카모메를 탈 수 있다.

도요스

course
1

한국인의
눈물이 맺힌 곳,
에다가와

도쿄 외곽 지역인 도요스 옆에는 에다가와라는 이름의 동네가 있다. 허름하고 낡은 집과 상점 들의 겉모습에 별 관심 없이 지나치다가도, 간혹 눈에 띄는 한국어에 가슴 어딘가가 짠하게 시려오는 곳. 이곳이 바로 한국인의 눈물이 맺힌 곳, 에다가와다. 에다가와는 1941년 7월 일본 정부가 간이주택을 만들고, 1000명이 넘는 조선인을 강제로 이주시킨 곳으로, 역사에 눈물로 새겨져 있는 장소다. 도쿄만에 인접한 이곳은 비가 오면 상습적으로 침수되어 물이 발목까지 차오르고, 주변이 온통 쓰레기 매립지이자 소각장이었기에 폐지나 고물 등을 주워 모아 겨우 생활했다고 한다. 열악한 환경에서도 아이들을 낳아 키우고 교육하는 등 힘겨운 시간을 견뎌온 인고의 발자취가 아직도 고스란히 남아 있다.

대문에 걸어놓은 명패에 조그맣게 쓰여 있는 한국식 이름과 골목 사이에서 이름 하나 걸어놓고 영업하는 조그만 한국 식당, 주택가 사이사이에서 간간이 들리는 한국말, 잔뜩 모은 고물을 집 앞에 차곡차곡 쌓아놓은 손길. 이곳에 있는 모든 구성원은 헝클어진 채 공존하는 한국과 일본의 모습을 보게 한다.

point.
일제강점기에 강제로 일본으로
끌려왔으면서도 열심히 살아낸 한국인에게
감사하는 마음으로 둘러보기

도요스

course 2

신당동과 닮은꼴, 몬자거리

일본의 빈대떡이라고 불리는 오코노미야키는 일본 대표 음식 중 하나로 우리나라 빈대떡에서 유래했다고 알려진 해물부침 요리다. 오코노미야키와 필적할 만한 도쿄의 빈대떡이 바로 '몬자야키'다. 여러 가지 채소와 해물 등을 넣은 밀가루 반죽을 철판에 지져 부침 형태로 만들어 먹는 요리로 오코노미야키보다는 질퍽한 느낌이 든다.

양배추와 당근 등 채소를 철판에 놓고 기름을 두른 뒤 적당히 익을 때까지 볶는다. 도넛처럼 가운데를 비운 뒤 그 속에 밀가루와 닭육수로 만든 국물을 붓고 휘휘 저으면서 익히고, 찰기가 생기면 채소와 함께 섞어서 동그란 부침개를 만든다. 오코노미야키의 진하고 풍부한 맛을 좋아한다면 조금은 맹숭맹숭하다는 느낌을 받을 수 있다.

츠키시마는 몬자야키로 유명한 곳으로 100개 정도 되는 가게가 성업 중이다. 츠키시마 역 5번, 7번 출구를 시작으로 네 블록으로 나뉘어 400m 길이의 몬자거리가 조성되어 있다. 우리나라의 신당동 떡볶이촌처럼 한 줄로 정리되어 있으며 사이사이 골목에서도 영업하고 있다. 간간이 문방구나 서점, 과자를 파는 가게도 눈에 띈다.

일본 서민들의 식문화를 느끼면서 직접 음식을 만들어 먹는 재미도 있으니 작은 주걱처럼 생긴 헤라로 몬자야키를 먹으면서 레모네이드에서 유래된 일본의 청량음료 '라무네'를 시음해보는 것도 즐거울 듯하다.

point.
수많은 몬자 가게 중 어느 곳에서 몬자를 먹을지 고민하며 걷기

문의 www.monja.gr.jp

도요스

course
3

시민들의 노력으로
자연의 모습을
되찾은 곳,
스미다가와

스미다가와는 도쿄 시민들이 살려낸 강이라고 알려져 있다. 1950년대 산업화에 따라 공장에서 흘러나온 폐수와 각종 산업 쓰레기 등으로 악취가 나고 오염된 강을 시민들이 힘을 합쳐 살려냈다. 이름이 원래는 아라카와(荒川)였으나 홍수를 막기 위해 강 동쪽으로 물 흐르는 길을 하나 더 만들어 그 강을 '아라'라 이름 붙이고, 이 강의 이름은 '스미다'로 바꾸었다고 한다.

스미다가와는 봄에는 벚꽃놀이를 즐기는 사람들로 장사진을 이루고, 여름에는 불꽃놀이를 구경 나온 사람들로 붐비는 등 명실 공히 도쿄 시민들이 쉬며 즐기는 강으로 변모했다. 여름 하나비 때는 사람들이 일본 전통의상인 유카타를 입고 맘껏 멋을 부린 모습으로 나오기도 한다. 강변에는 시민들이 산책할 수 있도록 인공 테라스가 조성되어 있어 걷거나 조깅하는 사람도 많이 볼 수 있다.

도쿄를 감싸고 흐르는 스미다가와에 설치된 다리는 27개로 이 중 사람이 건너갈 수 있는 다리는 24개에 이른다. 1940년대에 제작된 가치도키바시(勝鬨橋)는 다리가 열리는 쌍엽도개교로 1일 5회, 20분간 대형 선박을 통과시켰다. 많은 사람이 아치형 다리가 열렸다 닫히는 장면을 보러 오기도 했으나 1970년 이후에는 가동을 중단하고 츠키지와 츠키시마(月島)를 연결하는 다리 역할만 충실히 하고 있다.

point.
아무 생각 없이 걷다보면 너무
멀리 갈 수 있으니 조심할 것

도요스

It Place

에다가와 조선학교
枝川朝鮮学校

설명하지 않아도 마주하고 있는 광경에 가슴이 그저 먹먹해지는 때가 있다. 빛바래고 얼룩진 복도의 천장과 벽, 녹이 슨 상태로 수십 년은 있었을 것 같은 신발장, 물때와 벗겨진 페인트칠로 얼룩져 있는 수돗가. 에다가와 조선학교와 처음 마주할 때 느낌은 당황스러움 속에 처연히 들어앉아 있는 서러움이었다.
'도쿄 조선 제2초급학교'라는 정식 명칭을 갖고 있는 이 학교는 재일동포들의 집단 거주지 에다가와에 세워진 민족학교다. 그들은 해방 후 고국으로 돌아가지 못하고 일본 땅에서 거주하지만 다음 세대에게 자신이 한민족임을 잊지 않게 하기 위해 한글을 가르치고 교육하려 에다가와 조선학교의 전신인 도쿄조련학교를 설립했다.
1946년 1월 개교한 이래 1400명이 이 학교에서 우리의 말과 글과 문화를 익혔다. 하지만 아시아의 경제대국 일본의 문명적 혜택은 받지 못했다. 60년이라는 긴 시간 가난에 허덕거리며 차별과 서러움 속에서 간신히 학교를 이어오기에도 바빴다. 2003년에는 도쿄도지사가 40억 원이나 되는 토지 임대료를 내고 학교 땅도 반환하라는 소송을 걸었지만 땅 시세의 10%인 14억 원만 도쿄도에 지급하고 땅을 매입했다.
이 과정에서 일본인은 물론 민단, 조총련, 뜻있는 한국인이 하나로 힘을 합쳐 도움을 주었다고 한다. 시련을 겪은 에다가와 조선학교는 54억 원을 들여 건물을 새로 지었고, 2011년 봄학기부터 새로운 건물에서 학생들을 맞았다. 아이들은 신축된 학교의 좀 더 편리한 시설에서 공부할 수 있고, 인조잔디 축구장에서 마음껏 축구 연습도 할 수 있게 되었다. 물론 아직도 정치적 이슈와 해결할 문제가 많지만 우리 피를 이어받은 후손이 일본 땅에서 한국어를 배울 수 있는 배움터가 잘 유지되도록 응원하는 마음은 모두 같을 것이다.

주소 東京都江東区枝川 1-11-26

건물을 새로 짓기 전 에다가와 조선학교의 모습.
학교에 방문하더라도 몰래 들어가 사진을 찍는 일은 삼갈 것!

오카메 몬자
おかめ もんじゃ

철판에서 지글지글거리는 소리와 기름에 달달 볶이는 구수한 냄새는 불렀던 배도 꺼지게 만드는 묘한 힘이 있다. 몬자거리에서 유명한 맛집으로 꼽히는 오카메는 이곳에만 점포가 세 군데 있다. 세 곳에서는 다 같은 몬자야키도 맛의 차이가 있을 수 있다는 걸 보여준다. 채소와 밀가루는 기본 재료이고 토핑에 따라 맛이 다르지만 몬자야키 맛을 좌우하는 건 뭐니뭐니 해도 소스다. 만들어 먹는 방법을 모르더라도 당황하지 말 것. 종업원들이 와서 열심히 도와준다. 그러나 먹는 타이밍은 잘 잡아야 한다. 조금씩 타는 듯한 느낌이 들 때가 바로 먹어야 할 때. 알맞게 살짝 탔을 때 가장 맛있다.

주소 東京都中央区月島 3-8-10
오픈 11:00~23:00(연중무휴)
요금 기본 몬자 700엔, 나토몬자 850엔, 오카메(오징어, 문어, 새우, 소고기) 몬자 1400엔
문의 03-5548-1508
www.monjya-okame.com

 ### 몬자곤도
もんじゃ 近どう

1950년에 창업해 츠키시마에서 가장 오래된 몬자야키 식당으로 알려져 있다. 가열한 철판에 재료와 전분이 들어간 소스를 붓고 재료를 익혀가며 모양을 만든다. 기다리면 조금씩 형태가 잡히며 파전처럼 고체화된다. 어느 정도 익은 것을 몬자야키 전용 주걱인 하가시로 조금씩 잘라서 먹으면 된다. 이곳은 모찌치즈명란젓몬자가 유명한데 무엇보다도 명란젓의 조금 짭짤한 맛이 몬자의 느끼함을 상쇄해준다. 입맛에 따라 토가라시(고춧가루), 가츠오부시, 오코노미야키 소스, 아오노리(파래가루) 등의 양념을 뿌려 먹으면 된다.

주소 東京都中央区月島 3-12-10
오픈 월~금 17:00~22:00,
토·일·공휴일 12:00~22:00
요금 런치 1500엔,
모찌치즈명란젓몬자 1450엔
문의 03-3533-4555
www.monja.gr.jp
(몬자야키진흥회 협동조합)

 ### 스마일 소보로빵
スマイルそぼろ

몬자거리에서 가장 유명한 건 무엇보다 몬자이지만 스마일 소보로빵 역시 모르면 간첩이라 여겨질 만큼 인기가 높다. 몬자거리 1구역을 지나 2구역 쪽으로 가다보면 고소한 버터 냄새가 온 거리를 메울 정도로 풍겨나오고, 멜론빵 주제가가 신나게 거리에 울려퍼지기 때문에 그냥 지나치려야 지나칠 수 없다. 이곳에서 가장 인기 있는 멜론빵은 겉은 바삭하고 속은 촉촉해 몇 개를 먹었는지 세고 싶지 않을 정도로 맛있다. 빵이 갓 구워져 나왔을 때 최고의 맛을 볼 수 있다.

주소 東京都中央区月島 1-21-3
오픈 10:00~22:00(부정기 휴일)
요금 멜론빵 160엔,
스위트 포테이토파이 220엔
문의 03-3534-0298

삶을 향한 열정과 동경이
살아나는 곳

츠키지

築地　Tsukiji

새벽 4시,
태양이 지평선 아래에 자리 잡기도 전에
이곳 사람들은 하루를 시작할 준비를 한다.
전국에서 올라온 2500톤의 어마어마한 생선은
경매와 도매 과정을 지나
짐들을 실어 나르는 파란색 터릿과 인력거가
'헤쳐모여' 한 뒤 흔적도 없이 사라진다.
조용하지만 일률적인 움직임이 잦아들 때쯤 되어야
태양은 비로소 환한 아우라를 드러내며 등장한다.
그래서 우리는 그들을
'새벽을 여는 사람들'이라고 부른다.

산책하기 츠키지

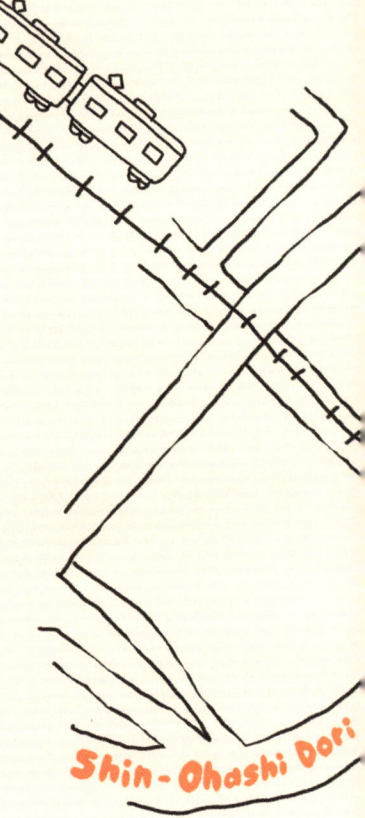

START
도에이 오에도센(大江戸線) 츠키지시조(築地市場) 역

Course1
츠키지 장내시장

A1 출구로 나와 조금 직진하면 주차장처럼 생긴 큰 외부 창고가 보이고, 그 입구로 직진해서 들어가면 장내시장이 보인다. 경매장은 장내시장 가장 안쪽에 있다.

Course2
츠키지 장외시장

장내시장에서 나와 츠키지시조 역 방면으로 걸은 뒤 큰길이 나오면 우회전해 다시 사거리까지 직진해서 걸어간다. 사거리에서 건널목을 건너면 장외시장 입구가 나온다.

END
도에이 오에도센 츠키지시조 역

▶ 총 1~2시간 소요

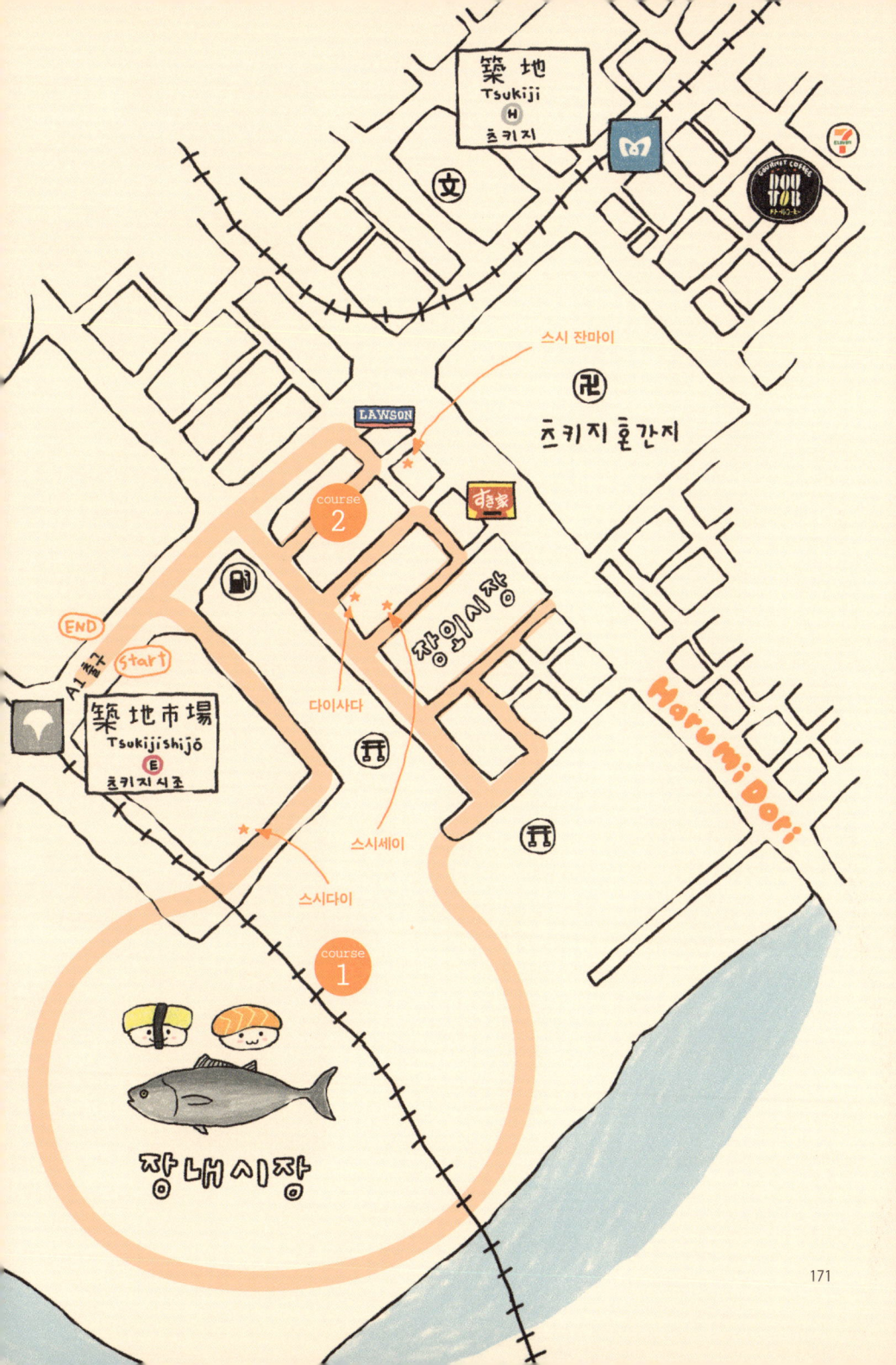

뜨거운 열정과 생동감으로 삶의 에너지를 공급하는 곳

어둠이 꼼짝 않고 물러날 생각도 없는 것 같은 새벽에 츠키지시조 역에 내리면 장화를 신은 사람들이 나무 바구니를 들고 종종걸음으로 오가는 모습이 심심치 않게 보인다. 이들의 목적지는 두말 할 것도 없이 츠키지시장이다. 츠키지시장은 서울의 상암월드컵경기장 크기와 맞먹는 터에 하루 2500톤의 수산물이 거래되는 일본 최대 어시장이다.

츠키지시장의 매력은 누가 뭐래도 생동감에 있다. 하지만 이 생동감은 동네 장터 같은 시끌벅적한 움직임이 아니라, 필요한 말만 하고 입을 닫은 채 그저 바삐 움직이는 손과 발, 몸의 움직임에서 나오는 번잡함이다. 이 때문에 조용한 듯하지만 그 안에는 치열한 생존경쟁의 법칙이 존재하며 무게감 또한 대단하다.

치열한 생활의 터전에 관광객이 공존하는 시간이 달갑지 않은 것은 어찌 보면 당연한 일이다. 명성에 힘입어 츠키지시장을 찾은 외국인 관광객이 카메라를 들이대며 상인들의 몸놀림을 스케치하더라도 무심히 자기 일에만 집중하는가 하면 관광객 질문에는 상냥하지 않은 말투로 대답이 돌아올 때도 있으니 말이다. 신선함과 속도로 일분일초를 다투는 상인들에게서 예상할 수 있는 반응이기에 그들의 응대가 낯설지만은 않다.

문의 www.tsukiji-market.or.jp

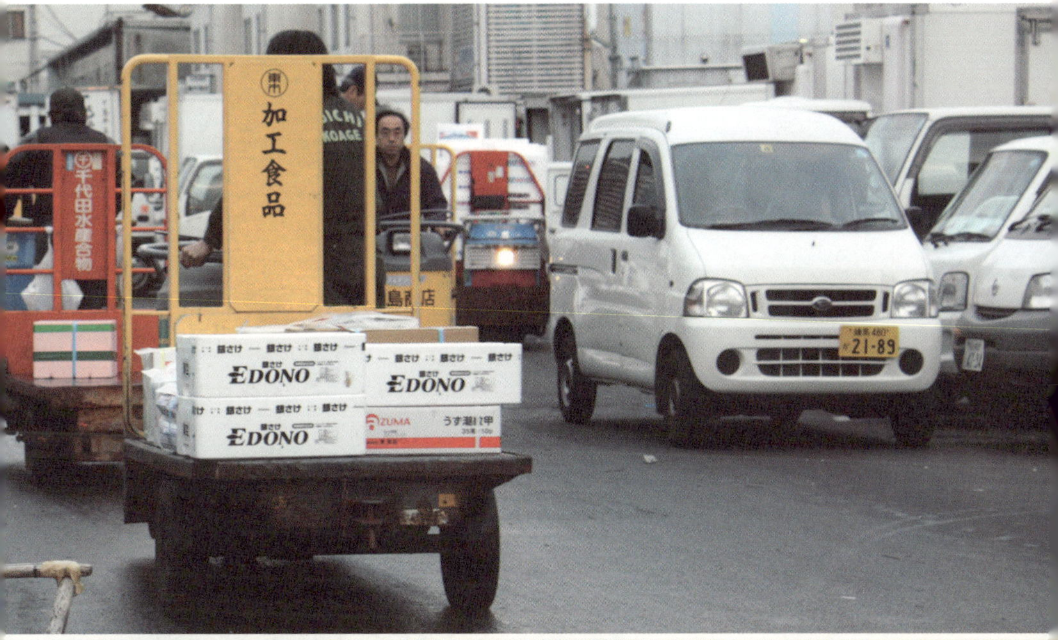
加工食品
千代田水産荷物
EDONO
EDONO
EDONO
21-89

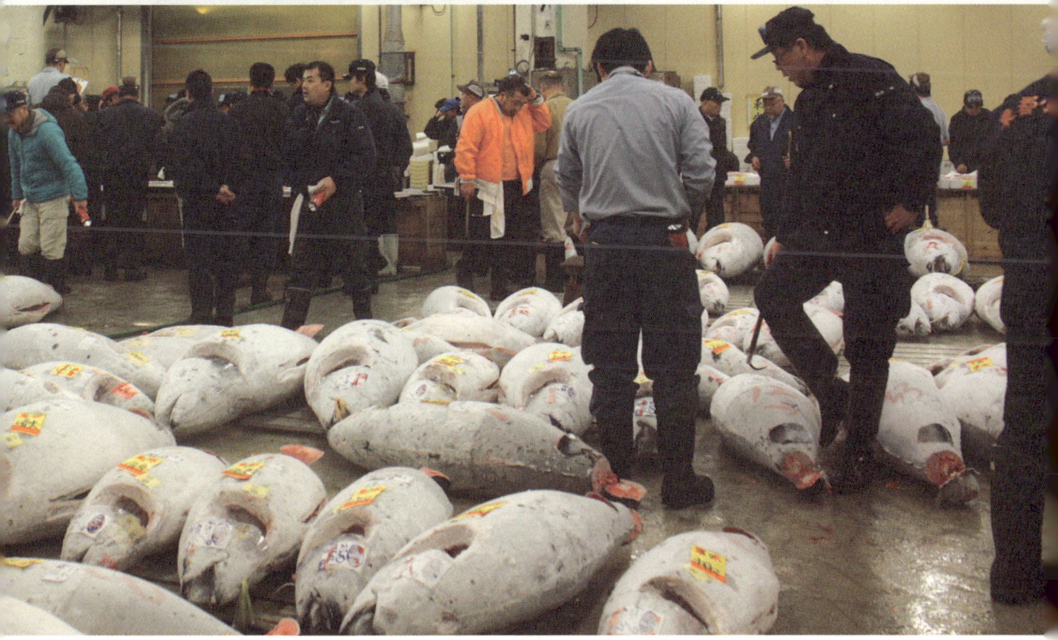

course 1

숙련된 상인의 칼놀림이 돋보이는 곳, 츠키지 장내시장

장내시장은 츠키지의 하이라이트인 참치 경매가 이뤄지는 경매장과 꽁꽁 언 참치들을 해체하는 작업장, 각종 수산물을 도매로 취급하는 도매상점들로 나뉜다. 상인들에게는 생업이다보니 관광객들과 피치 못할 문제들이 생기기도 해서 한동안 장내시장 출입을 금지하기도 했다.

조용하고 바삐 움직이는 시장 속에서 유일하게 큰 소리가 들리는 곳이 바로 참치 경매장. 어른 크기만 한 참치의 꼬리와 아가미를 잘라 참치 살의 상태를 손쉽게 볼 수 있도록 해놨고, 참치 살을 얇게 떠서 샘플로 만들어놓은 곳에는 상인들이 플래시를 들고 빛을 비춰가면서 육질을 체크하고 꼼꼼히 따지며 참치를 고르는 모습을 볼 수 있다. 참치 경매는 기본적으로 일반인 참관이 불가능한데 간혹 경매가 끝나갈 무렵 어깨너머로 구경할 기회를 얻기도 한다.

터릿은 츠키지 내에서 쌩쌩 달리니
알아서 피하는 게 좋은데,
바닥에 물기가 많아 미끄러우니
조심할 것!

도매상점이 모여 있는 장내시장에서는 수십 년 된 장인들의 현란한 칼솜씨를 눈으로 직접 볼 기회가 주어진다. 경매장에서 구입한 꽁꽁 얼린 참치가 절단기에 토막으로 정리되는 장면, 숙련된 상인의 칼놀림에 빨간 속살을 드러내며 싱싱한 횟감이 되는 장면, 조개류를 칼의 움직임이 보이지 않을 정도로 빠르게 손질하는 장면 등이 인상적이다.

츠키지에서 가장 눈에 띄는 건 운송수단인 '터릿(turret)'이다. 일본 사람들은 '타레'라고 부른다. 터릿은 수레와 오토바이를 합쳐놓은 것 같은 모양의 운송도구로 360도 회전이 가능하다. 츠키지시장을 쌩쌩 달리며 짐을 실어 나르는 츠키지의 트레이드 마크다.

point.
참치 경매하는 모습과 상인들의
생생한 현장 지켜보기.
단, 방해가 되지 않도록!

course 2

신선함과 최고의 맛으로 승부하는 곳, 츠키지 장외시장

장외시장에는 생선, 건어물, 채소, 칼과 그릇 등 주방용품을 파는 점포들이 골목골목마다 늘어서 있다. 와자지껄한 상인들과 손님들로 북적대 동네 시장 골목 같은 느낌을 준다. 도매상만 대상으로 하는 장내시장과 달리 관광객이나 일반인을 대상으로 하는 소매상이라 쇼핑하거나 둘러보는 데 한결 마음이 가볍다.

골목 중간중간 간이식당처럼 생긴 노상 라멘집, 덴푸라집, 달걀말이집, 소바집 등 식당도 있으며 무엇보다도 신선함과 최고의 맛으로 승부하는 스시집이 옹기종기 모여 있어 1년 내내 사람

들의 발걸음이 끊이지 않는다.

80년 동안 타마고야키(달걀말이)를 팔아온 가게에서 파는 달걀말이는 한국식 밥상에 오르는 반찬이라기보다는 달콤한 치즈 시폰케이크 같은 모양과 맛으로 고객을 유혹하는데 간혹 시식할 수 있게 잘라놓은 걸 먹어볼 수 있다.

일요일과 공휴일, 둘째·넷째 수요일에는 시장이 문을 닫으니 가기 전에 문을 여는지 먼저 확인하자. 새벽부터 잠을 설치고 큰맘 먹고 갔는데 시장 전체가 문을 닫아버려 패닉 상태가 되고 싶지 않다면 말이다.

point.
일본의 다양한 생선과 건어물
구경하며 걷기

It Place

 스시 잔마이 본점
すしざんまい

일본의 유명한 스시 체인점으로 츠키지시장에만 본점을 포함해 6개 매장이 있다. 이 중 최고 신선도로 승부한다는 본점이 가장 유명하다. 일단 스시다이나 스시다이와에 비해 길게 늘어선 줄이 없어 점심·저녁 시간만 피하면 기다리지 않고 먹을 수 있다. 가격도 저렴해 부담 없이 스시를 먹을 수 있는데 앞에서 나누어주는 전단의 그림을 보고 주문할 수도 있어 편리하다. 테이블보다는 카운터석에 앉아 요리사의 현란한 손놀림과 내가 먹을 스시가 만들어지는 모습을 보는 것도 꽤 재미있다.

주소 東京都中央区築地 3-11-9
오픈 24시간(연중무휴)
요금 모둠 스시세트 2138엔, 스시 잔마이세트 3240엔, 마구로 잔마이세트 3240엔
문의 03-3541-1117
www.kiyomura.co.jp

 스시다이
寿司大

언제 어느 때 가더라도 줄이 길어 한참 기다려야 맛볼 수 있는, 츠키지시장에서 가장 유명한 스시집. 일부 현지인은 맛이 과장되었다고 판단해서인지 주로 외국인이 찾는다. 싱싱한 생선으로 만든 '계절 생선모듬세트'가 가장 인기 있다. 먹는 속도보다 스시 나오는 속도가 더 빨라 은근히 압박감을 받으며 먹게 되기도 한다. 스시를 여유롭게 음미하면서 먹고 싶은 사람에게는 어울리지 않지만 기다린 만큼 보람찬 맛을 선사하는 스시집이기도 하다.

주소 東京都中央区築地 5-2-1 築地市場 6号館
오픈 05:00~14:00(일·공휴일, 츠키지시장 휴일 휴무)
요금 계절 생선모듬세트 3900엔
문의 03-3547-6797

스시세이 본점
寿司清

츠키지 본점을 중심으로 전국에 체인점이 여러 개 있는 스시세이. 창업한 지 120년이 넘는 전통 있는 곳으로 도쿄에서 가장 오래된 스시집으로 알려져 있다. 가격 대비 질 좋은 스시를 먹을 수 있는 곳으로, 축하할 일이 있을 때 먹는다는 회덮밥 '치라시스시'도 사람들에게 인기 있다. 그날 들어온 물 좋은 횟감으로 만들어주는데 우리나라 회덮밥과는 수준이 다르다. 츠키지의 명물 다이사다의 달걀말이가 이곳에서 서빙되니 다이사다 타마고야키를 못 먹었다면 이곳에서 먹어보자. 스시세이는 본점과 분점이 가깝게 있는데 식도락가라면 경력 많은 이타쵸(주방장)가 있는 본점을 추천한다.

- 주소 東京都中央区築地 4-13-9
- 오픈 월~금 08:30~14:00, 17:00~20:00(수요일 휴무), 토 08:30~20:00, 일 09:30~20:00
- 요금 치라시스시 1500엔, 오마카세 코스 3500엔
- 문의 03-3541-7720
        www.tsukijisushisay.co.jp

다이사다
大定

80년간 달걀만 말아온 전통 있는 달걀말이 전문점. 전국 일식점에 다이사다의 달걀말이가 공급된다고 하고, 백화점 매장에서도 팔린다고 하니 어느 정도로 유명한지 알 수 있다. 우리나라 달걀말이보다 상당히 달고 밀도가 높아 조금 더 차지다는 느낌이 들고 달걀 맛이 아주 강하다. 특수 한방재료를 먹인 닭에서 나온 달걀을 사용해 콜레스테롤을 줄였다고 한다. 기본 타마고야키 이외에 여러 가지 양념을 더한 다양한 달걀말이도 구비되어 있다. 여러 명이라면 큰 것을 사서 나누어 먹어도 좋지만, 달달하다는 점을 고려한다면 작은 것이나 꼬치로 먹는 것을 추천한다.

- 주소 東京都中央区築地 4-13-11
- 오픈 04:00~15:00(일·공휴일, 츠키지시장 휴무일인 둘째·넷째 수요일 휴무)
- 요금 타마고야키 680엔, 타마고야키 꼬치 100엔
- 문의 03-3541-6964
        www.daisada.jp

한 번쯤
살아보고 싶은 곳

키치조지
吉祥寺 Kichijoji

도쿄 사람들이 가장 살고 싶어하는,
아기자기한 가게와 카페가 많고
젊음과 자유, 여유로움이 있는 곳.
키치조지와 조우하는 순간
평범한 일상이 주는 행복을,
살아내는 것이 아닌
살아간다는 것이 어떤 것인지,
삶을 무엇으로 채워나가야 할지,
수많은 이야기가 가슴에 차오를 것이다.

산책하기 키치조지

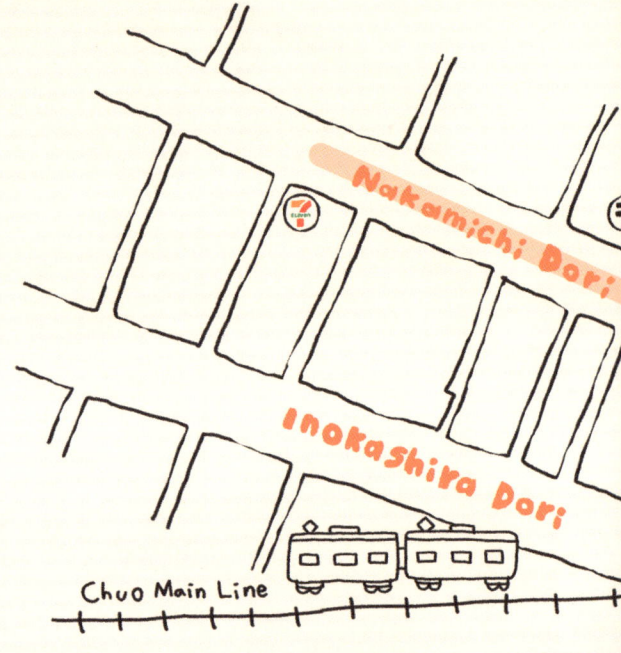

START
JR 추오센(中央線) 키치조지(吉祥寺) 역

Course1
나나이바시도리
七井橋通り

공원 출구 쪽으로 나와 길을 건너 오른쪽으로 몇 발짝 이동하면 왼쪽으로 마루이 백화점(OIOI)이 보인다. 마루이 백화점과 더 수트 컴퍼니 사잇길로 들어가면 나나이바시도리 상점가가 나온다.

Course2
하모니카요코초
ハモニカ横丁

키치조지 역에서 북쪽 출구로 나와 11시 방향의 왼쪽을 보면 하모니카요코초 입구가 보인다. 서쪽 출구로 나와 횡단보도를 건넌 뒤 왼쪽으로 걸어가도 입구가 나온다.

Course3
나카미치도리
中道通り

하모니카요코초에서 나와 파르코백화점을 뒤로하고 오른팔을 키치조지도리를 가리키는 방향으로 두고 서 있을 때 얼굴 앞쪽으로 펼쳐진 도로가 바로 나카미치도리다.

END
JR 추오센 키치조지 역

▶ 총 1~3시간 소요

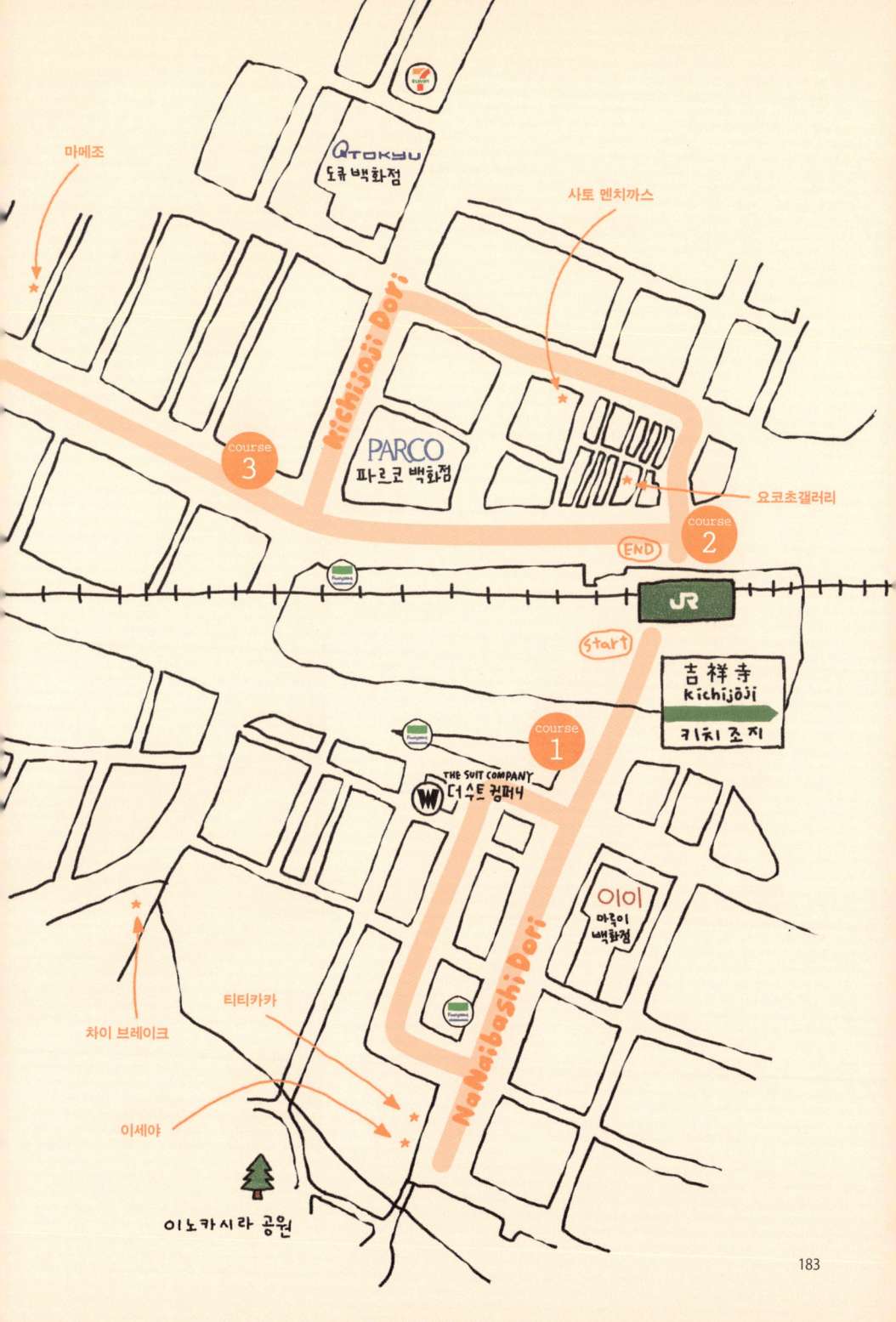

키치조지
모든 것이 가능한 곳.

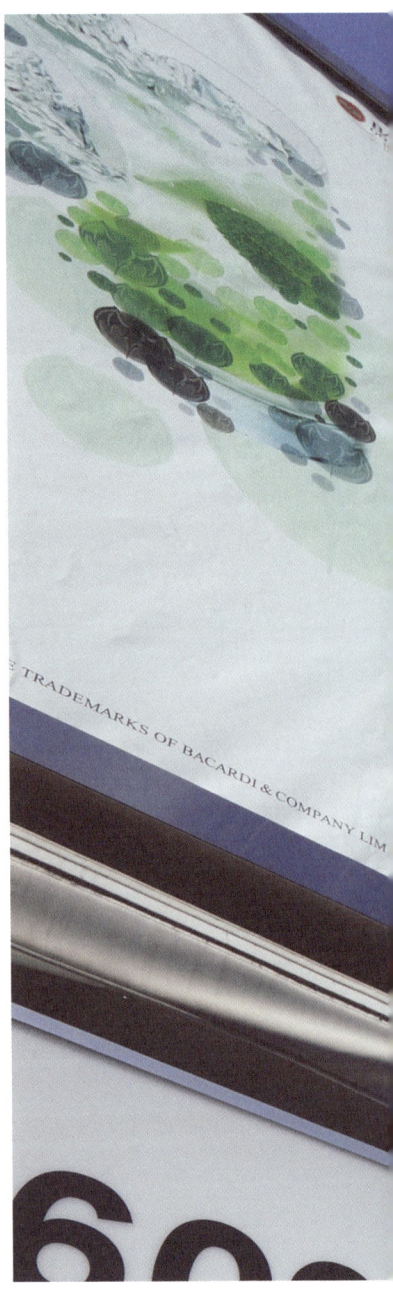

도쿄 사람들에게는 키치조지와 지유가오카에 대한 로망이 있다. '모든 것이 다 가능한 곳'이라는 광고 문구를 내건 키치조지는 정말 모든 것을 가능케 하는 마법 같은 매력을 지녔다.

역 바로 옆에 위치한 도큐, 마루이 백화점이 기본적으로 생활과 쇼핑을 편리하게 해주고 예쁜 카페와 디저트 플레이스는 시간을 카운터에 맡긴 채 책 한 권을 다 읽고 가고 싶은 여유를 제공한다. 아기자기한 소품 가게와 잡화점은 한 폭의 그림처럼 다양한 색감으로 잠들어 있던 감성을 깨운다.

모든 것을 갖고 있기에 도도할 법도 하지만 키치조지는 외부인에게 오히려 모든 것을 열어준다. 그것이 키치조지가 사람들을 끌어당기는 힘이다. 개성 넘치는 삶들을 모아놓은 듯한 이곳은 특유의 여유로움과 자유로움으로 주민과 여행자를 한번에 품고서 수많은 이야기를 들려준다. 우리가 살면서 잃어버린 것들이 무엇인지, 소소한 즐거움은 어디에서 오는지, 여유롭게 산다는 건 어떤 것인지, 평범한 일상이 주는 행복이란 어떤 것인지를. 영화 <구구는 고양이다>를 봤다면 키치조지를 산책할 준비가 된 셈이다. 단, 가슴은 비워두고 갈 것. 영화에 등장하는 이노카시라공원이나 야키도리집 이세야 등 유명한 장소들을 거닐다보면 키치조지가 가슴에 담아주는 이야기를 담을 공간이 절대적으로 필요하기 때문이다.

tip.
미타카(p.278)와 키치조지는
이노카시라공원으로 연결되어
있으니 미타카를 산책한 뒤
이어 키치조지를 산책하길.
체력이 허락하는 범위에서.

course 1

심심할 틈이 없는 곳, 나나이바시도리

나나이바시도리는 '미니 하라주쿠'라고 불릴 만큼 하라주쿠와 분위기가 비슷한 쇼핑 골목이다. 에스닉하고 이국적인 의류와 소품이 많은 티티카카(p.192)를 비롯해 고양이 잡화점 캐치필드, 구제의류, 생활잡화, 인테리어용품, 카페, 레스토랑이 짧은 거리에 다양하게 분포되어 있어 심심할 틈이 없다.

이노카시라공원 출구에서 역방향으로 이어진 길에서 가장 눈에 띄는 것은 누가 뭐래도 야키도리집 이세야(p.192)다. 손님이 많아지는 오후가 되면 각종 고기를 굽는 냄새가 온 동네에 퍼지고, 유혹을 참지 못해 야키도리를 사려는 사람들의 줄이 길게 늘어선 모습을 쉽게 볼 수 있다. 그 옆에 바로 붙어 있는 스타벅스 또한 나나이바시도리의 명물 중 하나다. 공원 분위기에 맞게 야외 테라스를 꾸며놓아 공원 산책을 마친 뒤 한 템포 쉬어가는 사람들, 애완견과 함께 차를 마시러 온 사람들도 눈에 띈다. 가끔 운이 좋으면 커피향과 야키도리 냄새를 동시에 즐기고 있는 매도 만날 수 있다.

전철역 부근에는 폭스바겐 차량에 아기자기하게 인테리어를 해 놓은 미니카 카페가 앙증맞게 손님을 끌고 있다. 애완견 의류 전문점은 애완견 운동복, 모자, 망토, 코트 등 다양한 스타일을 갖추고 애견가들의 관심을 끈다.

나나이바시도리를 긴 축으로 놓고 중간중간에 가로로 펼쳐져 있는 골목길에도 카페와 레스토랑이 생기기 시작해 나나이바시도리를 더욱 빛내준다. 특히 어린이용품을 파는 가게와 장난감, 완구 등을 파는 가게들이 있어 아이들을 자전거에 태우고 다니는 젊은 엄마, 아빠를 많이 볼 수 있다.

point.
관광객이 아닌 도쿄지엔이 된 느낌으로 걷기

키치조지

course
2

밤과 낮이
완전히 다른 곳,
하모니카요코초

하모니카는 작은 구멍 하나하나에 입으로 바람을 불어 소리를 내는 악기다. 두 개, 세 개 구멍에 동시에 바람을 불어넣어 화음을 만들기도 하고, 떨어져 있는 두 음을 연결하기 위해 휙익 훑고 지나가는 아르페지오 주법으로 연주하기도 한다. 누구나 저렴하게 살 수 있지만 연주자 숙련도에 따라 그 맛과 깊이가 달라지는 지극히 서민적인 악기다.

키치조지에 있는 하모니카요코초는 이름에서 알 수 있듯이 하모니카처럼 작은 상점들이 골목골목에 다다다닥 모여 있는 상점가다. 〈센과 치히로의 행방불명〉에서 '유마치'라는 동네의 모티브가 된 곳으로 유명하기도 한데, 좁은 면적에 많은 상점이 붙어 있다보니 그 구성이 상당히 서민적이다. 하모니카 하나로 다양한 스타일의 연주를 할 수 있듯이 이곳은 상점 하나하나를 어떻게 훑고 지나가느냐에 따라 최고의 연주를 할 수도, 그저 그런 바람소리만 삑삑 내고 끝나버릴 수도 있다.

제2차 세계대전 이후 암거래시장으로 시작한 이곳은 현재는 술집, 레스토랑, 잡화점, 과자점, 생선 가게 등 점포 90여 개가 콤팩트하게 모여 있다. 안 먹어보면 서러울 정도로 맛있어 항상 100m 정도 줄을 선 다음에야 먹을 수 있는 사토 멘치까스(p.193), 현대적인 인테리어의 하모니카 키친, 교자와 라멘으로 유명한 중국 스타일 라멘집 밍밍, 수타 생면 파스타로 주목받은 스파키치, 1000엔짜리 런치 뷔페로 유명한 모스크바 등이 골목 안에서 생동감 있게 움직인다. 오전 11시 정도가 되어야 상가가 활성화되고, 술자리가 벌어지는 밤의 분위기와 낮의 분위기가 확연히 다르니 참고할 것.

point.
구석구석 골목에 있는 가게들
꼼꼼히 훑어보기

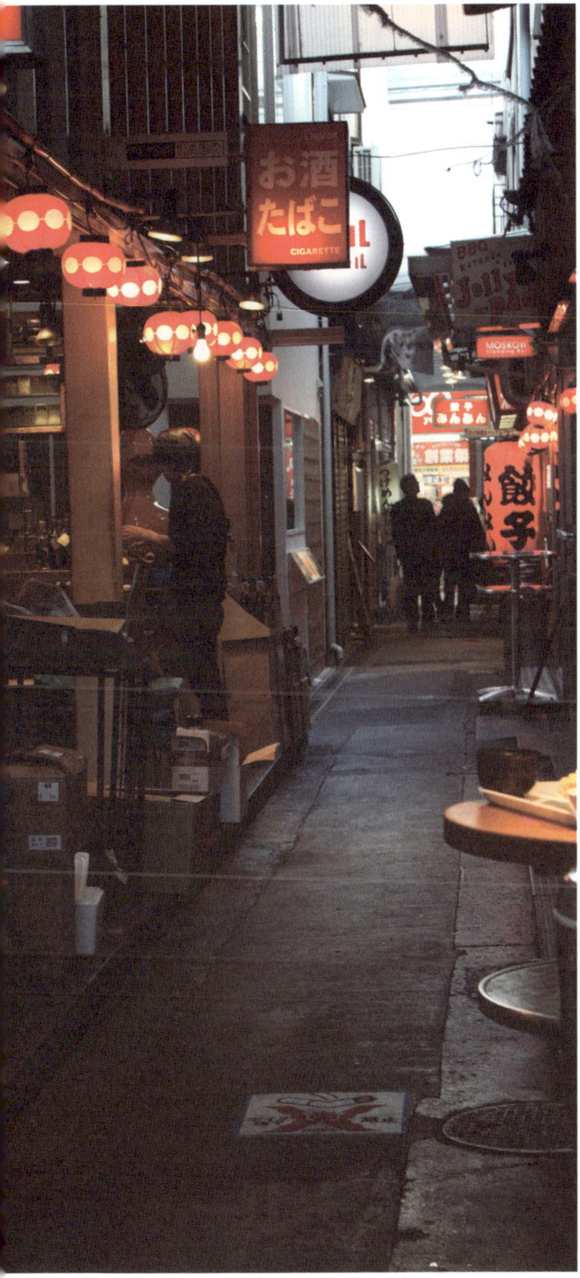
お酒
たばこ
CIGARETTE
MOSKOW
餃子

赤飯
お赤飯 和菓子
以せ桜
横丁ギャラリー

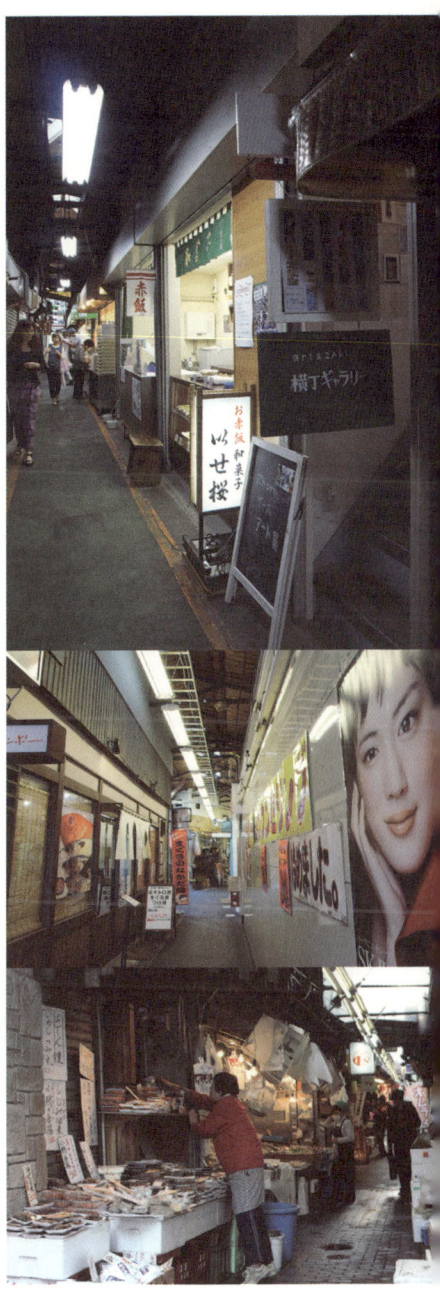

course
3

아기자기함으로
뜨거운 시선을
받는 곳,
나카미치도리

도쿄의 카페나 인테리어 소품점, 생활용품점이 모여 있는 거리를 걷다보면 부러운 생각이 드는데, 상점마다 고유한 분위기와 개성을 가지고 있으면서도 전체적으로 볼 때 하나의 그림처럼 잘 어울리기 때문이다. 우리나라처럼 몇몇 유명 커피체인점이 길 양쪽을 온통 잠식한 채 천편일률적인 그림을 그려내는 것이 아니라 개성과 프라이버시가 최대한 지켜지는 미학이 발휘되기 때문에 도쿄의 몇몇 거리가 많은 사람에게 사랑받고 있다는 생각이 든다. 그런 골목을 걷다보면 진열된 소품을 몽땅 쓸어오고 싶을 만큼 마음에 드는 가게를 만나기도 하고, 이런 가게 하나 차려보면 어떨까 하는 창업 의지를 불타오르게 하는 카페를 만나기도 한다.

파르코백화점에서 JR 미타카 역 북쪽 방향으로 이어지는 나카미치도리는 키치조지에서 아기자기한 골목으로 뜨거운 시선을 한 몸에 받는 거리다. 제2차 세계대전 이전에 키치조지에는 공장이 많았는데 나카미치도리에는 공장 근로자들을 대상으로 한 상점가가 발달했다고 한다. 지금은 두유도넛으로 유명한 하라도넛에서 운영하는 카페 하랏파를 비롯해 레스토랑, 헤어숍, 패션숍, 그릇 가게, 패션잡화점 등 상점이 빼곡하게 들어서 있다. 가게 분위기가 재미있고 들어가서 하나하나 천천히 둘러보고 싶은 상점이 많다.

point.
프랜차이즈보다는 개성 있는
개별 가게가 많은 일본 가게의
특색 관찰하기

It Place

 요코초갤러리
横丁ギャラリー

하모니카요코초 안에 있는 미니 갤러리. 원래 과자 보관 창고로 쓰던 것을 개조하여 만들었다. 갤러리라고 하기엔 6.5m² 남짓의 조그만 공간이지만 독특하고 개성 있는 작품과 상품을 파는 곳이다. 자기 작품을 전시하고 싶어하는 사람들에게 공간을 빌려주기도 한다. 아티스트들이 아이폰에 그린 그림이나 사진으로 만든 창작 아이폰 케이스 등 생활소품도 전시되어 있다. 하모니카요코초 세 번째 골목으로 10m 정도 들어가면 오른쪽 2층에 있다.

주소 東京都武蔵野市吉祥寺本町 1-1-4
오픈 13:00~20:00 (월·화요일 휴무)
문의 0422-21-5040
www.yokocho-gallery.com

 티티카카
チチカカ

중앙아메리카와 남아메리카의 에스닉한 의상, 물품들을 수입해 파는 티티카카(일본에서는 치치카카라고 부른다). 키치조지의 이곳이 1977년에 세워진 본점이다. 그래서인지 도쿄의 수많은 곳에 티티카카가 있지만 키치조지만큼 동네와 딱 어울리는 곳도 없는 듯하다. 남미 스타일의 알록달록한 의상과 커플러 장신구, 이국적이면서도 에스닉한 묘한 분위기의 소품, 일본 젊은이의 집시풍 패션 감각과 스타일을 들여다볼 수 있다.

주소 東京都武蔵野市吉祥寺南町 1-15-7
오픈 11:00~20:00
(토·일·공휴일 21:00까지)
요금 가방 1000엔~, 머플러 1620엔~
문의 0422-48-5195
www.titicaca.jp

 이세야
いせや

영화 〈텐텐〉, 〈구구는 고양이다〉 등 수많은 일본 드라마와 영화의 배경이 된 키치조지. 이세야는 주인공들의 단골 가게가 되거나 적어도 한 번은 먹어보는 야키도리 전문점이다. 1928년 처음 문을 연 이래 80년 동안 거침없이 향긋한 냄새를 담은 희뿌연 연기를 키치조지에 쏟아부은 곳으로, 단풍이나 벚꽃을 즐기기 위해 나온 사람들 또는 이노카시라공원을 산책하는 사람들이 끊임없이 줄을 선다. 가격도 저렴해 인기가 많다. 하츠(염통), 탄(혀), 카와(껍질), 레바(간), 난코츠(닭연골) 등의 고기류와 잘 다진 고기에 달걀, 다진 마늘과 생강 등을 넣고 둥글게 만든 츠쿠네가 지글지글 구워진다. 키치조지도리 입구에도 분점이 있다.

주소 東京都武蔵野市吉祥寺南町 1-15-8
오픈 12:00~22:00 (월·연말연시 휴무)
요금 각종 꼬치구이 80엔부터, 옥수수구이 280엔
문의 0422-43-2806
www.iseya-kichijoji.jp

마메조
まめ蔵

맛있다고 소문난 집은 저마다 맛있는 이유가 있다. 30년 넘게 키치조지에서 카레만 고집해온 마메조는 카레를 오랫동안 끓여내 다른 곳보다 맛이 깊고 부드러우며 건강에도 좋아 여성과 가족 단위 손님이 많이 찾는다. 안정감을 주는 인테리어와 아기자기한 소품, 친절함도 마메조에서 편안하게 카레를 즐길 수 있게 해준다. 콩을 곁들여 끓인 콩카레, 버섯카레 등이 인기이며, 스페셜카레는 다양한 맛을 골고루 맛볼 수 있어 좋다.

주소 東京都武蔵野市吉祥寺本町 2-18-15
오픈 11:00~21:30 (런치 11:00~17:00, 연중무휴)
요금 야채카레 880엔, 비프카레 980엔, 스페셜카레 1130엔
문의 0422-21-7901
www.kuu-kuu.com/mamezo

사토 멘치까스
さとう メンチカツ

사토 정육점에서 고기를 손질하다가 나오는 부스러기를 모아 멘치까스를 만들어 팔기 시작했는데 인기가 폭발하면서 키치조지를 대표하는 먹거리가 됐다. 멘치까스는 질 좋은 와규와 양피를 잘게 다진 뒤 양념해 바삭바삭하게 튀겨낸 고로케 같은 것이다. 영화〈구구는 고양이다〉에서 여자 배우 4명이 멘치까스를 한 입씩 물어뜯으며 행복해하는 모습을 상상하면 침이 절로 흐른다.
일본인은 물론 여행객에게도 인기 있는 장소. 평일에는 1인당 20개, 주말에는 10개로 구입 개수가 정해져 있고 언제 어느 때 가더라도 긴 줄은 감안해야 한다(2층은 사토 스테이크 하우스).

주소 東京都武蔵野市吉祥寺本町 1-1-8
오픈 09:00~20:00(연중무휴)
요금 멘치까스 180엔(5개를 사면 1개당 140엔), 고로케 120엔
문의 0422-21-3130
www.shop-satou.com

차이 브레이크
チャイブレイク

이노카시라공원 앞에 자리 잡고 있는 차이 전문 카페. 입구에서부터 풍겨오는 포스가 남다르다. 주문을 받은 뒤 직접 만들어내는 방식을 택해 잘 대접받는다는 인상을 준다. 신선한 찻잎에서 정성 들여 우려낸 티에 우유를 넣어 만든 뒤 6가지 스파이스를 살짝 토핑으로 뿌려주는데 다소 담백할 수 있는 차이 맛에 감칠맛을 더해준다. 조용하게 흐르는 재즈음악과 차이향, 스파이스향이 함께 어우러져 더욱 좋은 곳이다.

주소 東京都武蔵野市御殿山 1-3-2
오픈 11:00~19:00(화요일 휴무)
요금 밀크티 472엔, 차이프라페 600엔
문의 0422-79-9071
www.chai-break.com

벚꽃, 햇살, 물의
삼중주

나카메구로
中目黒 Nakameguro

잔잔히 흐르는 얕은 강 위로
흐드러진 벚꽃이 바람을 따라 춤을 춘다.
꽃잎은 하나, 둘,
산들바람에 날아오르기를 반복하다가
더워진 몸을 식히기 위해
물속으로 첨벙 뛰어든다.
도도한 백조처럼 유유히 떠내려가던
분홍색 동그라미는
떼 지어 엄마를 쫓는 아기 오리처럼
모였다, 흩어졌다를 반복하며
시간을 따라,
강을 따라 흐른다.

나카메구로 산책하기

스노비스 베이비스

카페 드롤

START
도큐 도요코센(東橫線) 나카메구로(中目黒) 역

Course1
나카메구로 강변길

역에서 나와 큰길을 건넌 뒤 소프트뱅크 골목으로 들어가면 바로 눈앞에 메구로 강이 펼쳐져 있다. 가던 방향에서 강변을 따라 걷다가 다리를 건넌 뒤 반대편 쪽으로 계속 걸으며 산책한다.

Course2
다이칸야마 주택가

나카메구로 강변을 둘러본 뒤 역 반대편 언덕 쪽으로 올라가서 곧장 걸어가면 다이칸야마로 향하게 된다.

END
도큐 도요코센 다이칸야마(代官山) 역

 총 1시간 30분~3시간 소요

은근한 고급스러움과 자연이 조화된 산책길

세련된 감성과 차분한 고급스러움으로 눈길을 끄는 다이칸야마. 휘황찬란한 색감과 생동감으로 발걸음을 멈추게 하는 시부야. 잘 꾸며진 유럽 라이프스타일이 빛나는 에비스와 근접해 있지만 비교할 수 없는 독특한 매력으로 사람들을 사로잡는 나카메구로. 검은 눈의 정중앙이라는 뜻이다.

메구로 강변을 걷다보면 하천을 감싸고 있는 수로 자체가 어두운 색의 돌로 정리되어 있어서인지 어둡다는 느낌이 든다. 하지만 그 가운데 흐르는 하천과 햇빛을 받아 반짝반짝 빛나는 물빛이 조화를 이뤄 차분하면서도 생동감 있다. '반짝반짝 빛나는 어둠'이란 게 바로 이런 걸까? 묘한 상상에 빠져본다.

하천 양옆으로 길게 늘어서 있는 벚꽃은 4월이 되면 분홍빛을 머금은 하얀 꽃잎을 열정적으로 토해내고, 사람들은 꽃비를 맞이하기 위해 줄을 잇는다. 길가에 빼곡히 자리 잡은 상점들은 아기자기함과 개성으로 무장한 채 손님들과 조우한다. 나카메구로에서 언덕을 넘어가는 길에는 잘 정비되어 있는 고급 주택들과 주택가 속에 숨은 채 간판도 없이 영업하는 상점들도 있다. 상점 간판이 하나씩 드러나고 인테리어가 좀 더 실험적이고 고급스러워지면 나카메구로에서 다이칸야마로 이어지는 이음길이다.

나카메구로

course
1

수많은 사람이
저마다
추억을 안고
찾아오는 곳,
나카메구로 강변길

비가 부슬부슬 내리거나 햇빛이 눈부시게 내리쬐는 날, 먹구름이 코앞까지 내려와 기분마저 우중충한 날, 온 세상 소음을 다 빨아들인 듯 하얀 눈이 소복소복 내리는 날… 특별한 날, 무작정 가고 싶은 곳이 저마다 하나씩은 있을 것이다. 그곳은 연인과 추억이 서린 장소일 수도 있고, 아픈 이별의 흔적일 수도 있고, 우연히 발견한 나만의 아지트일 수도 있다. 이 모든 것의 공통점은 그 거리에 다다르기 전에 마음이 먼저 가 있다는 것.

나카메구로에는 4월이 되면 메구로 강변을 따라 흐드러지게 핀 벚꽃을 보러 오는 사람들이 '내 인생의 장소'로 꼽을 만큼 뭔가 특별한 것이 있다. 강이라고 하기에는 아담해서 실개천 정도의 하천이 흐르지만 소소한 일상의 기쁨을 확인할 수 있는 곳이다. 물론 벚꽃놀이 온 사람들이 군무하듯 떼 지어 움직이는 봄에는 산책하거나 여유롭게 놀기는 어렵지만 말이다.

하천을 따라 난 양옆 길에는 뉴욕 스타일의 치즈케이크 전문점, 꽃집처럼 마당에 한가득 화분을 갖다놓은 헤어 살롱, 커다란 곰인형이 손님을 맞는 카페, 통유리로 된 창가 좌석에서 예쁜 경치를 즐길 수 있는 카페 등 각각의 상점이 아기자기한 분위기를 맘껏 뽐낸다. 여유로운 아침을 즐기고 싶다면 오전에 천천히 강변을 따라 걸은 뒤 문을 연 카페에서 느긋하게 브런치를 즐기는 것도 좋다.

point.
강변에 숨어 있는 예쁜 가게와
카페 발견하며 걷기

course 2

디자인이 독특한
주택을
볼 수 있는 곳,
다이칸야마 주택가

일본 건물들은 삭막하다는 생각이 들 만큼 흐트러짐 없이 정확하게 직사각형이다. 특히 밤에 전철을 타고 지나가며 아파트나 고층건물을 보면 빠짐없이 불을 켜놓은 비상전등 때문에 인위적인 느낌마저 든다. 시부야나 신주쿠가 건축 디자인 스타일이 다양한 도시라는 것을 느낄 여유가 생길 때쯤 도쿄는 수많은 역사와 이야기를 갖고 있는 도시라는 것을 하나둘 펼쳐 보이기 시작한다.

한 나라의 건축물은 그 민족의 민족성을 대변하는데, 일본은 우리에 비해 독립적·개인적인 스타일과 공간을 많이 추구한다. 대규모 아파트 단지가 없는 것만 봐도 그렇다. 한두 동씩 독립적으로 지어진 빌라나 맨션 등이 눈에 들어오고 건물들의 그림이 전체적으로 인지될 때쯤 개별 건물이 보이기 시작한다. 예쁜 카페와 인테리어 상점들에 눈이 가기 시작하는가 싶다가 에도시대의 짙은 밤색 목조건물이 눈에 들어오고, 최첨단으로 지어

point.
다양한 주택 스타일과 건축
디자인을 잘 살펴보며 걷기

놓은 스타일리시한 빌딩에 눈길이 가기도 한다.
도쿄의 부촌이라고 일컬어지는 다이칸야마의 주택가를 걷다보면 블록 쌓기를 해놓은 듯한 집, 언덕 위의 성처럼 담을 높게 올려놓은 집 등 디자인이 독특한 주택이 많아 재미있다. 높은 담과 프라이버시가 보장되는 건물 구조 등이 폐쇄적인 느낌을 주는 건 별수 없지만. 산겐자야나 가구자라카 등을 걷다보면 자연스럽게 듣게 되는 식사 준비 소리나 주민들의 생활소음을 듣기가 어려워 이곳에 친근감을 갖기는 쉽지 않다.

나카메구로

It Place

울루루
Uluru

앤티크 전문점을 구경할 때 즐거움은 시간의 흐름을 고스란히 간직한 물건에서 풍기는 중후함을 느낄 수 있다는 것이다. 감탄사가 절로 나오는 진기하고 신기한 물건들을 볼 수 있는 것도 하나의 매력이다. 'Iron'이라고 쓰여 있다고 해서 다리미 전문점인 줄 착각하지 말 것. 다리미(Iron)가 아니라 문고리, 벽걸이, 주방용품 등 모든 앤티크 철제 제품을 판매한다.
이곳에서 판매하는 앤티크 제품들은 오스트레일리아를 비롯해 프랑스, 미국 등에서 들어왔다. 법랑제품, 저울, 커피포트 등 주방용품이나 미니 다리미, 샹들리에, 액자, 의자, 서랍장 등 인테리어에 관심이 있다면 눈여겨볼 제품이 많다.

주소　東京都渋谷区南平台町 7-9
오픈　11:00~19:00(일·부정기 휴무)
요금　황동가위 800엔,
　　　커피포트 3700엔,
　　　앤티크 램프 4500엔
문의　03-3461-1595
　　　www.azmate.com/
　　　index.php?pg=uluru_index

스노비시 베이비스
Snobbish Babies

강아지에게 좋은 옷을 입히고 싶은 마음은 사치일지 몰라도, 스타일리시한 옷을 입은 개가 지나가면 자꾸 쳐다보게 된다. 주인과 함께 코디하고 산책을 나간다는 콘셉트로 패션 디자인 브랜드에서 론칭한 애견 패션 브랜드. 럭셔리한 지역에 있는 애견숍인만큼 스타일리시한 애견용 의상과 소품들이 가득하다. 물론 가격은 생각보다 비싸지만 아이템 하나하나를 신중히 디자인하고 발전시키는 일본인 특유의 정신을 엿볼 수 있어 둘러볼 만한 가치가 충분하다.

주소　東京都目黒区青葉台 2-16-8
오픈　12:00~20:00(수요일 휴무)
요금　티셔츠 4212엔~,
　　　스트라이프 진바지 10260엔,
　　　유카타 8100엔
문의　03-3461-7601
　　　www.asknowas.com/dewan

카페 드롤
Drole

아기자기한 스타일을 좋아하는 여성 취향의 자연주의 카페. 서빙하는 직원들도, 요리하는 셰프 모두 다소곳한 침묵 속에 각자 일을 해서 앉아 있는 내내 평화로움을 느낄 수 있다. 샐러드, 음료, 밀크푸딩이 디저트로 나오는 런치메뉴인 스파이시 치킨카레라이스 세트는 드롤의 인기 메뉴다. 특히 닭고기로 소고기 같은 육질과 맛을 내는데 우유와 요구르트에 넣어 하루를 재워놓는다고 한다. 음식 양이 많지 않아 남길 걱정은 하지 않아도 된다. 내부에서는 앙증맞은 장식품들과 인테리어 소품, 쿠키 등을 판매한다.

주소　東京都目黒区青葉台 1-23-4
오픈　12:00~20:00(연중무휴)
요금　스파이시 치킨카레라이스 1000엔,
　　　커피 450엔
문의　03-5722-6083
　　　www.ambidex.co.jp/
　　　drole_nakameguro

우레시이 푸딩 가게 마하카라
うれしいプリン屋さん マハカラ

그런 날이 있다. 칼로리 따윈 생각 안 하고 그저 달달하고 부드러운 무언가를 먹고 싶은 날. 초콜릿, 케이크 외에 독특한 것을 찾는다면 우레시이 푸딩이 제격이다. 무슨 맛을 고를까 고민하지 않아도 인기 1위부터 3위까지 친절하게 쓰여 있으니 마음에 드는 것을 고르면 된다. 예쁜 유리병에 귀엽게 포장된 푸딩을 받아드는 순간 달달함이 전해지고 정성스럽게 포장된 것을 뜯으면서도 먹기 아깝다는 생각이 든다. 단것을 별로 좋아하지 않는다면 깔끔하게 하나만 먹는 것이 아쉬운 듯 더 맛있을 것이다.

주소 東京都目黒区青葉台 1-17-5 メゾン青葉 1F
오픈 11:00~18:00
요금 기본 푸딩 370엔, 그 외 400엔
문의 03-6427-8706
   www.happypudding.com

요한
Johann

홈메이드 치즈케이크 전문점으로 한국인에게도 많이 알려진 곳이다. 요한은 1978년 이곳에 치즈케이크점을 연 와다 사장의 영국 국교회식 이름이다. 와다 사장은 60세에 정년퇴임한 후 새로운 인생을 시작하고 싶어 뉴욕 치즈케이크 전문점을 냈다고 한다. 35년간 이곳에서 케이크를 만들고 정년퇴임한 동료들에게도 방법을 전수해주며 자신처럼 제2의 인생을 시작할 수 있게 돕는 등 의미 있는 삶을 살다가 5년 전 작고했다고 한다. 적당한 질감과 무게감이 느껴지면서 풍부한 치즈 맛을 볼 수 있는 치즈토핑과 너무 건조하지도, 너무 촉촉하지도 않게 적당히 단단한 파트수크레의 맛이 일품이다. 신맛을 더해 느끼한 맛을 잡아주는 사우어소프트도 먹어볼 만하다. 전날 만들어 냉장고에서 밤을 지낸 뒤 아침에 판매한다는 치즈케이크는 메구로 강에 벚꽃이 만발하는 봄에는 오후 2시면 모두 매진될 정도로 인기가 많다.

주소 東京都目黒区上目黒 1-18-15
오픈 10:00~18:30
요금 내추럴 치즈케이크 370엔, 블루베리 치즈케이크 370엔
문의 03-3793-3503
   www.johann-cheesecake.com/ko

여유롭고 사람 냄새 나는
찻집 같은 마을

산겐자야

三軒茶屋 Sangenjyaya

향기로운 찻집이 세 곳이라는 뜻의
이름에서도 느껴지듯
이곳은 찻집이 세 곳 모여 생겨난 마을이다.
함께 차를 마시며 도란도란 이야기를 나누는
여유로움이 가득한 찻집을 중심으로
생겨난 동네여서일까.
화려한 네온사인이 쏟아지는 시부야가 코앞이지만
이곳에 들어서면 사람 사는 냄새가 물씬 풍긴다.
시부야의 한결같은 번잡함에 지친
도쿄 젊은이들의 새로운 놀이터,
산겐자야다.

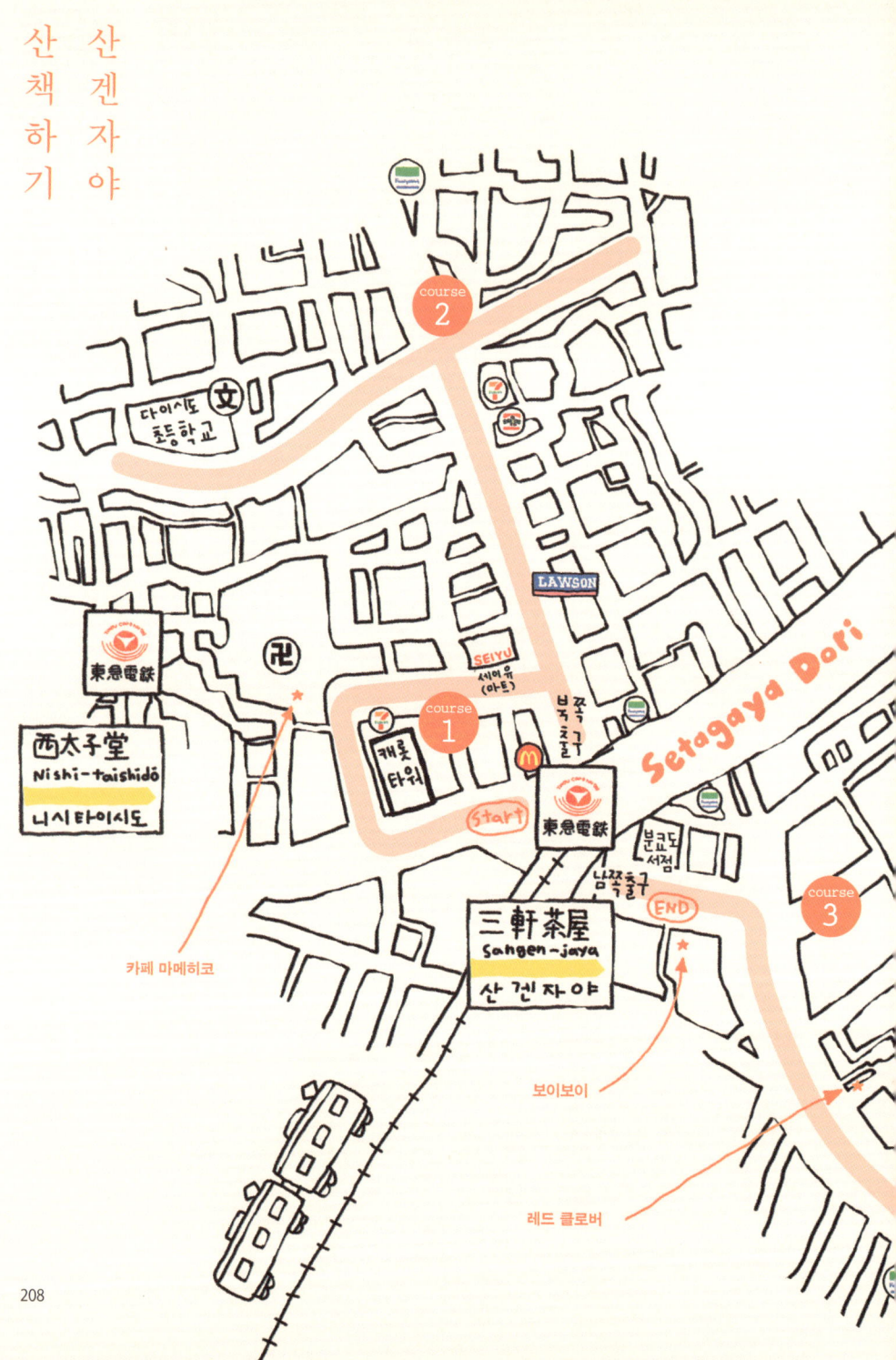

START
도큐 덴엔토시센(田園都市線) 산겐자야(三軒茶屋) 역

Course1
캐롯타워
キャロットタワー

역에서 캐롯타워 방향으로 나오면 바로 눈앞에 건물이 보인다. 혹시 출구를 잘못 나왔더라도 주변에서 제일 높은 건물을 찾으면 된다.

Course2
산겐자야 산책길

캐롯타워를 등지고 왼쪽 길로 돌아 400m 정도 걸어 내려가면 산책길이 조성되어 있다. 가고 싶은 방향으로 걸으면 된다.

Course3
카페거리

산겐자야 역 남쪽 출구로 나와 오른쪽으로 100걸음 정도 간 뒤, 오른쪽으로 90도 돌아 걸어 들어간다. 오밀조밀 붙어 있는 상점들 속에서 카페들을 발견할 수 있다.

END
도큐 덴엔토시센 산겐자야 역

▶ 총 1시간 30분~3시간 소요

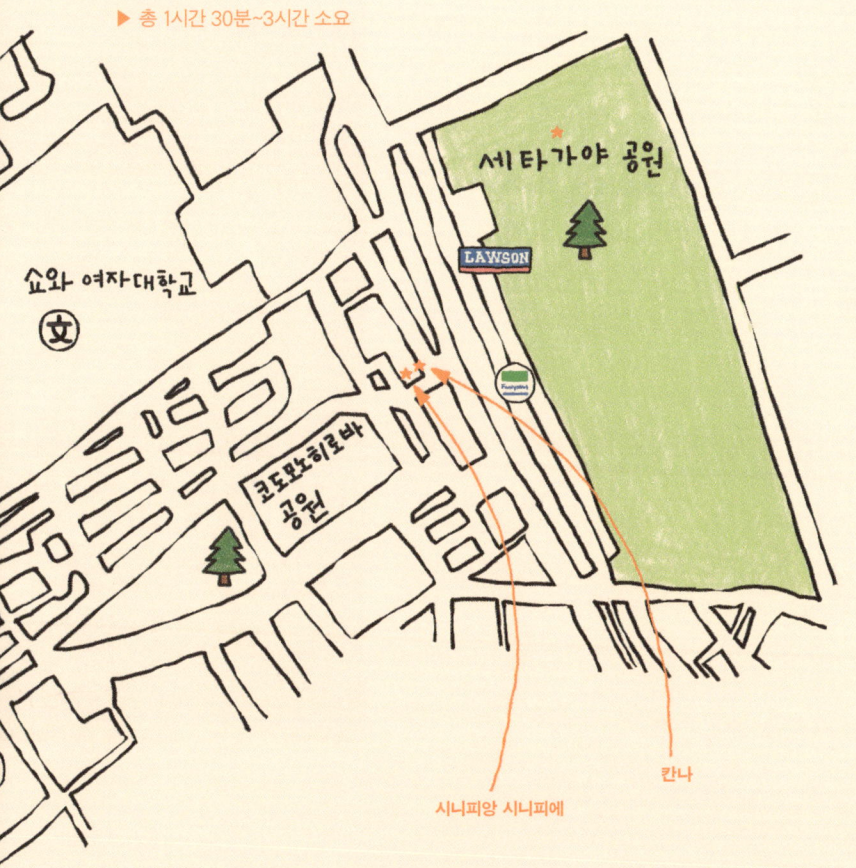

번잡한 도쿄 중심에서 즐기는 여유로운 일상

세르반테스의 소설 《돈키호테》에 나오는 인물 같기도 하고, 멕시코 어딘가에 있는 작은 언덕 마을 이름 같기도 한 곳. 덴엔토시센(田園都市線)과 세타가야센(世田谷線)이 교차하는 곳에 자리 잡은 산겐자야는 몇 집 건너 한 집 꼴로 찻집이나 카페가 줄지어 있다. 꽃집도 유난히 눈에 많이 띈다. 시부야와 가까워 도시 중심에 있으면서도 조용한 일상을 즐길 수 있어서인지 최근 연예인과 아티스트 들의 보금자리로도 인기를 얻고 있다.

복작복작한 대로 안쪽으로 몇 걸음만 옮기면 오래된 약국과 화과자점이 보인다. 여기서 조금 더 들어가면 베란다에 널어놓은 빨래들이 쨍쨍한 볕 아래 일광욕을 하는 주택가가 펼쳐지는데 두세 마리 개를 산책시키는 젊은 여성을 보는 게 그다지 낯설지 않다.

해마다 10월이면 '산차 de 대도예(三茶de大道芸)'라 불리는 마츠리가 열리고, 외국인의 길거리 예술, 퍼포먼스와 핸드메이드 잡화 등으로 거리는 온통 축제에 빠진다.

크기와 규모에 눈이 휘둥그레지는 자전거 주차장, 지하철 플랫폼을 반으로 잘라놓은 것처럼 건널목에 개방되어 있는 재미있는 역과 선로에 다소곳하게 놓여 있는 지하철, 주택가 골목골목을 따라 뻗어 있는 길, 평생 손님이 한 명도 오지 않아도 문을 열어놓을 것 같은 카페가 젊은이들 사이에서 '산차'라고 불리는 매력적인 거리를 점령하고 있다.

산겐자야

course 1

당근처럼 귀여워!
캐롯타워

산겐자야에서 가장 높은 빌딩(26층)으로, 건축 당시 이름을 공모했는데 생긴 모습과 색깔이 당근을 닮았다고 해서 '캐롯빌딩'이 당선되었다고 한다. 당근을 싫어하는 어린아이를 둔 엄마가 당근과 아이를 화해(?)시키기 위해 짜낸 아이디어 아닐까? 이름을 떠올리며 빌딩을 보니 웃음이 났다. 소소한 것 하나하나에 담긴 일본 사람들의 소박한 아이디어를 엿볼 수 있었다.

빌딩의 지하이자 지하철로 가는 연결통로에는 '산차파티오(三茶パティオ)'라고 불리는 작은 광장이 있다. 시원한 물줄기가 벽을 타고 흐르는 웅장한 대리석벽이 버티고 있는 광장은 마츠리가 있을 때 무대로 사용되기도 한다.

26층 꼭대기에는 친절하게도 시민들에게 개방해놓은 전망대가 자리 잡고 있다. 30~40층이 넘는 고층 빌딩과 견준다면 조금 아쉬운 높이지만 누구나 쉬었다 갈 수 있는 편안한 소파 30개와 커피 테이블 등이 마련되어 있어 스카이라운지 못지않은 매력을 선사한다. 전망대 한쪽에 설치된 라디오 방송 부스에서는 DJ의 멘트와 음악이 흘러나와 경치를 감상하는 사람들의 귀와 눈을 동시에 만족시켜준다. 전망대는 밤 11시까지, 전망레스토랑은 밤 10시까지 문을 연다.

point.
산겐자야와 도쿄 시내 전망 감상하기

산겐자야

course 2

햇빛 찬란한 날엔, 산겐자야 산책길

산책하다 쇼핑하고, 거리에 흩날리는 에스프레소 향기를 맡으며 슈퍼에 들르고, 내 취향을 꿰뚫고 있는 서점 주인과 몇 마디 나누다가 몇 걸음 안에 아늑한 집으로 들어올 수 있다면? 산겐자야 산책길은 이 모든 것이 가능한 곳이다.

산겐자야 역에서 나와 맥도날드 방향으로 조금 걸어가다보면 동네 상점들이 보이고 역 앞 교차로의 소음이 잠잠해지는 지점 양옆으로 긴 산책로가 펼쳐져 있다.

오른쪽으로 발걸음을 돌리면 줄지어 있는 주택가 뒤로 심어놓은 나무들이 싱그러운 산책길이 펼쳐진다. 단정한 빌라 주택가 끝에 도달하면 햇빛 찬란한 날에 두런두런 모여 앉아 빨래 방망이를 두드리고 싶은 개울가가 시작된다.

왼쪽으로 발걸음을 돌리면 자전거도로와 인도가 구분된 산책길이 나온다. 엄마와 함께 자전거를 타고 가는 아이, 개를 산책시키러 나온 할아버지, 바로 옆에서 풍기는 밥 익는 냄새. 각 주택의 뒤뜰을 모아 길게 이어놓은 듯한 이 산책길은 작게 구성된 주택단지를 가로지르기도 하고 이어주기도 한다.

point.
동네에 마실 온 것 같은 마음으로 걷기

산겐자야

course
3

네 집 건너 한 집, 카페거리

처음 가보는 여행지에서 멋진 카페를 발견하거나 맛있는 레스토랑을 발견하는 건 의도치 않게 좌석이 비즈니스석으로 업그레이드된 것 같은 즐거움을 선사한다. 산겐자야 역 남쪽 출구로 나가 음식점이 있는 골목으로 들어가면 고불고불한 길이 끝나는 곳에서 흔하게 볼 수 있는 일본 상점가가 펼쳐진다. 슬쩍 한번 쳐다보고 그저 평범한 상가라는 결론을 짓고 발걸음을 돌린다면 여행 초보자다. 몇 발자국만 더 나아가면 몇 집 건너 하나씩 숨어 있는 예쁘고 아담한 카페들과 만날 기회를 영영 놓쳐버리니 말이다.

찻집 세 곳으로 시작된 산겐자야는 구석구석에 아담하고 독특한 느낌의 카페들이 띄엄띄엄 있다. 주인의 개성이 그대로 담긴 메뉴와 인테리어, 분위기가 오랜 세월에 녹아 있어 모든 카페나 레스토랑이 다 저만의 빛을 발한다.

point.
독특하고 다채로운
카페 분위기 즐겨보기

It Place

 세타가야공원
世田谷公園

 시니피앙 시니피에
Signifiant Signifié

 칸나
かんな

분수를 중심으로 넓게 흩어져 있는 벤치. 언덕 위 잔디밭에는 선탠을 하는 사람들도 보이고 앉아서 망중한을 즐기는 사람도 있다. 연예인들이 가끔 산책한다고도 알려져 있다. 흙, 나무, 통나무집, 나무판자로 만들어놓은 그네와 미끄럼틀, 사물함 등 자연 그대로의 모습으로 아이들이 뛰어놀기 좋게 한편에 꾸며진 체험학습 공간이 이 공원의 하이라이트다. 옛날 기관차를 전시해놓고 기차에 대해 배울 수 있게 해놓았고, 작은 도로와 횡단보도 등 교통시설을 만들어놓아 아이들이 재밌고 자연스럽게 도로 교통을 익힐 수 있도록 배려했다. 수요일과 토·일·공휴일에는 공원을 한 바퀴 도는 미니 증기기관차를 운행한다. 비용은 70엔.

주소 東京都世田谷区池尻 1丁目5
문의 03-3412-0432

맛좋고 유명한 베이커리가 많은 산겐자야에서도 단연 으뜸인 베이커리로 가격이 비싼 고급 베이커리에 속한다. 맛과 건강을 동시에 충족할 수 있는 빵을 만들기 위해 좋은 재료를 엄선하고, 장시간 발효해 맛과 향이 우러나오게 한다. 특이하게도 가마에 빵을 구워낸다. 유기농 흑무과, 백무과는 이곳의 대표적인 빵으로 견과류와 무화과가 촘촘히 들어가 마치 요리를 먹는 듯한 빵맛을 느낄 수 있다. 빵만 먹을 수 있는 런치세트를 시도해보는 것도 좋을 듯.

주소 東京都世田谷区下馬 2-43-11
오픈 11:00~19:00 (물량 소진 후 폐점)
요금 흑무화과 1/4 900엔,
1롤 3600엔
문의 03-3422-0030
www.signifiantsignifie.com

다양한 팥빙수를 맛볼 수 있는 일본식 빙수 전문점이자 가정식 요리를 먹을 수 있는 일본 식당. 정갈하고 깔끔한 분위기다. 자색고구마빙수, 밤호박빙수, 땅콩빙수, 무화과빙수 등 이런 재료로 만들 수 있을까 싶은 팥빙수가 손님의 선택을 기다리고 있다. 달콤한 고구마를 소스로 해서 만든 고구마빙수는 맛이 독특하며 맛차빙수와 딸기빙수도 맛있다. 닛코의 천연수 얼음을 사용하는 일본식 빙수 카키고오리도 인기다. 바로 아래층에 시니피앙 시니피에 베이커리가 있다.

주소 東京都世田谷区下馬 2-43-11 2F
오픈 빙수 11:00~23:00,
식사 11:00~14:30,
17:00~23:00
요금 빙수 600엔부터
문의 03-6453-2737

보이보이
VoiVoi

마마 같은 아주머니 네 분이 마음을 모아서 운영하는 팬케이크 전문점. 그래서 이름도 마마 카페다. voivoi(보이보이)는 핀란드어로 '이런이런'이라는 뜻. 달콤한 버터향이 몸에 쏙 배어도 기분 좋은 이곳은 아빠의 서툰 칼솜씨에 아이들이 까르르 웃는 풍경마저 정겹게 느껴진다. 샐러드를 곁들인 치즈 듬뿍 팬케이크, 단팥 가득 팬케이크 등 다양한 팬케이크를 맛볼 수 있다.

주소 東京都世田谷区三軒茶屋 1-35-15
오픈 월~수 11:30~20:00, 목~금 11:30~21:00, 토·일·공휴일 11:00~20:00 (부정기 휴무)
요금 단품 팬케이크 700엔부터
문의 03-3411-1214
www.pancakemama.com

레드 클로버
red clover

6.6m² 남짓 되는 가게 내부에 아무 데서나 주워 놓은 듯한 의자들과 대충 만든 것 같은 테이블이 인상적인 카페. 모양도, 색깔도 일관성 없이 따로 노는 것 같은 독특한 인테리어와 맞물려 메뉴도 각양각색이다. 보기만 해도 시원해지는 하와이맥주를 비롯해, 브라질의 민속주 카챠카 등 주인 내키는 대로 정한 것 같지만 나름대로 룰이 있는 메뉴를 선보이는 재밌는 카페. 주인이 남미 니카라과에 농장을 소유하고 있어 산지에서 직접 커피를 가져다 판매한다. 콩고 등에서 가져온 커피도 맛볼 수 있다.

주소 東京都世田谷区太子堂 1-15-11
오픈 14:00~25:00(부정기 휴무)
요금 커피와 각종 티는 450엔부터, 맥주는 500엔부터
문의 080-6752-4137
www.sanchacoffee.com

카페 마메히코
カフェ マメヒコ

유기농과 자연주의 바람이 전역에 불고 있는 일본을 설명해주듯 도쿄에는 가지각색의 유기농 제품 전문 가게와 카페들이 성업하고 있다. 카페 마메히코는 '콩'을 전문으로 하는 카페로 콩의 고소함과 담백함이 잘 살아 있는 마마렛토 같은 메뉴와 두유를 이용한 라테 등의 음료, 커피를 판매한다. 이곳에 공급되는 모든 콩은 홋카이도에서 가져온다. 차분한 원목 테이블의 '자연스러움'이 메뉴와 잘 어울린다.

주소 東京都世田谷区太子堂 4-20-4
오픈 08:00~23:00
요금 커피 400엔, 커피 한 팟(pot) 800엔, 브런치 1500엔
문의 03-5433-0545
www.mamehico.com

PART 4

자유 · 젊음 · 기발한 상상이 가득한 길

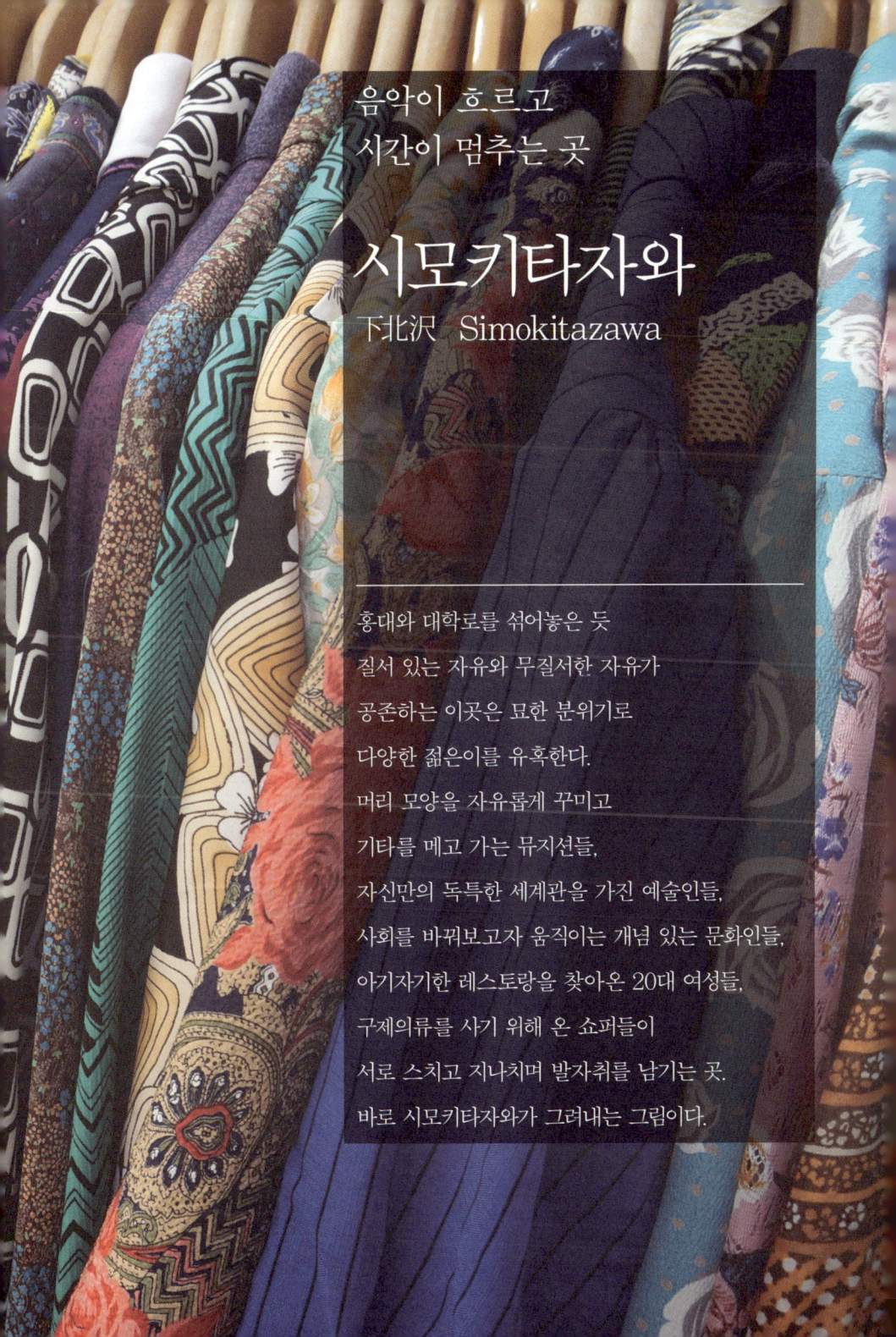

음악이 흐르고
시간이 멈추는 곳

시모키타자와
下北沢 Simokitazawa

홍대와 대학로를 섞어놓은 듯
질서 있는 자유와 무질서한 자유가
공존하는 이곳은 묘한 분위기로
다양한 젊은이를 유혹한다.
머리 모양을 자유롭게 꾸미고
기타를 메고 가는 뮤지션들,
자신만의 독특한 세계관을 가진 예술인들,
사회를 바꿔보고자 움직이는 개념 있는 문화인들,
아기자기한 레스토랑을 찾아온 20대 여성들,
구제의류를 사기 위해 온 쇼퍼들이
서로 스치고 지나치며 발자취를 남기는 곳.
바로 시모키타자와가 그려내는 그림이다.

산책하기 시모키타자와

START
게이오 이노카시라센(井の頭線) 시모키타자와(下北沢) 역

Course1
미나미구치 상점가
南口商店街

남쪽 출구로 나와 역을 등지고 오른쪽으로 보이는 곳이 미나미구치 상점가다. 복잡하고 빽빽이 들어찬 간판들을 지나 좀 더 걸어가면 여유 있는 상점가가 펼쳐진다.

Course3
차자와도리
茶沢通り

시모키타자와 남쪽 출구에서 미나미구치 상점가 반대 방향으로 걷다가 혼다극장이 나오면 우회전하여 두 블록 지나면 나오는 큰 대로가 차자와도리다.

Course2
이치반가
一番街

역으로 돌아와 북쪽 출구에서 오른쪽으로 방향을 틀면 이치반가가 보인다.

END
게이오 이노카시라센 시모키타자와 역

▶ 총 2~3시간 소요

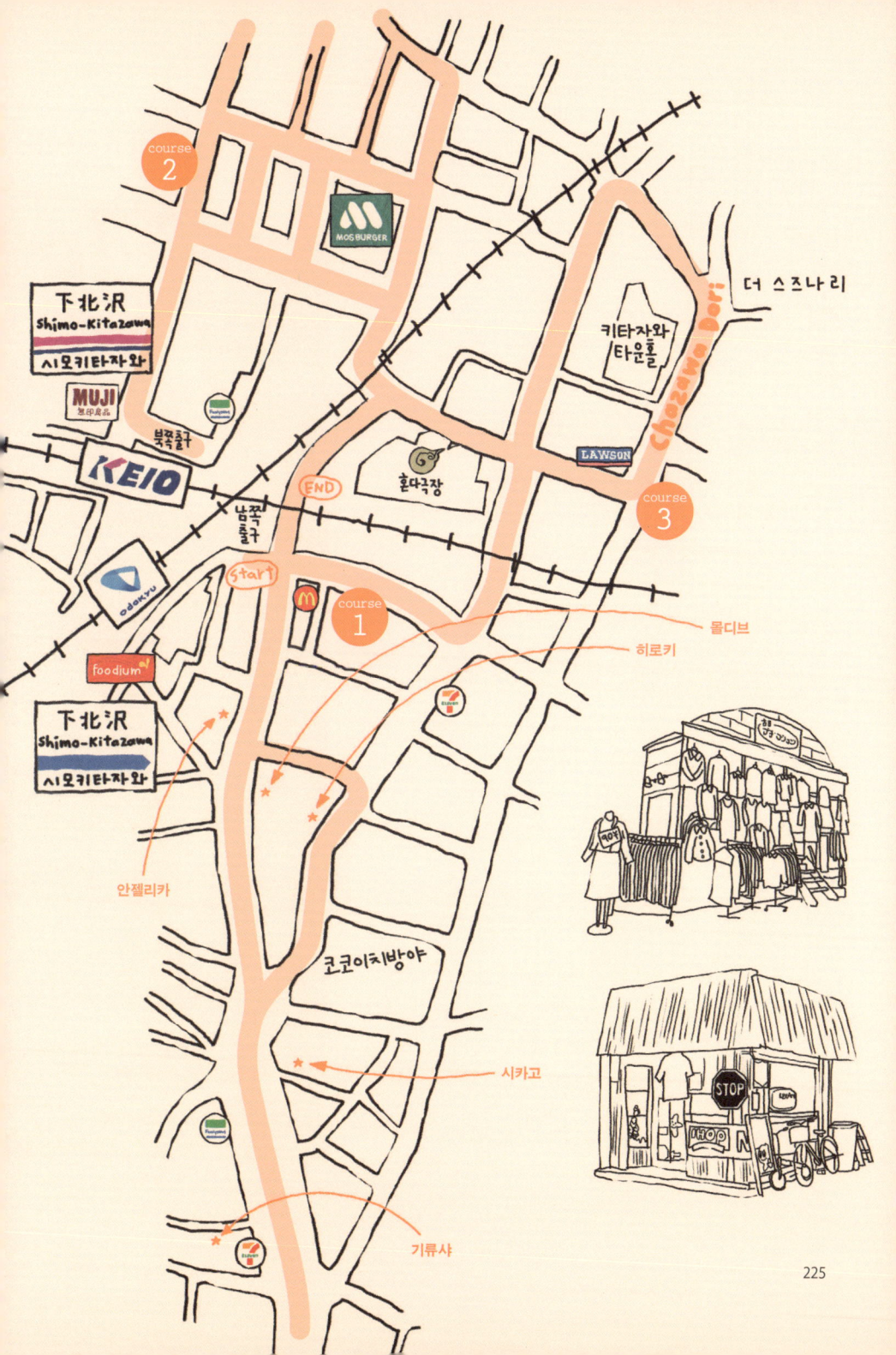

젊은이라면 한번쯤 꼭 가봐야 하는 곳

'시모키타'라는 애칭으로 자주 불리는 시모키타자와는 신주쿠, 시부야에서 10분 거리에 있는 활기 넘치는 동네다. 요시모토 바나나(よしもとばなな)의 소설 《안녕 시모키타자와》의 주인공이 사는 곳이기도 하다. 역을 중심으로 남쪽이 거칠고 자유로운 느낌이라면 북쪽은 앙증맞고 자유로운 분위기가 감돈다. 남쪽 출구 방향에는 라이브바와 클럽, 복고풍의 개성 넘치는 가게들이 많고, 북쪽 출구 방향에는 아기자기한 카페와 레스토랑, 여성 취향의 바 등이 밀집해 있기 때문일 것이다. 동쪽으로는 극장, 중고서점 등이 있어 작은 동네지만 다양한 면모를 가지고 있다.

시모키타자와는 역을 중심으로 둥글게 원을 그린다는 생각으로 골목들을 걷는 게 좋다. 가장 번화한 곳은 남쪽 출구인 미나미구치로, 저녁이나 주말이 되면 역 앞에서 친구들을 기다리는 사람들로 복작인다. 역 앞에서 서성이고 있으면 라이브공연 팸플릿이나 티켓을 받기도 한다. 마음에 드는 뮤지션이 있으면 잠깐 들러 음악을 감상하는 것도 좋다. 연극이나 음악을 하는 사람들이 씻을 수 있도록 만들어놓은 유료 샤워장도 있다고 하니, 자유로운 영혼이 편하게 예술적 끼를 발산하며 살아갈 수 있는 환경이 갖춰진 동네임은 두말할 필요가 없다.

문의 www.shimokitazawa.org

course 1

고소한 커피향이 코를 간질이는, 미나미구치 상점가

시모키타자와 역에서 남쪽 출구로 나와 바로 보이는 오른쪽 골목이 시모키타의 가장 번화한 길이다. 맥도날드 등 패스트푸드점을 비롯해 여러 가지 음식점, 오락실, 커피전문점이 빽빽하게 들어차 있고 조금만 더 걸어 올라가면 약간 한가해진 길거리 사이로 구제의류점과 카페, 소품점 등이 보인다.

초록색 간판이 돋보이는 안젤리카(p.234)가 시모키타에 온 것을 환영해준다. 명물로 여전히 많은 사람이 빵을 사려고 가게 안으로 들어간다. 여기서 1분 정도 더 걸어 내려가면 왼쪽에 커피전문점 몰디브(p.235)가 나타난다. 진하고 고소한 커피향을 동네방네 피우므로 절대 그냥 지나칠 수 없다.

도로를 중심으로 잡화상들이 특유의 아이템을 진열해놓고 있으며, 구제의류를 살 수 있는 후루기(古着)숍도 많다. 기묘하고 철학적인 분위기로 사람들의 궁금증을 자아내는 다원카페, 학교 앞 문방구처럼 신기한 장난감이 많은 니초메산반치(2丁目3番地) 등도 있다.

point.
커피향 맡으며 걷기

시모키타자와

course 2

구석구석 돌아다녀야 하는 시모키타 북쪽 출구, 이치반가

북쪽 출구로 나와 오른쪽으로 방향을 틀면 바로 보이는 곳이 이치반가. 시모키타자와의 메인거리로 구제숍, 셀렉트숍, 소품점 등이 많다. 이치반가에는 오래된 상점이 많은데 큰길을 중심으로 골목들을 살펴보는 게 좋다.

북쪽 출구에서 왼쪽으로 걷다 MUJI가 나올 때 오른쪽으로 방향을 틀면 시작되는 곳이 북쪽 번화가다. 빈티지 가게로 시작해 앙증맞은 이탈리아 레스토랑과 디저트 카페가 길을 따라 펼쳐져 있고, 테라스에서 밝은 햇살 아래 식사하는 사람들도 볼 수 있다.

point.
다양한 후루기숍, 앤틱숍, 셀렉트숍은 물론 일본 사람들의 일상을 들여다볼 수 있는 상점도 즐비하다.

단정한 주택가로 보이는 좁은 골목에 보일 듯 말 듯 숨어 있는 레스토랑, 잡화점, 인테리어 가게, 편집숍 등을 찾는 것은 색다른 재미다. 1960~70년대 미국에서 구해온 듯한 빈티지 물건들이 가득한 가게, 가라테도장 등이 숨어 있으니 지도에 구애받지 말고 중심점을 하나 잡아놓은 뒤 골목을 구석구석 돌아다녀보는 것도 좋다.

course
3

아날로그 감성을
자극하는 곳,
차자와도리

시모키타자와 북동쪽 지역에는 시모키타자와를 상징하는 연극 무대 혼다극장이 있다. 그 옆으로 펼쳐져 있는 차자와도리는 극장과 라이브하우스가 모여 있는 거리로 유명하다. 음악, 연극 등 공연이 열리는 키타자와 타운홀 등을 중심으로 옛 모습을 간직한 연극 전용 소극장들도 있어 아날로그적이면서도 서민적인 분위기를 느낄 수 있다. 이곳에 있는 극장들도 우리나라처럼 규모에 따라 나뉜다. 갓 데뷔한 연극인들이 주로 나오는 소규모 극장과 조금 인정받은 사람들이 나오는 중간 단계의 극장, 더 스즈나리(ザ·スズナリ) 같은 대형 극장이 그것이다. 더 스즈나리의 경우 시모키타자와에서 성공한 배우들이 무대에 오르는 곳으로, 연륜이 묻어나는 극장 입구가 인상적이다.

최근에는 차자와도리를 중심으로 골목골목에 편안한 분위기의 카페나 다이닝바, 레스토랑 등이 생기기 시작해 구루메 스트리트로 입소문을 얻고 있다. 골동품, 앤티크 소품, 중고책, CD 등을 파는 가게도 있다.

point.
타운홀 쪽에서 소극장 방향으로 가다보면 중고서점, 골동품 가게도 만날 수 있다.

It Place

 시카고
CHICAGO

논노 모델들이 많이 찾는다고 알려진 구제의류점으로 요시모토 바나나의 《안녕 시모키타자와》에도 등장한다. 낡은 옷장을 길게 늘어뜨려놓은 듯 빈티지한 옷들이 가득한데 미국, 유럽 등에서 온 구제의류다. 빈티지 의상을 좋아하지 않는다면 전혀 흥미를 느끼지 못할 테지만 이런 옷을 좋아하는 사람들에게는 바닷속에서 보물을 건지듯 즐거움을 주는 곳이다. 남자 구제옷이 많은 시모키타자와 쪽에서는 쇼핑하는 남자들이 많이 눈에 띈다.

주소 東京都世田谷区代沢 5-32-5
오픈 11:00~20:00(1월 1일 휴무)
문의 03-3419-2890
　　　www.chicago.co.jp/store_skz.html

 히로키
HIROKI

일본 드라마 〈고독한 미식가〉에 나온 오코노미야키 전문집으로 히로시마 스타일로 요리한다. 카운터석에 앉아 있으면 앞에서 요리해서 바로 앞으로 음식을 내줘 개인요리사에게서 서빙받는 기분을 느낄 수 있다. 우동과 소바 중 선택할 수 있는데 소바가 사람들에게 인기가 더 많다. 주문을 받으면 면과 양념을 공중에 띄우가며 볶은 뒤 채소와 주재료를 넣고 만들어낸다. 오징어, 가리비, 새우 등 신선한 해산물이 들어간 히로키 스페셜이 가장 인기다. 산겐자야에도 분점이 있는데 주인이 양쪽을 오가며 요리한다.

주소 東京都世田谷区北沢 2-14-14
　　　ハニー下北沢 1F
오픈 12:00~22:00
요금 히로키 스페셜 1350엔
문의 03-3412-3908

 안젤리카
アンゼリカ

시모키타자와에서 사람들이 끝없이 줄을 서는 빵집으로 매스컴에도 많이 소개되었다. 카레빵, 미소빵, 단팥빵, 파운드케이크 등 다양한 빵이 하루 판매량만큼만 만들어진다. 가장 인기가 많은 것은 카레빵. 카레빵은 세 종류로 나뉘어 있는데 일반맛, 중간맛, 매운맛으로 골라 먹을 수 있다. 된장이 베이스라는 미소빵은 된장 맛은 나지 않지만 인기 있다.

주소 東京都世田谷区北沢 2-19-15
오픈 10:00~제품 소진 시까지
요금 카레빵 210엔, 미소빵 168엔
문의 03-3414-5391

기류샤
気流舎

문화, 예술, 지식인 20명이 모여 커뮤니티 공간으로 만든 북카페다. 멤버들이 돌아가며 하루씩 맡아 카페를 운영한다. 제2차 세계대전이 끝나고 혼란기에 접어든 일본인 사이에 이슈가 되었던 얼터너티브, 서브컬처 등에 관한 책이 주류를 이루며 대부분 1970~80년대에 출판된 책이다. 스마트폰 이전 세대들에게 더욱 익숙한 공간으로, 파는 책도 있고 읽을 수만 있는 책도 있다. 문화인들이 모여서 공연, 책 읽기 등 이벤트도 벌인다.

주소 東京都世田谷区代沢 5-29-17
오픈 월~금 18:00~23:00, 토·일요일 16:00~23:00
 (부정기 휴무)
문의 03-3410-0024
 www.kiryuusha.com

몰디브
モルディブ

생두를 로스팅해서 중량에 따라 파는 곳. 대형 커피 체인에서 쉽게 살 수 없는 다양한 원두를 볼 수 있다. 커피용품, 커피 내리는 주전자 등도 판매한다. 카페오레 아이스 큐브, 카페오레 젤리 등이 유명한데 메뉴가 한글로도 쓰여 있다. 카페오레 젤리는 커피를 젤리로 만들어 우유와 함께 담아주는데 버블티의 커피 버전이라고 생각하면 좋을 듯하다. 빨대 안으로 빨려 들어오는 젤리와 우유를 입안에서 톡톡 깨어 버무려(?) 마시는 재미가 쏠쏠하다. 젤리 질감이 싫다면 카페오레 아이스 큐브를 추천한다.

주소 東京都世田谷区北沢 2-14-7 セントラルビル 1F
오픈 10:00~21:00(1월 1~3일 휴무)
요금 카페오레 아이스 큐브 315엔
문의 03-3410-6588

구제, 리사이클,
빈티지, 청춘

고엔지
高円寺 Koenji

990엔짜리 리바이스 구제청바지,
중고서점,
언더그라운드 뮤지션,
연극배우의 동화 낭독회,
라이브하우스,
미술거리 퍼포먼스,
야키도리와 맥주,
오전 11시 늦잠에서 깨서 나오는 청춘,
고엔지를 이루는 달콤짭짤한 구성원들.

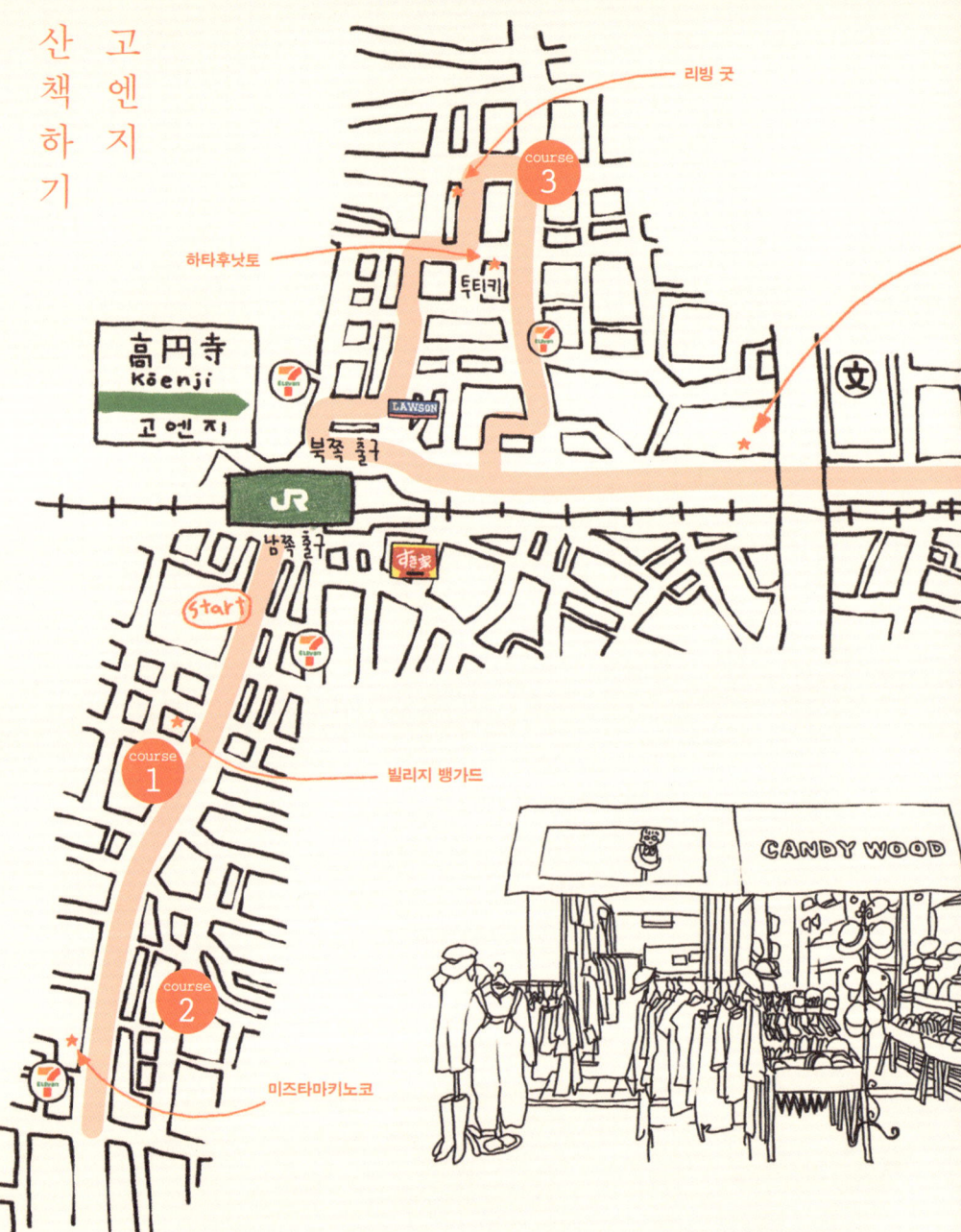

자 고엔지

START
JR 추오센(中央線) 고엔지(高円寺) 역

Course1
팔 상점가
パル商店街

남쪽 출구로 나와서 오른쪽으로 건물을 끼고 돌아 앞을 보면 팔(PAL) 아케이드로 들어가는 입구가 바로 보인다. 팔 상점가가 300m 정도 이어지다 끊어지는 곳에서 바로 룩 상점가가 이어진다.

Course2
룩 상점가
ルック商店街

룩 상점가도 큰길을 따라 곧장 나 있는데 큰길을 중심으로 골목골목을 누비며 보석 같은 가게를 발견하는 재미가 쏠쏠하다.

Course3
아즈마 스트리트
あづま通り

북쪽 출구를 등지고 오른쪽으로 보이는 곳이 아즈마 스트리트다. 큰 파친코를 지나 왼편 미쓰비시 UFJ은행 건널목을 건너가면 모리 걸 스타일의 가게를 많이 만날 수 있다(나카노 역까지 전철 길을 따라 도보 20분).

END
JR 추오센 나카노(中野) 역

▶ 총 1시간 10분~2시간 30분 소요

느린 도시 자유로운 영혼의

후루기의 천국이라고 불리는 고엔지는 '낡은 옷'의 거리답게 지역 전체도 빈티지스러운 색감을 띠고 있다. 200여 개나 되는 후루기숍은 물론 고서점, 잡화점, 음식점, 갤러리 등도 빈지티스럽거나 그러한 감성을 선호하는 자유로운 영혼이 좋아할 만한 인테리어를 갖추고 있다. 야키도리집, 라이브하우스 등은 고엔지의 무수한 올빼미족 청춘을 만날 수 있는 장소이기도 하다.

그래서 구제 스타일을 좋아하는 사람들이 일단 이 지역에 발을 들여놓는다면 이곳을 찾는 일이 잦아지다가 마지막에는 아예 이사 오기로 결정해서 '고엔지에 사는 청춘'으로 주소지를 바꿔 버리는 경우가 종종 있다.

고엔지라는 이름은 에도시대의 3대 쇼군 도쿠가와 이에미츠(德川家光)가 원래 '오자와(小沢)'였던 마을 이름을 '고엔지'로 고쳤다는 설이 전해온다. 미소년을 선호한 이에미츠는 일본에서 유명한 남색가로 알려져 있다. 그가 가부키를 좋아했다는 것과 현재 고엔지가 연극인이나 예술가가 많이 모여 산다는 것이 어떤 연관이 있는 건 아닐까?

예술가와 연극인 들이 거주하는 동네라는 수식어답게 일본 3대 봉오도리라 불리는 전통춤 아와오도리(阿波おどり)의 메카이기도 한 이곳에서는 해마다 8월 마지막 주에 일본 3대 마츠리 중 하나인 고엔지 아와오도리가 열린다.

고엔지

course 1

지름신의 유혹이 가득한 곳, 팔 상점가

역을 중심으로 남쪽으로 뻗었으며, 저렴한 생활잡화점과 중고의류, 소품점이 모여 있는 쇼핑가다. 쇼핑가 전체가 아케이드로 되어 있어 날씨와 관계없이 쇼핑을 즐길 수 있다.

빈티지를 소화해본 적이 없거나 선호하지 않는다면 아무리 예쁘고 눈에 착착 감긴다고 해도 강림하신 지름신의 유혹에 걸려들지 말 것. 사놓고 보면 참으로 난감할 정도로 왜 샀나 싶은 물건들이 트렁크 속에 떡하니 자리 잡고 있을 테니 말이다.

산뜻한 초록색 컬러가 돋보이는 그린 도트는 중고의류, 액세서리, 구두, 가방 등을 판매하는데 미국에서 한 달에 한 번씩 물건이 들어온다. 리폼하거나 깨끗하게 손질해서 다시 판매하기 때문에 가격이 다른 곳에 비해 조금 비싸다.

현지 일본인이나 한국인에게 잘 알려진 빌리지 뱅가드(p.248)도 이 팔 상점가 안에 있다. 수많은 물건을 마구 어질러놓은 것 같으면서도 일정한 룰에 따라 정리해놓은 일본인의 디스플레이 실력에 혀를 내두르게 된다.

point.
후루기숍 둘러보며 워밍업하기.
빌리지 뱅가드에 들러 잠시
아이 쇼핑하기

course 2

세월의 깊은 맛을 알 수 있는 룩 상점가

point.
다양한 숍을 본격적으로 방문하면서 살펴보기. 메인 스트리트를 중심으로 골목골목을 누빈다. 티티카카, 중고서점, 아기자기한 커피숍도 놓치지 말 것.

문의 www.koenjilook.com

빈티지 와인의 깊은 맛을 신상 와인이 절대 흉내 낼 수 없듯이 후루기에는 새 옷이 절대로 따라올 수 없는 세월의 깊은 맛이 있다. 구제의류를 좋아하는 사람들은 그런 세월의 흔적이 주는 무게감에 자존심을 걸고 값을 치른다. 빈티지 스타일은 아무나 따라 할 수도, 따라 한다고 소화할 수도 없는 묘한 매력을 지녔다.

100여 개나 되는 후루기숍이 골목골목에 자리 잡고 있는 이곳은 체인보다는 개인 상점이 많다. 여성의류, 소품 가게가 많은데 후루기에 대한 정보를 많이 알고 쇼핑하는 게 좋다. '빈티지의 거리'라고 불리는 시모키타자와와 이곳의 다른 점은 일단 옷 상태가 새 상품처럼 좀 더 좋다는 것. 그래서 가격이 싼 것도 많지만 비싼 것도 많고, 모조품을 판매하는 경우도 있으니 상품 검사와 판단은 본인이 알아서 해야 한다.

인도, 베트남, 태국 등 아시안 스타일의 옷을 파는 곳이 많으며 중간에 중고서점, 잡화점, 액세서리 가게 등이 있다. 골목골목에 갤러리, 음식점 등이 조용히 자리 잡고 손님을 기다리고 있다.

course 3

숲에서 금방 튀어나온 것 같은, 아즈마 스트리트

고엔지 북쪽 출구로 나오면 마주하게 되는 아즈마 스트리트는 '모리 걸 스트리트'라고도 불리는데, 동화 같은 느낌의 가게들에서 아기자기함이 물씬 풍겨난다.

모리 걸은 최근 일본에서 유행하는 스타일이다. 모리는 '숲'의 일본어로 모리 걸은 숲 걸, 즉 숲에서 금방 튀어나온 것 같은 걸이라는 말이다. 자연주의 스타일을 추구하는 모리 걸은 아이보리나 화이트컬러, 파스텔톤을 선호하며 풍성한 A라인 스커트에 셔링이 많이 잡힌 레이스나 시폰, 재질을 많이 살린 코튼 등의 천으로 여유롭게 입어 몸매를 드러내지 않는다. 편한 단화와 꽃무늬 원피스 등이 주된 아이템인데, 일본의 대표적인 여배우 아오이 유우가 전형적인 모리 걸 스타일이라고 할 수 있다.

모리 걸 스트리트는 이런 모리 걸 스타일의 의상과 소품, 인테리어용품을 파는 가게들이 모이면서 붙여진 이름이다. 하티후낫토(p.249) 같은 레스토랑도 있고, 투 티키 같은 소품 가게도 있으며, 헤어숍은 잊을 만하면 나타날 만큼 곳곳에 숨어 있다. LP 가게와 홍차 전문 판매점도 있어 골목골목 구경하기가 재미있다.

숲 속에서 금방 튀어나온 듯한 스타일로 마치 숲 속 같은 카페에서 밥을 먹고 디저트를 맛보고 나면 여행에 지쳐 있던 몸과 마음이 산소를 맘껏 마신 듯 청량한 힘이 불끈불끈 솟아날 것이다.

point.
용기 내어 숍 안으로 들어가 구경해볼 것

It Place

자 고엔지
座·高円寺

일본을 대표하는 연극인이 대거 경영에 참여한 연극인을 위한 극장으로 2009년 문을 열었다. 예술성과 개성을 지닌 연극인, 예술인이 공연하는 극장일 뿐만 아니라 일반인인 고엔지 주민들이 사용할 수 있게 만들어놓은 퍼블릭 시어터다. 200여 석 소극장 2개와 아와오도리 전용홀이 있으며, 도서관에는 희곡이 500여 권 보관되어 있다. 3층에 있는 카페에서는 책 읽기와 낭독 등의 행사가 열리기도 한다.

주소 東京都杉並区高円寺北 2-1-2
오픈 10:00~19:00(월요일 휴무)
문의 03-3223-7500
za-koenji.jp

빌리지 뱅가드
VILLAGE VANGUARD

책, 문구, 먹거리, 잡동사니 등 여러 가지 잡화를 파는 상점으로 전국에 300여 개가 넘는 점포가 있다. 'Exciting Book Store(신나는 서점)'라고 설명해놓았듯 서적을 중심으로 섹션을 나누고 인형이나 잡화 등을 배치해놓은 재미있는 공간이다. 헤드폰, 카메라, 컴퓨터 액세서리 등도 있어 긴 시간 천천히 훑어보아도 질리지 않을 아이템이 가득하다.

주소 東京都杉並区高円寺南 3-46-10
오픈 10:00~24:00(연중무휴)
문의 03-5305-5536

미즈타마키노코
みずたまきのこ

이 세상에 있는 색깔을 다 표현해놓은 것 같은 색 총집합 의류 소품점. 알록달록한 색감이 모든 시신경을 자극하는 시각적 뷔페식당이다. 미즈타마기노코는 버섯의 종류로 안쪽으로 들어가면 알록달록한 버섯 인형, 버섯 모양 핸드폰 줄, 브로치 등 다양한 소품이 있다. 털실로 직접 만든 소품이나 실로 만든 소품 등 자연주의적인 의상과 소품이 많고 여성·남성·유아 의류, 모자, 가방, 액세서리, 구두 등 잡화도 다양하게 준비되어 있다.

주소 東京都杉並区高円寺南 3-23-20
오픈 12:00~20:30
(신정연휴, 추석 휴무)
요금 헤어밴드 2050엔~,
키홀더 2160엔, 모자 2050엔~,
스커트 5724엔~
문의 03-5305-5830
mizutamakinoko.shop-pro.jp

하티후낫토
Hattifnatt

1층에는 작은 카운터와 부엌이 있고, 2층과 3층에는 손님들이 앉아서 식사하고 디저트를 먹을 수 있는 동화 같은 그림이 펼쳐지는 레스토랑이다. 하티후낫토라는 이름은 1960년대 인기를 끌었던 만화에서 따왔다고 한다. 손때 묻은 원목 테이블과 자연주의 목조의자, 48색 크레파스통을 보는 것처럼 형형색색 컬러로 그려진 귀여운 벽화 속에 있다보면 시간 가는 줄 모른다. 2층으로 들어서는 손님들마다 '가와이!(귀여워!)'를 외치며 사진 찍기에 바쁘다. 메뉴를 고른 뒤에는 기둥에 달린 인터폰으로 주문하면 된다. 테이블 번호는 원목 숟가락에 쓰여 있으니 당황하지 말 것.

주소 東京都杉並区高円寺北 2-18-10
오픈 월~토 12:00~24:00, 일 12:00~21:00(연중무휴)
요금 현미도리아 893엔, 코코아 630엔
문의 03-6762-8122
www.hattifnatt.jp

리빙 굿
Living good

정원 있는 집 넓은 거실에 테이블을 가져다놓고 친구들을 초대한다면 이런 분위기가 나지 않을까. 동네 사람들의 모임터이자 이곳을 좋아하는 사람들의 아지트이기도 한 레스토랑 겸 카페. 카페를 빌려주는 등 복합문화공간으로 쓰이는 이곳은 고엔지 북쪽 출구 쪽에 위치한 아즈마(모리 걸) 스트리트 쪽에 있다. 상가 골목을 벗어난 주택가 사이에 자리 잡고 있어 찾기가 쉽지는 않지만 들어가보면 왜 주택가 안에 있는지 알 수 있다. 오늘의 스페셜로 나오는 음식들이 있으며, 특히 아스파라거스, 피망 등 각종 채소와 아보카도가 듬뿍 들어간 치킨 그린커리는 이 집의 별미다. 닭다리 2개가 고스란히 커리에 들어가 있다. 참깨소스로 만든 샐러드도 독특하고 맛있으며 사우어소스를 얹은 크래커가 맛있다.

주소 東京都杉並区高円寺北 2-36-10
오픈 10:00~22:00
요금 런치정식(그린커리) 1150엔
문의 03-5327-8938
www.livingood-cafe.net

언제 떠나도 숨은 매력이
그윽하게 솟아나는

나카노
中野 Nakano

여행하다보면 기억의 저장고에
세 가지 카테고리가 생기고,
여행했던 모든 지역은 이 세 가지에 귀속된다.
한 번 다녀온 후 다시는 가고 싶지 않은 곳,
한 번 갔다 왔으니 다시 가보지 않아도 되는 곳,
시간을 내서라도 꼭 다시 가보고 싶은 곳.
나카노는 가면 갈수록, 보면 볼수록
숨은 매력이 하나둘 드러나는 곳이다.

나카노 산책하기

START
JR 추오센(中央線) 나카노(中野) 역

Course1
브로드웨이

북쪽 출구로 나와 앞을 바라보면 1시 방향에 태양 모양의 로고가 걸려 있는 쇼핑몰 아케이드가 보인다. 그곳이 바로 썬몰인데 그 안으로 100m가량 걸어 들어가면 브로드웨이가 나온다.

Course2
나카노 먹거리 골목

북쪽 출구로 다시 돌아와 역을 바라보고 왼쪽으로 보면 선로를 따라 벽화가 그려져 있다. 벽화길을 조금 걷다가 카르마(Karma)라는 카페 골목으로 들어가면 먹거리 골목이 펼쳐진다.

Course3
벽화거리

나카노 역 북쪽 출구 양 쪽으로 벽화길이 조성되어 있는데, 오른쪽 선로를 따라 걷다가 나카노 역으로 되돌아오거나 그대로 고엔지 역까지 걸어가도 된다(고엔지 역까지 도보 30분).

END
JR 추오센 나카노 역

▶ 총 1시간 40분~3시간

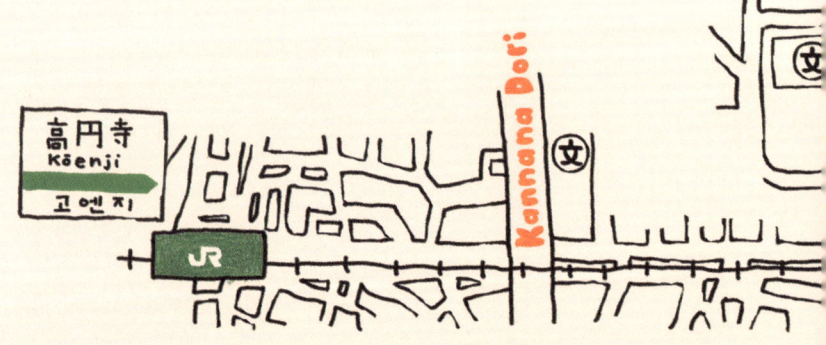

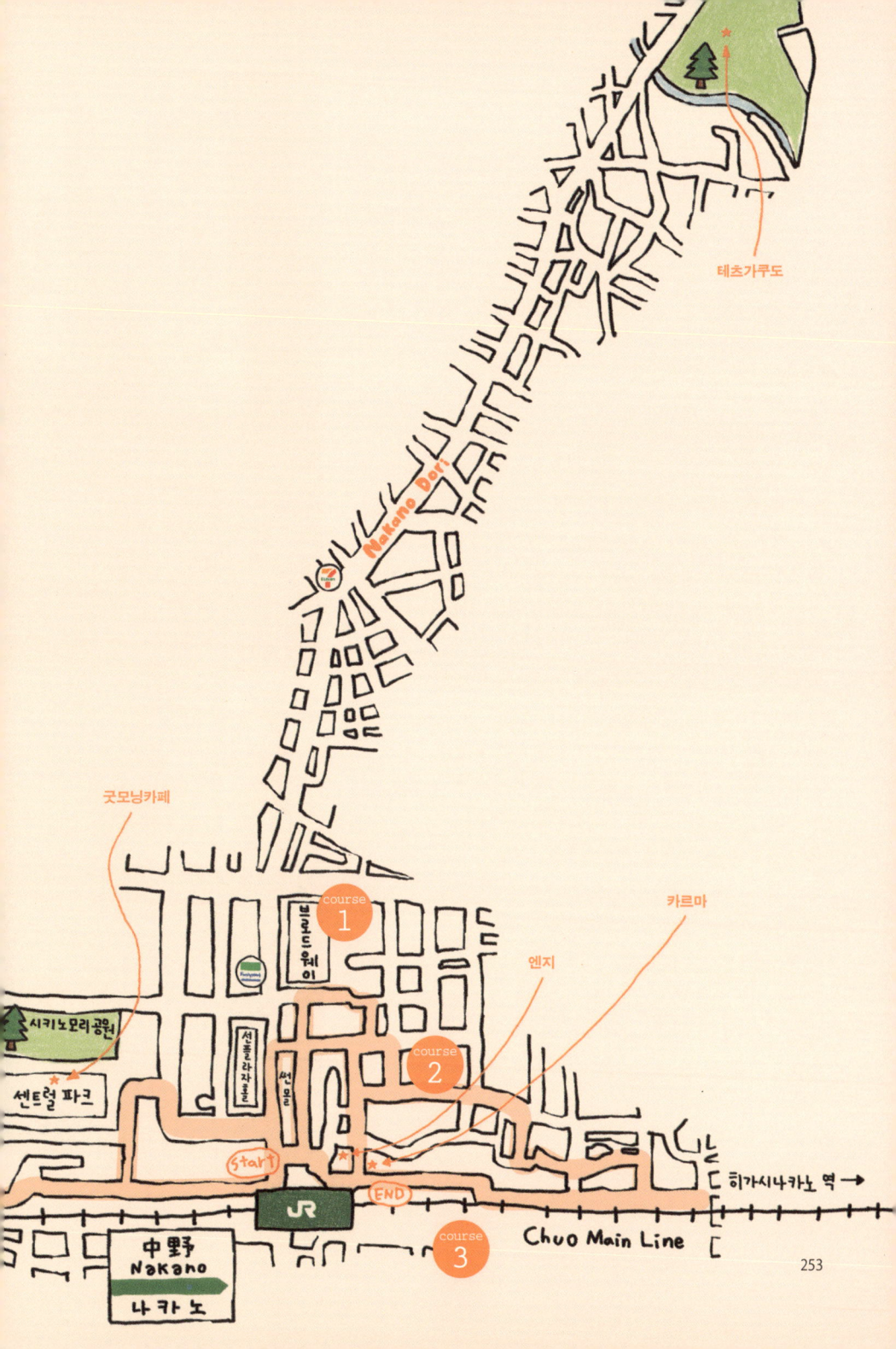

도쿄의 핫 플레이스로 떠오르는 나카노

나카노에는 뭔가 형용할 수 없는 독특한 분주함 속에 묻어나오는 서민적 즐거움이 있다. 눈물 펑펑 쏟는 휴머니즘 영화는 싫고, 자다가도 섬뜩한 호러 영화는 무섭고, 애정작럴 로맨스 영화조차 짜증날 때 '아무 생각 없이 볼 수 있는 코미디 영화'가 있다. 웃어야 하는 타이밍에 웃어줘야 하는 판에 박힌 내용과 뻔한 장치를 알면서도 실컷 웃으려고 보는 영화. 나카노를 영화로 표현하면 그런 장르의 영화가 아닐까 싶다. 그냥 아무 생각 없이 돌아다니면서 보고, 신기해하고, 즐기고, 잊어버리는.

주택이 밀집되어 있는 나카노는 1km²당 2만 명 정도로 도쿄 23구 중에서 인구 밀집도가 가장 높다. 중·고등학교, 전문학교 등이 많다보니 학생들과 사람들의 왕래가 잦아 복잡해 보이지만 나름대로 규칙을 가지고 유기적으로 움직인다.

나카노의 상징이자 쇼핑 천국인 썬몰(サンモール)이 나카노 역 북쪽 출구 바로 앞에 있고, 골목 끝의 브로드웨이에는 망가 마니아들의 천국인 '브로드웨이'가 있다. 선샤인시티와 역 오른쪽 골목 사이사이에는 마치 옛날 영화 세트장 같은 느낌의 식도락 골목이 펼쳐져 있다. 아기자기한 가게들과 날이 저물기 시작하면 빛을 발산하는 이자카야의 빨간 불빛은 주머니가 가벼운 청춘들을 위한 놀이터 역할을 당당히 해낸다. 최근 만들어진 센트럴파크도 핫 플레이스로 떠오르고 있다.

course 1

애니메이션 왕국, 브로드웨이

의류상점과 음식점, 드럭스토어 등 기본적인 상점이 밀집해 있는 썬몰의 끝자락에 위치한 엔터테인먼트 쇼핑몰. 만화, 게임, 애니메이션에 대한 모든 것이 구비되어 있는 만다라케(まんだらけ)의 본점이 있다. 만화광에게는 천국이고, 오타쿠들에게는 성지이며, 일반인에게는 만화백화점처럼 느껴지는 곳이다.

이곳에 오면 전 세계 애니메이션이나 만화의 흐름이 어떻게 돌아가는지 피부로 느낄 수 있다. 지하 1층, 지상 4층으로 구성된 브로드웨이 1층에는 중고레코드점과 오락실 등이 있고, 2층부터 본격적인 만화, 애니메이션 관련 상점들이 전시되어 있다. 만화책은 물론 피규어, 구체관절인형, 가면, 밀리터리룩, 코스프레 의상, 아이돌 화보, 애니메이션 원화, 영화 포스터, 중고전자제품, 중고 CD나 DVD를 판매하는 상점들이 다닥다닥 붙어 있다. 수백 개의 책꽂이에 꽂힌 만화책만 보더라도 짐작할 수 있듯이 피규어나 만화를 좋아하는 사람이라면 이곳에서 몇 시간을 보내도 모자랄 만큼 새로운 물건과 오래된 물건이 진열되어 있다. 평생 볼 수 있는 만화와 애니메이션 상품을 이곳에서 다 본다고 해도 지나친 말이 아닐 정도다.

브로드웨이의 중심은 만다라케다. 1987년 중고만화 가게로 처음 나카노에 생겼고, 이후 명성을 더해가면서 인기 있는 만화, 애니메이션, DVD 쇼핑몰로 자리 잡았다. 브로드웨이에만 2~4층에 걸쳐 23개 점포가 있다. 만다라케의 모든 상품은 이 본점을 거쳐서 다른 지점으로 간다고 하니 관심 있는 사람들은 꼭 들러보자.

point.
매장 하나하나 구석구석 꼼꼼히
돌아다니며 구경하기

문의 www.bwy.jp/kr

MANDARAKE
MANDARAKE
MANDARAKE
MANDARAKE

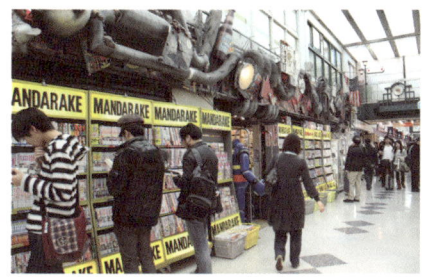

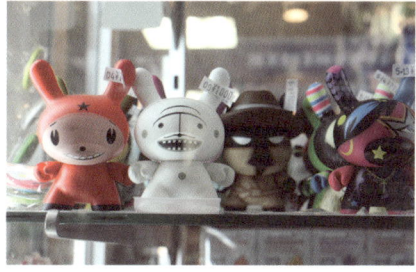

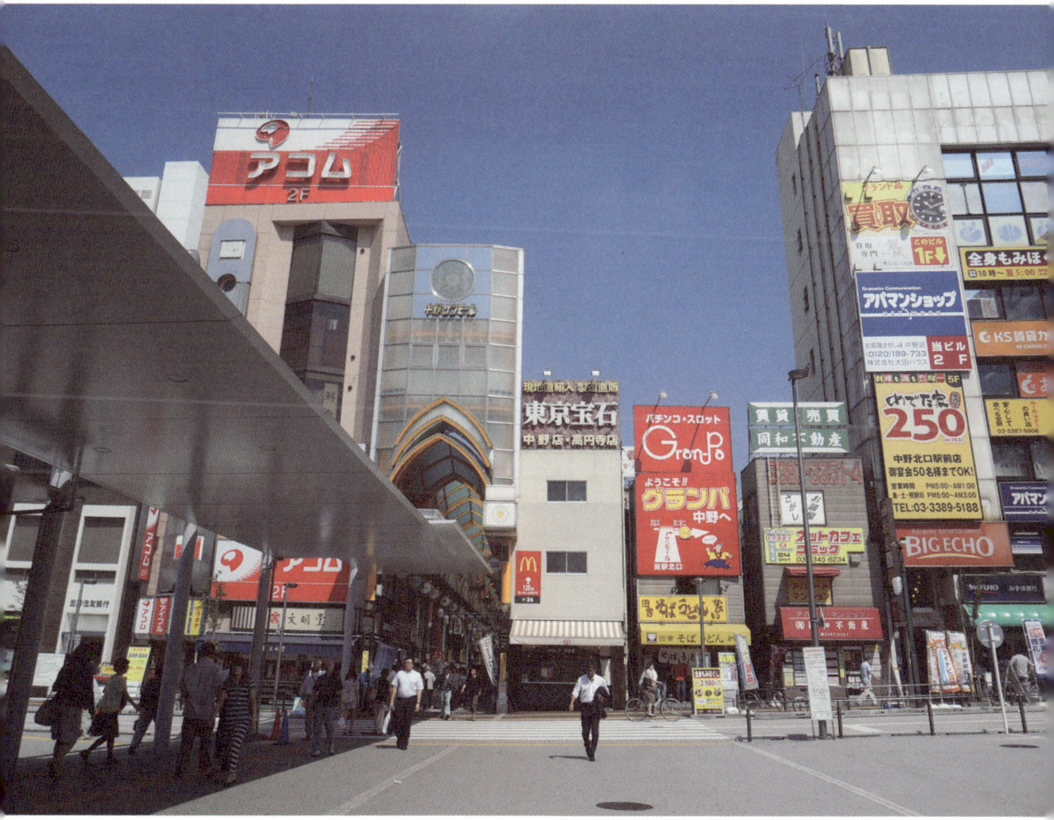
アコム
2F
東京宝石
中野店・高円寺店
パチンコ・スロット
GranPa
ようこそ!!
グランパ
中野へ
賃貸
売買
同和不動産
買取
1F
全身もみほぐし
アパマンショップ
当ビル
2 F
めでた家
250
中野北口駅前店
御宴会50名様までOK!
TEL:03-3389-5188
BIG ECHO
KS賃貸カ
アコム
2F
文明堂

course 2

여러 나라 음식을 맛볼 수 있는 곳, 나카노 먹거리 골목

좁은 골목에 들어서자마자 음식 냄새가 골목을 가득 채운다. 장어 전문점에서 지글지글 장어를 굽는 소리와 가득 피어오르는 연기, 단골손님들의 인사 소리와 함께 라멘집 앞에 길게 줄을 선 사람들, 조그만 레스토랑 앞에서 메뉴를 고르는 커플들을 볼 수 있다.

안쪽으로 몇 걸음 더 옮기면 마치 영화 세트장이나 시골 동네 번화가인 듯하고, 또 다른 나라에 온 것 같기도 한 느낌이 복합적으로 나는 식당가와 마주하게 된다. 미로처럼 골목골목이 얽혀 있는 이곳에는 태국, 한국, 중국, 일본 등 각 나라의 식당이 있고, 저녁이 되면 빨간 불이 밝혀지는 이자카야도 있다.

주택이 밀집된 곳이라 주로 동네 사람들을 대상으로 상권이 발달해서 그런지 다른 지역에 비해 좀 더 푸근한 느낌이 든다. 집 근처 맥줏집에서 한잔하는 느낌이랄까? 먹고, 마시고, 신나게 논 뒤 전철을 타고 귀가하는 것이 아니라 집 근처에서 식사를 해결하거나 시원하게 맥주 한잔을 기울이는 곳, 바로 나카노의 먹거리 골목이다.

point.
차이나타운 느낌이 나는 골목길 돌아다니며 맛집 찾기

course 3

모든 사람에게 의미를 전달하는 곳, 벽화거리

벽화라는 매체는 어떤 곳에서 마주쳐도 친근하고 정겹다. 유명 화가의 그림처럼 왠지 격을 갖춰야 할 것 같지도 않고, 포스트모더니즘에 충실한 행위예술가의 파격적인 작품처럼 소란스럽지도 않다. 그 지역 분위기에 맞게, 또는 내 맘대로 그려낸 그림에는 자유가 있고 파격적인 상상이 있다.

나카노 역에서 고엔지 역 방향으로 가는 길에 벽화가 그려져 있다. 한 사람이 그렸는지, 미대 학생들이 그렸는지, 정부 사업의 일환인지 모르지만 황량하던 벽이 색으로 덧입혀져 살아난 듯하다. 마치 '내가 그의 이름을 불러주었을 때 그는 나에게로 와서 꽃이 되었다'라는 김춘수의 시처럼 벽 위의 그림들은 그림을 그린 사람이나 보는 사람 모두에게 의미를 전달한다. 아기자기하고 몽환적인 동화 속 풍경부터 바닷속 심연, 원색 대비가 강렬한 추상화 등 수많은 작품이 보행자들을 맞아줘 걷는 길이 지루하지 않다.

point.
예쁘고 귀여운 벽화 사진 찍기,
중간중간 출현하는 카페들도
눈여겨볼 것

It Place

 테츠가쿠도
哲学堂

나카노 역에서 시작되는 벚꽃 가로수길 끝부분에 있는 철학도공원. 메이지 37년에 한 철학박사가 만든 공원으로 철학세계를 시각적으로 표현하고 사회교육의 장으로 사용하는 전국에서 유일한 철학공원이라고 한다. 산책과 사색을 할 수 있는 정자, 산책로 이외에도 야구장, 유도장 등이 마련되어 있다. 아름다운 꽃과 나무가 많아 이 동네 주민들이 벚꽃놀이를 하는 곳으로도 유명하다. 특히 공원 안에 작은 시내가 흐르는데 그 위로 심어져 있는 벚꽃 풍경이 아름답다.

주소 東京都中野区松が丘 1-34-28
오픈 4~9월 08:00~18:00, 10~3월 09:00~17:00
문의 03-3951-2515
www.tetsugakudo.jp

 엔지
えん寺

츠케멘 맛집으로 텔레비전에 소개되어 인기를 얻고 있으며 맛있는 츠케멘을 맛볼 수 있다. 츠케멘은 국물에 말아져 있는 라멘과 달리 면을 국물에 찍어 먹는 라멘이다. 일반 라멘보다 국물이 훨씬 진하고 강한데 중독성이 있다. 돼지뼈와 사골을 푹 고아 만든 육수에 생선 육수를 첨가하여 다시 곤 다음 채소를 넣어 느끼함을 없앴다고 하는데 육수가 정말 진하다. 먹고 싶은 것을 골라 식권을 자동판매기에서 사면 되는데 면 종류와 라멘 양, 맛에 따라 세 가지 쿠폰을 뽑아야 한다. 키치조지에 1호점이 있다.

주소 東京都中野区中野 5-62-7
오픈 월~금 11:30~16:00, 17:30~23:00,
　　　토·일·공휴일 11:30~23:00(연중무휴)
요금 베지포타 츠케멘 790엔
문의 03-3389-4233

카르마
Karma

국적이 없는 창작요리를 만들어내는 키친카페 카르마. 나카노 역 바로 앞에 있는 카페로 겉에서 보기엔 후줄근하지만 안에 들어가면 햇빛이 잘 드는 오두막집에 온 듯 따뜻한 느낌을 준다. 뭔가 정리되지 않은 듯한 인테리어 속에서도 모든 것이 유기적으로 돌아간다는 느낌이랄까.
동네 주민들도 자주 오는 커뮤니티 카페로 혼자 와서 식사하는 사람도 많고, 차 한잔하며 벽 쪽에 진열된 책을 읽는 사람도 있다.

- **주소** 東京都中野区中野 5-32-9
- **오픈** 12:00~23:00(토요일 24:00까지)
- **요금** 카레라이스 850엔, 오므라이스 950엔(저녁 1000엔), 나시고랭 1000엔, 케이크 400~450엔
- **문의** 03-3387-0602
  www.karma-marka.org

굿모닝카페
GOOD MORNING CAFE

아침 일찍 움직여야 하는 얼리버드들이 브런치를 저렴한 가격에 즐길 수 있는 카페. 요즘 핫 스팟으로 떠오른 나카노의 센트럴파크에 있다. 천연효모식빵에 버터, 콩피튀르(과일잼)와 커피 또는 홍차가 제공되는 슈퍼모닝세트는 오전 10시 30분(평일 11시)까지 제공된다. 베이컨 & 채소샐러드, 베이컨 & 에그 와플, 웰빙 재료로 만들어진 아침 메뉴가 제공되는데 이곳의 수제 햄버거는 인기 메뉴 중 하나다. 체인 형식의 카페로 센다가야점은 아침 7시에 문을 연다.

- **주소** 東京都中野区中野 4-10-2
  中野セントラルパークサウス 1F
- **오픈** 브런치 08:00~10:30, 런치 11:00~15:00,
  디너 17:00~22:30, 카페 08:00~23:00
- **요금** 슈퍼에그모닝세트 580엔, 베이컨 & 에그 와플 780엔, 오늘의 런치 980엔
- **문의** 03-5318-3222
  www.gmc-nakano.com

도쿄의
오래된 자존심

덴엔초후
田園調布 Denenchofu

"성북동입니다." "평창동입니다."
드라마에서 흔히 볼 수 있는
고귀하신 사모님들의 전화 첫 응대는
자신이 어디에 사느냐를 말함으로써
사회적·경제적·정치적 위치를 은근히 드러낸다.
그것에는 신흥 졸부들이 결코 따라갈 수 없는,
오랜 세월 숙성되어온 기품이 있고
단단하게 뿌리로 연결된 네트워크가 있고
어떤 태풍에도 결코 쓰러지지 않는 자존심이 있다.
일본 드라마에도 이런 가족이 등장한다면,
전화 받는 사모님의 첫마디는 분명 이랬을 것이다.
"덴엔초후입니다."

덴엔초후 산책하기

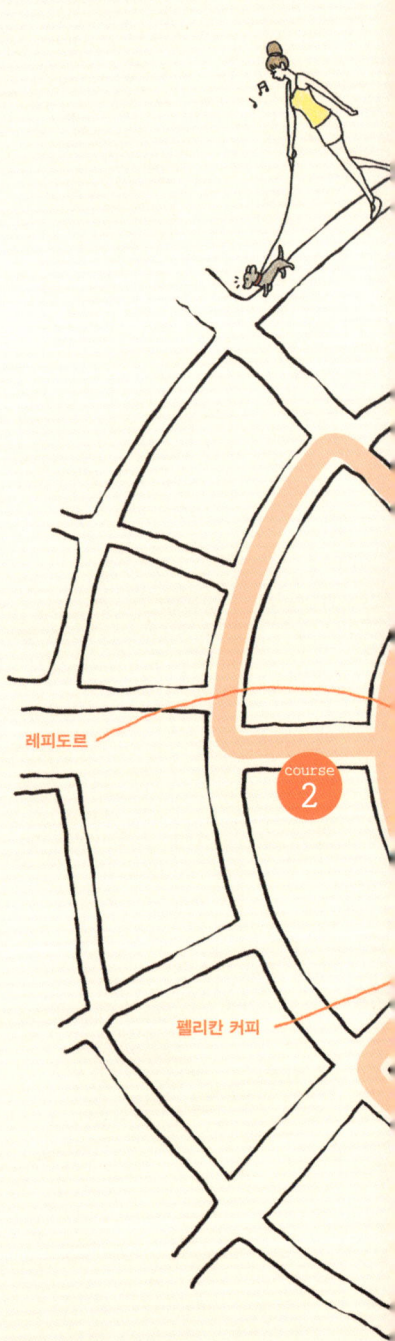

레피도르

펠리칸 커피

course 2

START
도큐 메구로센(目黒線) 덴엔초후(田園調布) 역

Course1
덴엔초후 역

동쪽 출구로 나와 왼쪽을 보면 언덕으로 올라가는 계단이 보인다. 그 계단을 오르면 나오는 역사가 바로 만화 속 풍경 같은 덴엔초후 역사다.

Course3
덴엔초후 기찻길

덴엔초후 역사(언덕 위쪽)를 등지고 3시 방향으로 선로를 따라 1.3km 정도 직진하면 지유가오카 역이 나온다.

Course2
덴엔초후 주택가

덴엔초후 역사 뒤쪽의 작은 로터리를 중심으로 9시 방향으로 선로를 따라 걷다가 골목을 지나 다시 11시 방향 가로수길로 걷는다. 역으로 돌아오면 다시 1시 방향 가로수길로 주택가를 돌아보며 걷는다.

END
도큐 도요코센(東橫線) 지유가오카(自由が丘) 역

▶ 총 1시간 40분~3시간

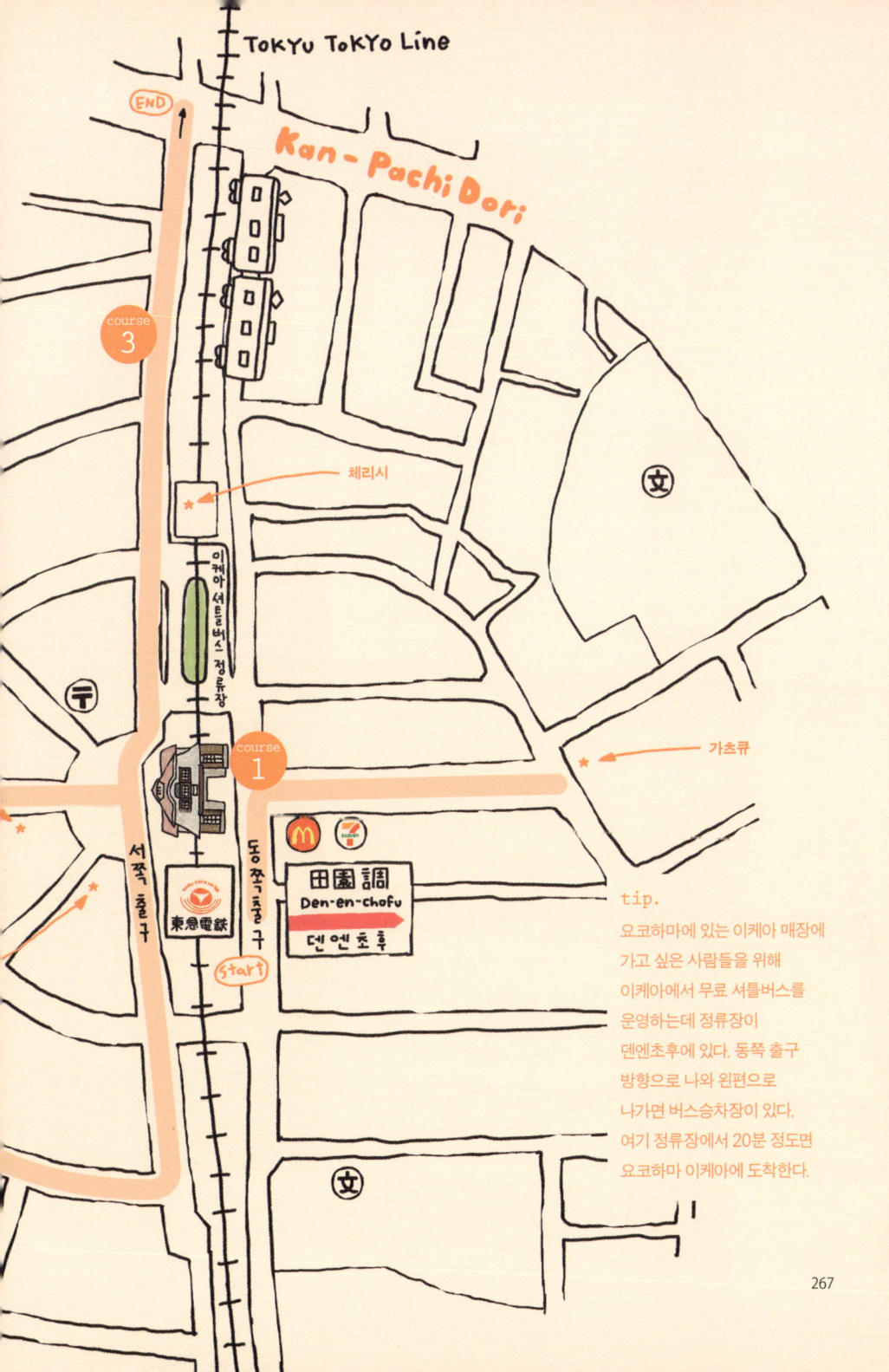

기품 있는
권위와
조용함이
느껴지는 곳

여행자에게 '역'은 그 지역에 대한 첫인상을 결정짓는 중요한 곳이다. 수많은 사람이 트렁크를 끌고 지나다니는 도쿄 역에서는 각 도시를 오고가는 여행자와 출장객들로 가득 찬 일본을 경험할 테고, 광대하게 넓어 백이면 백 길을 잃어버리는 신주쿠 역에서는 시작부터 긴장되고 머리가 지끈지끈 아파오는 경험을 할 것이다. 덴엔초후 역을 첫 여행지로 삼는 여행자라면, 도쿄를 깔끔하고 여유롭고 부유한 느낌의 도시로 생각하게 될지도 모른다.

일본의 최고 부촌이라고 불리는 덴엔초후는 역을 중심으로 방사형으로 고급 주택가가 펼쳐져 있는 계획도시다. 시부야에서 전철을 타고 20분 정도 거리에 있지만 실제 집값은 도심에 있는 주택들보다 2배 이상일 정도로 비싸다. 경제적 부유함 이외에도 사회적 위치, 가문 등 여러 가지 복합적인 것이 우위에 있어야만 이 지역에 사는 것이 타당하게 느껴진다. 마사코 왕세자비가 어린 시절을 이곳에서 지내며 후바다소학교에 다녔고, 하토야마 전 국무총리도 이곳에서 살았다. 지금도 수많은 정치인과 명문가 사람이 덴엔초후에 모여 그들만의 세상을 이루고 산다.

특별한 목적지를 정하지 않고 아무 부담 없이 그저 걷고 싶을 때, 사람 복작이는 도심에서 벗어나 한적한 주택가를 산책하고 싶을 때 음악을 들으며 덴엔초후를 산책하자. 디자인이 아름다운 주택들과 최신식 고급 차량들 눈요기는 기분 좋은 덤이다.

덴엔초후

course 1

도쿄에서 가장 예쁜 역, 덴엔초후 역

앞으로 보고 뒤로 봐도 만화 같은 덴엔초후 역은 애니메이션 〈노을빛으로 물드는 언덕〉의 배경으로 쓰일 정도로 독특하다. 역에서 나와 왼쪽으로 고개를 돌리면 애니메이션 세트장 같기도 하고 소인국 테마파크 같기도 한 문 하나가 귀엽고 예쁘고 당당하게 서 있다.

도쿄에서 가장 예쁜 역이라는 수식어를 달고 있는 덴엔초후 역은 원래 1923년 '초후'라는 이름으로 개장했다가 1995년 지상에 있던 승강장을 지하로 옮기고 지상에는 역사만 남겨놓았다. 역사를 중심으로 작은 공원이 있고 거미줄처럼 방사형으로 길이 나 있다. 위쪽 언덕길로 올라가면 최고급 주택들이 늘어서 있는 주택가가 부채꼴 모양으로 펼쳐져 있고, 언덕 아래쪽으로 내려가면 각종 상점이 펼쳐져 있다. 깔끔하게 정리된 도로, 쓰레기 하나 떨어지는 것도 허용하지 않을 것 같은 청결함, 부산스럽지 않은 한적함과 조용함 속에 은은히 묻어나오는 기품, 이 모든 것이 마치 만화 속에 던져진 것 같은 덴엔초후 역이 주는 상쾌함이다.

point.
만화 같은 역사를 앞과 뒤에서
찬찬히 살펴보기

덴엔초후

course 2

으리으리한 저택이 늘어선, 덴엔초후 주택가

덴엔초후 역사를 지나(문을 통과해) 뒤로 가면 사람들이 앉아서 쉴 수 있는 작은 공원이 있고, 아주 조그만 교차로를 중심으로 부채꼴 모양으로 네 갈래 길이 나온다. 9시, 11시, 1시, 3시 방향 정도라고 보면 되겠다. 역사를 등지고 9시, 11시, 1시 방향으로 난 길이 언덕 위 주택가를 볼 수 있는 길이다. 그리고 오른쪽 3시 방향으로 선로를 따라 가는 길은 지유가오카로 가는 길이다. 각 길에는 가로수길이 조성되어 있는데 개를 산책시키거나 자전거를 타는 사람들이 오갈 뿐 한산하고 조용하다.

이곳 주택가를 걷다보면 왠지 덴엔초후에 정중하게 초대받은 느낌이라고 할까? 어느 집 대문을 지나더라도 정장을 깔끔하게 차려입고 경박하지 않게, 기품 있는 발걸음으로 도착해 스타일을 한 번 점검한 뒤 초인종을 눌러야 할 것 같은 무게감을 준다.

주택 가격은 대부분 330m² 기준으로 100억 원에서 150억 원 정도다. 거품이 최고조에 달했던 1980년대 이곳의 땅값은 우리 돈으로 1m²당 20억 원이 넘었다고 하니 하늘 높은 줄 모르고 솟은 땅값도 믿기지 않는데, 그 값을 지불하고 구매하는 사람들이 있다는 것은 더욱 믿어지지 않는다.

갤러리처럼 생긴 주택, 박물관인지 집인지 의문이 들 정도로 으리으리한 저택, 환상적인 조경으로 그림을 한 편 보는 듯한 정원이 딸린 주택 등 다양한 건축 디자인을 볼 수 있어 천천히 걸으며 집들을 감상하면 시간 가는 줄 모를 것이다.

point.
시간, 이동 방향 어느 것에도
구애받지 않고
가고 싶은 대로 걷기

course 3

정겹고 인간적인 기찻길, 덴엔초후 기찻길

으리으리한 대저택을 뒤로하고 선로와 평행선을 그리며 산책하는 길은 다시 현실로 돌아온 느낌이 들어 왠지 반갑고 정겹다. 깨진 벽돌을 시멘트로 곱게 발라놓은 벽이나 차들이 쌩쌩 달리는 도로, 파란 하늘과 맞닿아 색깔이 구별되지 않을 정도로 파란 육교의 난간, 선로 벽에 장난스럽게 그린 그래피티, 선로를 따라 자라는 이름 모를 풀들, 빗물막이 슬레이트 지붕 아래 놓인 작은 차조차도 인간적이고 정겹다.

육교를 건너 선로를 계속 따라가면 전철이 지나가기 전 건널목에서 차단기 내리는 소리, 색이 바래 간판조차 없는 것 같은 꽃집에서 풍기는 꽃향기, 자전거를 타고 건널목에서 전철이 지나가기를 기다리는 아이들의 수다가 산책의 즐거움을 더한다.

선로를 따라 가다가 가끔 건널목을 건너며 길 양쪽의 느낌을 비교하는 것도 좋다. 운이 좋으면 계단 옆에 벽이나 손잡이가 없

어 잘못 올라가다 밖으로 떨어질 것 같은 가짜 계단을 설치해 놓은 독특한 주택을 만날 수도 있다. 높은 빌딩들이 눈에 들어오기 시작하고 분주한 사람들의 몸놀림이 보이기 시작하면 새로운 세계로 들어갈 마음의 준비를 하자. 지유가오카에 다다랐다는 신호를 보내고 있으니.

point.
지유가오카 방향으로 선로 따라 산책하기

It Place

체리시
Cherish

레피도르
L'epid'or

강아지 병원·호텔·카페는 물론 애견용품점이 한곳에 모여 있는 작은 애견 테마몰에 마련된 애견 뷰티살롱. 강아지 옷을 크기별로 10개 크기로 분류해놓을 정도로 디테일에 신경 쓴 걸 보면 역시 일본인답다는 생각이 든다. 자기 강아지 사진과 이름을 넣어 가방, 시계 등의 캐릭터 상품을 제작할 수도 있다. 뷰티살롱 옆에 있는 Deco's Dog Cafe는 사람과 애견이 함께 식사하고 차를 마실 수 있게 마련해놓았다. 주인의 음식이나 음료도 고르지만, 애견 취향에 따라 쿠키와 케이크도 골라 먹을 수 있는 재미가 있다. 지유가오카 방향으로 걷다가 나오는 덴엔초후 버스터미널(田園調布バスターミナル) 옆에 바로 있다.

주소 東京都大田区田園調布 2-62-1
오픈 10:00~20:00(연말연시, 부정기 휴무)
요금 강아지 사진이 프린트된 가방 13560엔~, 강아지 사진 제작 벽시계 7440엔
문의 03-3721-2211
www.cherish-web.com

덴엔초후 역 뒤 저택가로 올라가는 초입에 있는 제과점이자 카페. 덴엔초후 역 근처에 있던 제과점들이 사라졌음에도 1973년부터 현재까지 명맥을 유지하고 있는 베이커리. 커피를 얼린 큐브를 담아내는 아이스커피를 초기에 판매해서 유명해진 곳이기도 하다. 2층짜리 거대한 주택을 개조해서 만든 듯한 건물에 있다. 2층에서 유리창 밖의 아름다운 경치를 보며 차와 케이크를 먹다보면 달달한 휴식이 된다. 오전에는 모닝스페셜이 서빙된다. 딸기 시즌에 판매되는 나폴레옹과 여름 한정 멜론쇼트케이크, 스페인 안달루시아의 폴버론을 일본식으로 만든 폴버러니스도 인기 과자다.

주소 東京都大田区田園調布 3-24-14
오픈 09:00~19:30
요금 몽블랑 480엔, 멜론쇼트케이크 470엔, 타르트시트론 380엔
문의 03-3722-0141
www.lepi-dor.co.jp/store.php

펠리칸 커피
Pelican coffee

가츠큐
かつ久

역사 뒤쪽 공원에서 9시 방향으로 고개를 돌리면 짙은 갈색 나무로 만들어진 카페가 보인다. 1층과 테라스, 2층으로 나뉘어 있는데, 2층에는 커플이 오붓하게 나란히 앉아서 바깥 풍경을 볼 수 있는 창가 좌석이 마련되어 있다. 드링크 메뉴는 스페셜티 커피와 유기농 차를 중심으로 구성되어 있으며, 프랑스식 브런치인 가레토(Gallete) 메뉴와 샐러드와 수프 등으로 이루어진 오늘의 메뉴(日替わりメニュー)도 있어 간단한 식사를 하기에도 좋다. 물론 크레페와 케이크 같은 스위츠도 준비되어 있다.

주소 東京都大田区田園調布 3-25-17
오픈 09:00~20:00(매주 월요일, 연말연시 휴무)
요금 펠리칸 블렌드 500엔, 펠리칸 플레이트 1000엔
문의 03-3721-7951
www.pelican-coffee.com

기름에 튀긴 음식이라 칼로리와 콜레스테롤 걱정을 해야 하지만 맛있는 돈까스를 발견할 때면 저절로 기분이 좋아진다. 부자 동네 덴엔초후 역전 언덕 아래로 내려가다보면 보이는 히레까스 전문점 가츠큐우는 큰길가에 있는데도 눈에 띄이지 않을 만큼 조용히 자리 잡고 있지만 맛만은 뛰어나다. 엄선한 고기를 사용하는지라 질감과 육즙이 탁월하고, 튀김옷도 기름지지 않다고 느껴질 정도로 바삭하다. 여성들은 새우튀김정식도 즐겨 먹는다. 식사시간에는 만원으로, 자리 잡고 앉아 30분 정도는 기본으로 기다려야 하니 마음의 준비를 하고 가거나 일찍 갈 것.

주소 東京都大田区田園調布 2-48-15
오픈 11:45~14:00, 17:30~21:30(월·화 정기휴일)
요금 런치정식(월~금) 1550엔, 히레까스정식 2100엔,
새우튀김정식 1400엔
문의 03-3721-2629

길을 잃어도 행복한 숲 속 미로

미타카
三鷹 Mitaka

아침 인사를 하듯 골목골목을 누비는 바람이
길가에 수북이 쌓여 있는 낙엽들과 조우하는 공간.
낙엽이 한두 개씩 원을 그리며
살짝 하늘로 올라갔다가 다시 사뿐히 내려앉는다.
바스락 바스락 바스락.
갓 구운 비스킷보다 더 바삭한 소리를 내며
보행자들의 사뿐한 발걸음에 반응하는 갈색 이파리는
뜨거운 한여름 찬란히 빛난 초록의 가을 옷이다.
그 노고에 감사하듯
그들의 얼굴을 한 번씩 어루만지고
어디론가 떠나는 바람의 산책길,
그 길을 품고 있는 곳이 미타카다.

미타카 산책하기

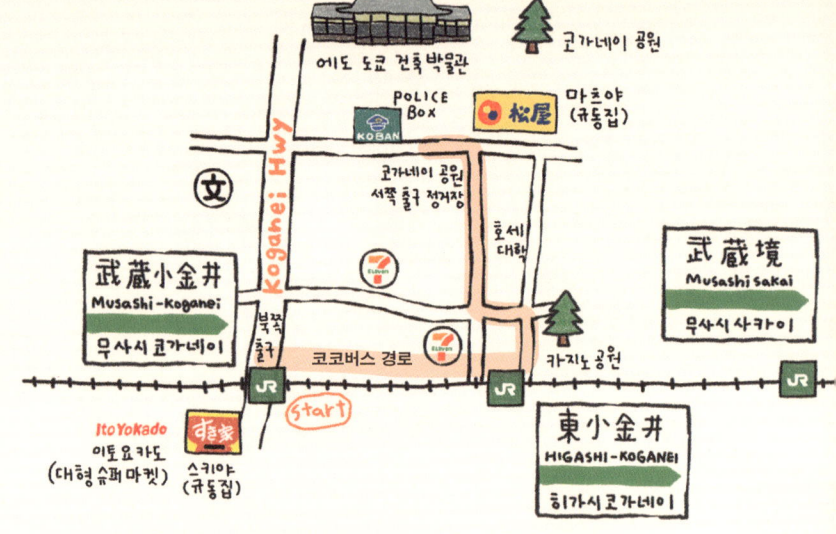

START
JR 추오혼센(中央本線) 무사시코가네이(武蔵小金井) 역

Course1
에도 도쿄 건축박물관
江戸東京たてもの園

북쪽 출구로 나와 2, 3번 승강장에서 버스를 탄 뒤 코가네이공원 서쪽 출구 정거장에서 내려 주유소 대각선 방향으로 난 산책길을 따라 500m 정도 걷는다. 또는 북쪽 출구 앞에서 분홍색 코코버스를 타고 14번째 정류소에서 내려서(20분 소요) 앞으로 걸어가다 조그만 다리가 나오면 건넌 뒤 다시 앞쪽 방향으로 걷는다.

Course2
가제노산포미치도리
風の散歩道

무사시코가네이 역으로 돌아와 전철을 타고 미타카 역으로 이동한다. 미타카 역 남쪽 출구로 나와 왼쪽에 있는 에스컬레이터를 타고 1층으로 내려간다. 앞쪽으로 조금만 걸어가면 10시 방향에 산책길이 길게 나 있다. 왼쪽은 물이 흐르는 개울가고 오른쪽에는 주택가가 나란히 펼쳐져 있는데 그 길을 따라 걸으면 된다(JR + 도보 30분).

Course3
지브리미술관
ジブリ美術館

가제노산포미치도리가 끝나는 이노카시라공원 사거리에서 길을 건너 오른쪽으로 5분 정도 길을 따라 걸으면 지브리미술관 입구가 나온다.

Course4
이노카시라공원
井の頭公園

빠른 걸음으로 20분 정도면 키치조지 역에 도착하지만 이 공원에서만큼은 여유롭게 걸어보자. 아이와 놀고 있는 엄마, 그림 그리는 젊은 화가, 햇볕을 쬐고 있는 고양이들을 보면서.

END
JR 추오센(中央線) 키치조지(吉祥寺) 역

▶ 총 4~7시간

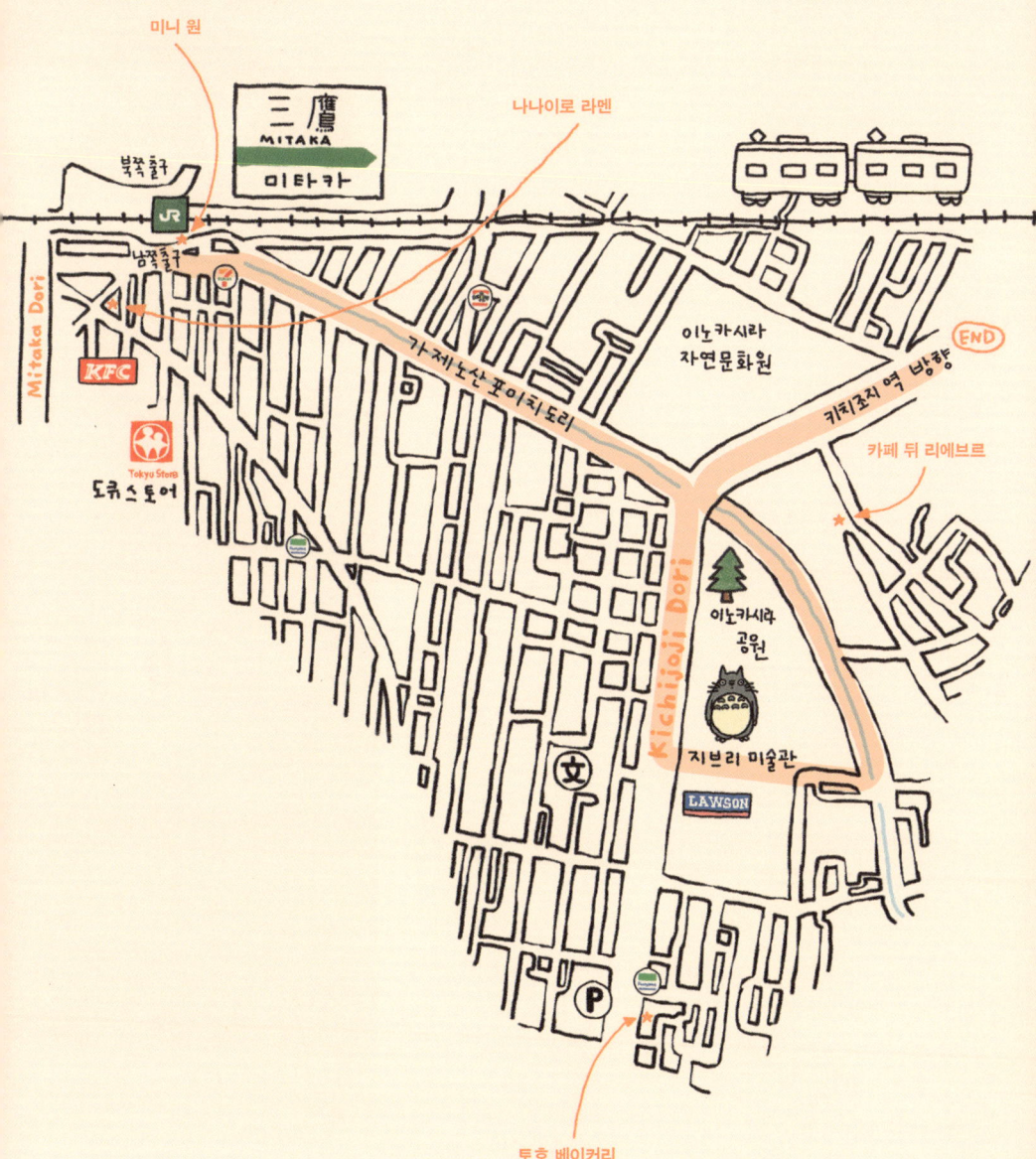

토토로의 숲, 만화 주인공이 된 듯한 곳

미타카가 유명한 이유는 두 가지다. 하나는 미야자키 하야오(宮崎駿) 감독의 지브리미술관이고, 다른 하나는 가제노산포미치도리(바람의 산책길)다. 무심히 걷자면 별로 볼 게 없다고 생각할지 모르는 이 길 구석구석에 재미있는 이야기가 숨어 있다. 지브리미술관을 가리키는 토토로 이정표가 곳곳마다 세워져 있고, 카멜레온처럼 낙엽 색깔로 변신했는지 잔디밭에 조용히 숨어 있는 철제 고양이 인형은 세심하게 주의를 기울이지 않으면 지나치기 십상이다. 상상력의 천국으로 불리는 지브리미술관에서는 몸과 마음에 묻어 있던 때가 한 꺼풀 벗겨져가는 듯한 상쾌함을 얻을 수 있다. 아이들을 위해 만들어놓은 공간이라고 생각했다면, 어느 순간 방 한구석에서 가득 미소 짓고 있는 자신을 발견하고 놀랄지도 모를 일.

미타카와 멀지 않은 곳에 있는 무사시코가네이(武藏小金井) 또한 기대하지 않은 감동을 주는 소소한 이야기로 가득 차 있다. 미야자키 하야오의 애니메이션을 좋아하고, 〈센과 치히로의 행방불명〉을 감명 깊게 봤다면 에도 도쿄 건축박물관에서 산책을 시작하는 것을 적극 추천한다. 햇빛이 쨍쨍 비치는 날 치히로가 된 것처럼 공원 안을 헤매보는 것도 재미있다. 애니메이션의 실제 배경이 된 건물들과 맞닥뜨릴 때는 애니메이션 속 주인공이 된 것 같은 감동에 꽁꽁 숨어 있던 동심이 슬며시 고개를 들고 나온다.

미타카

course
1

센과 치히로를
만날 것 같은,
에도 도쿄
건축박물관

point.
영화 〈센과 치히로의 행방불명〉을
미리 보고 방문할 것

에도 도쿄 건축박물관

주소 東京都小金井市桜町 3-7-1
(도립코가네이공원 내)
오픈 4~9월 09:30~17:30,
10~3월 09:30~16:30
(월・연말연시 휴무)
요금 일반 400엔, 학생 320엔
문의 042-388-3300
www.tatemonoen.jp

무사시코가네이. 이름에서 느껴지는 분위기는 왠지 좀 으스스하다. 긴 칼을 뒷주머니에 찬 무사들이 검은 복면을 두르고 누군가를 쫓아 휙 지나갈 것 같은 장면이 연상된다. 하지만 이런 상상은 출구에서 나오면 바로 보이는 분홍색 코코버스를 보는 순간 사라진다. 요금 100엔이라는 파격적인 가격의 코코버스를 타면 에도 도쿄 건축박물관까지 가는 데 20분이나 걸리지만 동네 골목골목을 다니기 때문에 마을 구경을 하는 재미가 쏠쏠하다. 지붕들이 낮은 집 덕에 시야가 확 트여 시원하고, 버스정류장에서 내려 박물관까지 걸어가는 길에 펼쳐진 산책로는 혼자서 사색하기에 안성맞춤인 보물 같은 길이다.

에도마루(えどまる)라는 귀여운 애벌레가 마스코트인 에도 도쿄 건축박물관은 무사시코가네이 중심에 있다. 이 건축박물관은 문화적 가치가 높은 에도시대 건물들 중에서 현지에서 보존 불가능한 것들을 옮겨와 복원해놓은 곳으로 〈센과 치히로의 행방불명〉에서 만화 속 배경이 되기도 했다. 박물관은 동쪽, 중앙, 서쪽으로 나뉘어 있는데 미야자키 하야오 감독의 아이디어 원천이 된 서민가, 시타마치나카도리(下町中通り)는 동쪽에 있다. 이곳에는 에도시대 목욕탕, 선술집과 꽃 가게, 화장품 가게, 문구점, 우산 도매상 등 서민들이 살던 모습을 그대로 볼 수 있게 소품들 하나하나까지 모두 복원해놓았다.

미야자키 하야오 감독의 팬이라면 익숙할 목욕탕은 1929년에 지었는데, 남탕과 여탕이 나뉘어 있지만 천장은 뚫려 있어서 키가 큰 사람들은 마음만 먹으면 훔쳐볼 수도 있었겠다는 엉뚱한 상상을 하기도 한다. 중앙과 서쪽은 주택들이 모여 있는데 집들이 지어진 시기와 영향을 받은 건축 스타일 등을 살펴보면 좋다.

미타가

course 2

**친절한 토토로가
길을 안내하는 곳,
가제노산포미치도리**

바람(카제, 風)의 산책길(산포미치도리, 散步道). 지브리미술관에서 기다리고 있는 동심과 상상력의 페스티벌에 참여하기 전 이곳을 걷는 건 일종의 워밍업이다. 차분한 발걸음으로 다져지는 20분간의 워밍업에는 바람소리와 물소리, 쌩하고 지나가는 자전거 벨소리, 나뭇잎이 속삭이는 소리가 조연과 엑스트라로 참여한다. 계절마다 등장하는 주인공도 달라져 봄에는 벚꽃이, 여름에는 시원한 그늘이, 가을에는 수북한 낙엽이 바람과 함께 춤추며 보행자들을 어루만진다.

친절한 토토로 씨는 가제노산포미치도리 곳곳에서 지브리미술관까지 남은 거리를 알려주기 위해 옥수수 같은 이빨을 드러낸 채 밤낮없이 서 있다. 이곳 주민들은 자신의 집 정원에 재미있는 장식을 해놓는 것으로 지나가는 바람이 미소 지을 여유를 만들어주기도 한다. 가로수길과 하늘이 만나는 지점에는 한껏 날개를 펼친 새들이 떼 지어 날며 군무를 펼치기도 해서 가는 내내 들뜬 마음을 붙들기 어려울 정도다.

이 길을 걷다보면 나오는 야마모토 유조기념관(山本有三記念館)도 의미 있는 곳이다. 메이지시대부터 다이쇼시대까지 산 문학가 야마모토 유조가 살던 집을 기념관으로 꾸몄는데, 문인들의 꼬리표인 '가난'과는 거리가 먼 대저택이 고급스럽고 품격 있게 방문객을 맞아준다.

산책길 끝 무렵에는 횡단보도가 보이는데, 이 길은 곧장 이노카시라공원으로 이어진다. 오른쪽으로 방향을 틀어 조금만 걸으면 낡고 초라해진 동심을 기다리는 지브리미술관이 모습을 드러낸다.

point.
바람에 마음을 맡긴 채 여유롭게 산책하기

course
3

어릴 적 꿈을
찾아주는 곳,
지브리미술관

어렸을 때 가졌던 꿈이 무엇이었는지 잊어버린 사람, 사춘기 시절 꿈과 힘겨운 싸움을 하다가 안녕을 고한 사람, 어른이 된 뒤 변해버린 자기 모습이 실망스러워 변함없이 반짝이고 있는 꿈에게 미안한 사람. 이 모든 사람이 꼭 가봐야 할 곳이 바로 지브리미술관이다.

지브리미술관 안으로 첫걸음을 내디디면 가슴속에서 탄성이 새어나온다. 어른이 되며 잃어버린 꿈과 상상이 어디선가 꼬물꼬물 올라오기 때문이다. 토성극장이 있는 지하 1층부터 3층까지 모든 공간은 미야자키 하야오 감독의 꿈의 궁전으로, 이곳에 들어온 사람도 잊고 있었던 자신의 꿈을 다시금 떠올리게 될 것이다.

〈이웃집 토토로〉, 〈바람계곡의 나우시카〉, 〈센과 치히로의 행방불명〉 말고도 셀 수 없이 많은 미야자키 하야오 감독의 작품을

보면서 한 번도 작품 속 주인공이 그저 손으로 그려낸 허구라는 생각을 해보지 않은 것은 탄탄한 스토리와 실제보다 더 현실감 있는 장면 구성, 감정을 고스란히 표현해내는 캐릭터들 덕분일 것이다.

미야자키 하야오 감독이 그려놓은 스케치를 보면 경의를 표할 수밖에 없다. 흰 종이 위에 곡선과 직선을 몇 개 쓱쓱 그렸을 뿐인데, 거기에 생명이 더해지고 감정이 더해진다.

손때 묻은 책상, 동화 같은 책상 위의 램프, 수많은 장식을 선반 위에 올려놓았는데도 전혀 지저분하다고 생각되지 않는 책장, 몽당연필을 모아놓은, 2리터는 족히 넘어 보이는 유리병, 캐릭터들을 이야기로 풀어내어 스케치한 스테인드글라스는 동화 속 세상에 들어온 것 같은 착각에 빠지게 한다.

point.
미술관 곳곳에 숨겨진 다양한 캐릭터와 애니메이션 속 장면 발견하며 걷기

지브리미술관
주소 東京都三鷹市下連雀 1-1-83
오픈 10:00~18:00
(10:00, 12:00, 14:00, 16:00 입장, 화·연말연시 휴무)
요금 일반 1000엔,
예약제(일본-로손 편의점, 한국-대한여행사 대행 구매)
문의 0570-05-5777
www.ghibli-museum.jp

course
4

도쿄 사람들이
가장 사랑하는,
이노카시라공원

일본 드라마를 많이 보는 사람이라면 언뜻언뜻 스치는 도쿄 곳곳의 광경이 무척 낯익게 느껴지는 순간이 있다. 이노카시라공원도 예외는 아니다. 도쿄 사람들이 가장 사랑하고 아끼며 아름답다고 손꼽는 공원이라는 타이틀에 걸맞게 〈구구는 고양이다〉, 〈유성의 인연〉 등 수많은 영화와 드라마의 배경이 되었다. 작가 공지영과 츠지 히토나리의 소설 《사랑 후에 오는 것들》에서 두 주인공이 만난 곳도 이 공원이라는 설명이 덧붙여지면, 마음은 벌써 한걸음에 이곳으로 달려가 있는 것을 느낀다.

봄엔 벚꽃으로, 가을엔 단풍으로 아름다운 공원은 1917년에 조성되었다. 약 38만km²나 되는 면적에 나무 1만 그루가 심어져 있다. 끝없이 펼쳐진 공원에는 산책 나온 사람, 운동하는 동네 주민은 물론 외부에서 데이트를 즐기기 위해 찾아온 손님들

로 곳곳에 인적이 끊이질 않는다.

공원 중심부에 자리한 호수에 떠 있는 오리배는 '이노카시라 공원에서 오리배를 타면 헤어진다'는 속설에도 아랑곳없이 데이트를 즐기는 남녀 커플로 붐빈다. 특히 벚꽃이 필 때는 어떤 커플이 배를 타더라도 아름다운 그림이 한 편 연출될 정도로 장관이어서 사랑 고백 장소로도 손꼽힌다.

봄날 마실 나가듯 이곳을 천천히 걷다보면 '구구'라고 믿고 싶은 고양이들을 심심치 않게 만날 수 있어 영화〈구구는 고양이다〉를 기억하는 사람들을 아쉽게 만들지는 않는다. 호수를 지나 언덕 위로 연결되어 있는 계단을 올라가는 길은 키치조지 상점가로 이어진다.

point.
공원 곳곳에 휴식을 취하고 있는 고양이들과 인사하며 걷기

이노카시라공원
주소 東京都三鷹市下連雀 1-1
요금 무료
문의 0422-47-6900

It Place

 나나이로 라멘
なないろラーメン

미타카에서 맛집을 찾기는 쉽지 않지만 그래도 출출해 견딜 수 없다면 나나이로 라멘이 적당하다. 미타카 역 남구로 나와 2시 방향으로 걷다가 첫 번째 큰 도로가 나오면 왼쪽으로 꺾어 들어가 왼편에 있다. 느끼하다고 생각되면 채 썬 파가 듬뿍 들어간 미소라멘나나이로를 추천한다. 양이 엄청난 파가 먹어도 먹어도 줄지 않는 것 같아 베트남 쌀국수에 숙주를 왕창 넣은 뒤 느끼는 감동과 비슷하다. 조금 짠 듯하지만 먹다보면 왜 짠지 알 것 같은 느낌이 든다. 라멘 면이 소바 면처럼 독특하다. 라멘을 주문하면 썰어놓은 파를 각종 양념과 함께 섞는 요리쇼를 눈앞에서 선보인다. 이 파를 라멘에 넣으면 완성!

주소 東京都三鷹市下連雀 3-36-7
오픈 11:00~15:00, 19:00~23:00
요금 미소라멘나나이로 780엔,
미소라멘 650엔
문의 0422-70-7716

 토호 베이커리
トーホーベーカリー

윤손하가 즐겨 찾는 빵집이라고 소개하면서 국내에서 많은 인기를 얻은 동네 빵집이다. 물론 일본에서도 큰 인기를 얻고 있다. 지브리미술관에서 키치조지도리를 따라 역 반대편으로 5분 정도 걸어가면 나온다. 빵을 사러 온 엄마와 아이들이 베이커리 앞 의자에 앉아 빵을 먹는 모습이 정겹게 느껴진다. 인기 1위인 크림빵은 한 입 베어 물면 언제 먹었나 싶게 사라지고 없다. 발품을 팔아야 하지만 그만큼 비싸게 보상받을 수 있는 최고의 베이커리다.

주소 東京都三鷹市下連雀 1-9-19
오픈 07:00~19:00(일·공휴일 휴일)
요금 크림빵 151엔, 멜론빵 156엔,
단팥빵 151엔
문의 0422-43-6311
www.toho-bakery.co.jp

카페 뒤 리에브르
Cafe du lievre

이노카시라공원 한구석에 조용히 자리 잡고 있는 카페 뒤 리에브르에서 보는 공원 풍경은 전혀 현실적이지 않은 그림처럼 보인다. 공원을 정원 삼아 아늑한 거실에 있는 듯 편한 느낌을 주는 카페로, 손님이 많은 점심시간에 바깥에서 기다리는 사람들도 지루하지 않다.
익힌 토마토와 가지 등 채소가 들어 있는 크레페를 뜻하는 '가레토(Gallete)'를 메인으로 내놓는다.
프랑스 부르고뉴 스타일로 만드는 가레토는 메밀로 만들어 겉이 바삭거리고 맛이 독특하다. 메뉴는 가레토 안에 넣는 토핑에 따라 달라지는데 치즈를 좋아한다면 고르곤졸라치즈 크레페, 버섯을 좋아한다면 버섯+후레시 토마토 가레토가 먹을 만하다. 두유를 베이스로 한 당근 크림수프는 당근향이 진하지 않고 맛이 담백하면서도 깔끔하다.

주소 東京都武蔵野市御殿山 1-19-43
오픈 11:00~19:30
요금 가레토 950엔, 커피와 차 종류 450엔
문의 0422-43-0015

미니 원
mini one

일본의 유명 베이커리 DONQ의 미니크로와상 전문점이다. 도쿄 여러 곳에 점포가 있는데 미타카 역 남쪽 출구 쪽에도 있다. 지하철에서 내려 출구로 나오면 향기가 솔솔 나기 때문에 그냥 지나칠 수 없다. 중량으로 파는데 100g에 200~300엔이다. 빵마다 가격이 다른데 1개씩 살 수도 있으니 양이 많은 경우 개수로 주문하면 된다. 판매원의 넉넉한 미소가 아주 돋보이는 베이커리. 초코모찌, 커피모찌 등 계절에 따라 다양한 모찌 빵을 파는데 쫄깃한 맛이 일품이다.

주소 東京都三鷹市下連雀 3-46-1
요금 100g당 168엔부터
문의 0422-56-0009

아는 사람만 아는
숨겨진 보물창고

에코다
江古田 Ekoda

화려하지는 않지만 기품이 있고,
새것보다는 오래된 것들의
연륜과 분위기가 묻어나는 곳.
그럼에도 고리타분하다거나 고집스러워 보이지 않는
느슨한 자유로움과 파릇한 생기가 살아 있는 곳.
음대생들의 피아노 소리가 골목을 가득 채우는 동안
만화가들은 도란도란 모여 이야기꽃을 피우고
그 사이로 전차가 '땡땡땡' 소리를 내며 지나간다.
커다란 오므라이스를 먹으며 행복해하는 동안
골목의 라이브하우스에서는
뮤지션들이 제 기량을 뽐내며 관객들과 호흡한다.

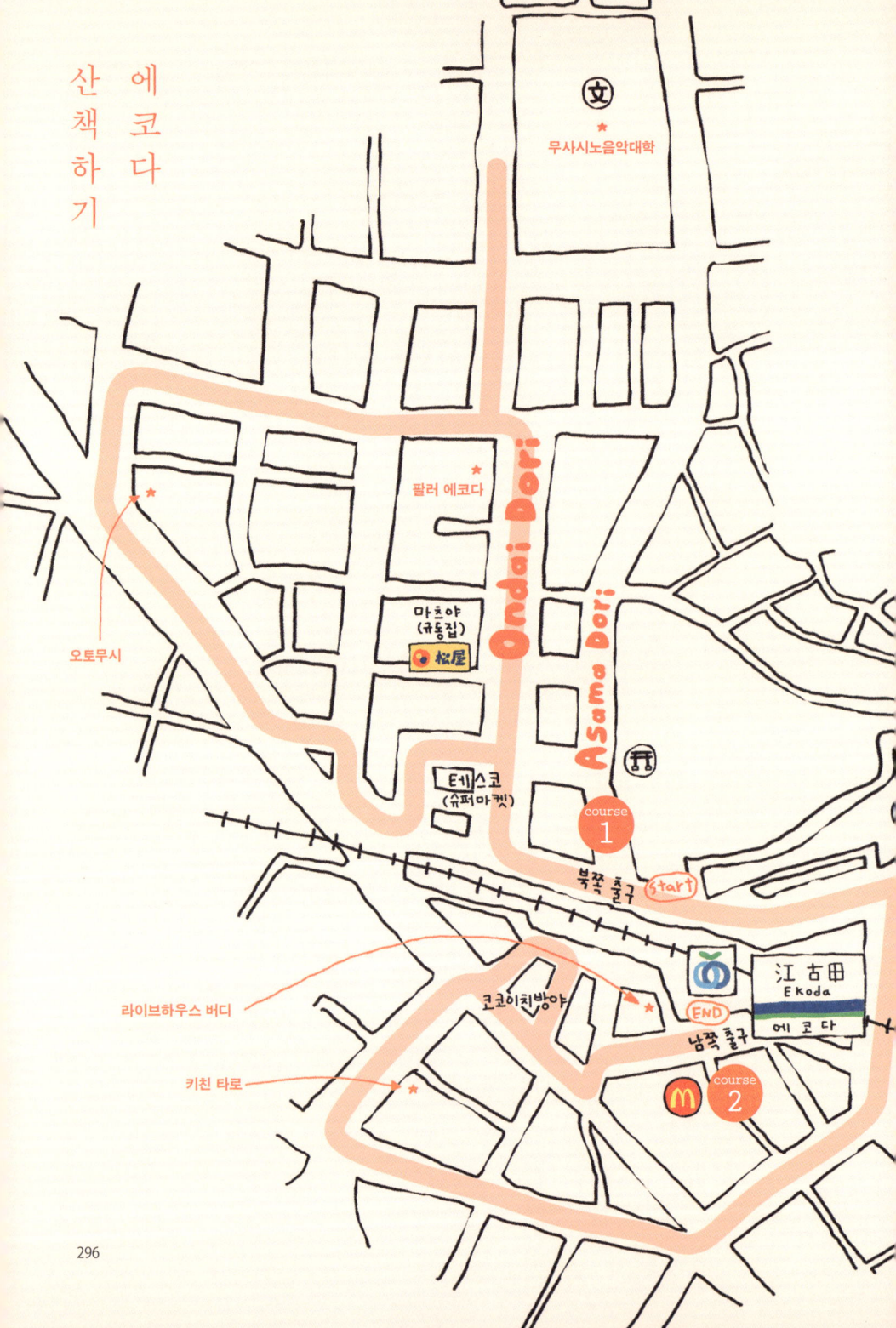

START
세이부 이케부쿠로센(池袋線) 에코다(江古田) 역

Course1
에코다 역 북쪽 마을

북쪽 출구로 나와 철길을 건너지 말고 온다이도리(音大通り)를 중심점으로 잡아 끝까지 가봤다가 왼쪽에 있는 길 혹은 오른쪽에 있는 길도 걸어본다. 지그재그 형태로 걸으면 북쪽 마을은 거의 다 볼 수 있다.

Course2
에코다 역 남쪽 마을

남쪽 출구로 나와 역시 중심점을 잡고 지그재그 형태로 걸어본다. 대학가 근처 상점들의 소소한 정취를 느끼면서 걸어보면 좋다.

END
세이부 이케부쿠로센 에코다 역

▶ 총 1~2시간 소요

일본대학 예술학부 ★ 文

자유로운 예술인들의 비밀명소

에코다는 무사시노음대, 도쿄예술대학 등 대학가로 이뤄진 동네다. 재래시장, 전통 다다미공방, 중고 레코드점, 이발소, 베이커리, 정식집 등 생활에 필요한 요소가 담벼락 사이에 숨을 틔고 자라난 풀꽃처럼 아기자기하고 독특하다.

이곳에서 학교에 다니는 음대생이 많아 동네를 산책할 때 마치 BGM이라도 되는 듯 피아노 소리가 울려퍼진다. 평범한 집들, 조그마한 상점가에서 느껴지는 소박함. 트레이닝복에 슬리퍼를 신고 거리를 거닐어도 도드라질 것 같지 않은 편한 분위기. 그런 분위기가 있기에 이곳이 영화 〈셸 위 댄스〉의 무대가 되었는지도 모르겠다. 전철역 안에서 언뜻 바라본 건물에서 춤을 추는 여인을 발견한 주인공이 댄스를 시작하게 되는데, 그가 바라보던 댄스 스쿨 건물이 바로 이곳에 있다.

주변에 대학생들이 많아서 그런지 이 지역에는 유독 정식집이 많다. 600~800엔 정도면 흰밥과 단품요리, 미소시루가 있는 정식을 먹을 수 있어 주머니가 가벼운 학생들에게 안성맞춤이다. 소고기덮밥, 저렴한 정식으로 유명한 일본의 체인 마츠야(松屋)가 1960년대 이곳에서 첫 점포를 열었다. 이곳은 주민들의 교류가 활발하고 커뮤니티가 잘 형성되어 있다. 여행자들에게 잘 알려지지 않은 에코다의 매력은 이곳을 구성하는 사람들이 갖고 있는 매력에서 비롯된다.

에코다

course 1

일본 사람들의 일상을 들여다보다, 에코다 역 북쪽 마을

학생들이 등교하는 아침 시간에는 바이올린, 첼로 같은 현악기나 관악기 등을 가지고 삼삼오오 걸어가는 학생들 모습을 볼 수 있다. 노란 머리, 까만 얼굴, 컬러풀한 의상, 화려하게 화장한 일본 젊은이들을 보는 데 익숙했다면, 이곳은 눈을 정화할 수 있는 곳이다. 말 그대로 신선하고 재기발랄하며 캐주얼한 느낌의 젊은이들을 만날 수 있기 때문이다.

북쪽 출구에서 나와 바로 앞에 보이는 아사마도리(浅間通り) 왼편에 있는 온다이도리(音大通り) 쪽으로 직진해서 걷다보면 무사시노음악대학(武蔵野音楽大学, p.304)이 나온다. 그 길에는 찻집, 교자집, 베이커리, 부동산, 옷 가게, 목욕탕, 세탁소, 이발소, 사진관 등 동네 주민에게 필요한 상점들이 오밀조밀 모여 있어 정겨운 분위기를 만들어낸다.

북쪽 출구 근처에 있는 재래시장은 일본 사람들의 실생활을 좀 더 가까이 들여다볼 수 있는 곳이다. 특히 오전 일찍 가면 셔터에 그린 그림들을 볼 수 있다.

각 상점의 이름이나
취급하는 물품에 맞게 그려놓은
그림들이 귀엽다.

point.
온다이도리를 중심으로 걷다가
무사시노음대에 다다르면
집집마다 울려퍼지는 피아노
소리를 들을 수 있다.

course 2

학창 시절을 추억하다, 에코다 역 남쪽 마을

최근 공사를 끝낸 에코다 역은 현대적인 분위기로 새롭게 단장했다. 물론 사람들은 아직도 공사 전 시골 간이역을 닮은 역사를 그리워한다. 그래도 동네 자체는 아직 변화되지 않아 소박함을 그대로 느낄 수 있다.

북쪽에 비해 조금 더 변화하고 활발한 분위기가 나는 남쪽 지역은 상점가가 발달해 있다. 이자카야, 바, 맥주를 파는 펍 등이 있고 라이브 공연을 볼 수 있는 라이브클럽이 모여 있다. 일정이 여유로우면 늦은 저녁쯤 마음에 드는 카페나 바에 앉아 시간을 보내는 것도 좋다. 근처에 사는 음악인이나 화가, 만화가들이 만나서 담소 나누는 장면을 옆에서 지켜볼 수도 있으니 말이다. 곳곳에 숨어 있는 정식집을 찾아보는 재미도 쏠쏠하다. 대학가의 저렴한 밥집에서 느껴지는 안온함과 정겨움에 여행의 노곤함이 조금 풀어질 수도 있으니 말이다.

point.
학생이 된 기분으로 둘러보기.
비싸고 좋은 것보다는
저렴하면서도 알찬 것을 산다는
마음으로!

에코다

It Place

 일본대학 예술학부
日本大学芸術学部

'니치게이'라는 약칭으로 유명한 일본대학 예술학부는 영화, 방송, 예술 분야에 관심 있는 한국 학생들도 유학을 꿈꾸는 학교다. 연극, 영화, 미술, 사진 등 학과가 다양하며 예술, 예능과 관련된 인재가 많이 배출된다. 캠퍼스를 돌아보면 세련된 건축 디자인을 볼 수 있고 자유로운 분위기에서 공부하는 학생들의 열정을 느낄 수 있다.

주소　東京都練馬区旭丘 2-42-1
문의　03-5995-8201
　　　www.art.nihon-u.ac.jp

무사시노음악대학
武蔵野音楽大学

1949년 설립된 역사와 전통이 있는 사립음악대학으로 음악가를 많이 배출했다. 콘서트홀과 악기박물관 등 다양한 시설이 있다. 교정 중간중간에 베토벤, 슈베르트 등 음악가들의 동상이 세워져 있어 찾아보는 재미가 쏠쏠하다. 학생들이 악기를 연주하는 소리만 들어도 저절로 발걸음이 가벼워지고 기분이 좋아진다. 만화 《노다메 칸타빌레》의 모델이 되었던 실존인물 노다 메구미가 이 대학 학생이었다고 한다.

주소　東京都練馬区羽沢 1丁目 13-1
문의　03-3992-1121
　　　www.musashino-music.ac.jp

 오토무시
おと虫

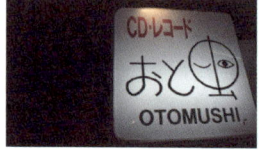

LP판을 구하기가 쉽지 않은 요즘, LP는커녕 CD로 음악을 듣는 것도 오래된 일처럼 느껴져 이런 레코드점을 만나면 언제나 반갑다. 예술가들의 거리에 있는 레코드점이라서 그런지 더욱 운치 있다. 에코다에 위치한 작은 중고 LP & CD숍으로 1979년 문을 열어 40년 이상 유지해왔다. 현재 약 3만 장의 LP, CD, DVD가 있다. 낡은 LP케이스에서 느껴지는 세월과 연륜이 고스란히 전해지는 곳이다.

주소　東京都練馬区栄町 44-8
오픈　11:00~21:00
　　　(세 번째 일요일 휴무)
문의　03-3991-1313
　　　www.otomushi.com

라이브하우스 버디
buddy

1990년 문을 열어 20년 이상 에코다를 대표하는 라이브클럽으로 다양한 공연이 펼쳐진다. 좌석으로 130명, 스탠딩으로 300명 정도를 수용할 수 있는 공간으로 록, 밴드 뮤직도 연주되지만 사운드 울림이 또렷하고 좋아 재즈음악을 많이 들려준다. 이외에도 주변에 포크록 라이브하우스 마르퀴(marquee), 아이믹스(Imix) 등 다양한 라이브하우스가 많다.

주소 　東京都練馬区旭丘 1-77-8
　　　双葉会館 B2F
오픈 　공연 스케줄은 홈페이지 참조
문의 　03-3953-1152
　　　www.buddy-tokyo.com

키친 타로
キッチン太郎

에코다의 대표적 정식집 중 하나. 4개의 테이블과 카운터석으로 이뤄진 작은 식당에서 할아버지 두 분이 요리를 만들어주신다. 정식에는 밥과 국, 샐러드가 포함된다. 새우튀김과 고로케에 원하는 메뉴를 한 가지 더 고르는 정식이 860엔에서 900엔 사이. 고로케 메뉴 2개를 고를 수 있는 정식이 700엔에서 900엔 사이인데 게살크림 고로케가 맛있다. 밥 사이즈를 대·중·소로 고를 수 있어 적게 먹거나 많이 먹는 사람도 부담을 느끼지 않는다.

주소 　東京都練馬区栄町 2-9
오픈 　11:00~14:00,
　　　17:00~21:00(일요일 휴무)
문의 　03-3994-6028

팔러 에코다
パーラー江古田

아침이 되면 주민들이 빵을 사러 오는 동네 베이커리지만 맛있는 빵을 찾아 멀리서 오는 사람들도 볼 수 있는 재미있는 카페다. 카운터석 몇 개와 테이블이 하나 놓여 있는 이곳의 주인은 일본에서 제빵 공부를 하고 오스트레일리아와 이탈리아에서 베이킹과 커피를 배웠다. 커피는 이탈리아식으로 로스팅된 원두를 사용하고 밀가루 등 빵재료는 이탈리아에서 공급받는다. 친절한 주인의 이야기를 들으면서 맛있는 빵을 먹을 수 있는 곳으로 샌드위치가 유명하다.

주소 　東京都練馬区栄町 41-15
오픈 　08:30~18:00(화요일 휴무)
요금 　토스트세트 650엔,
　　　라테 400엔
문의 　03-6324-7127

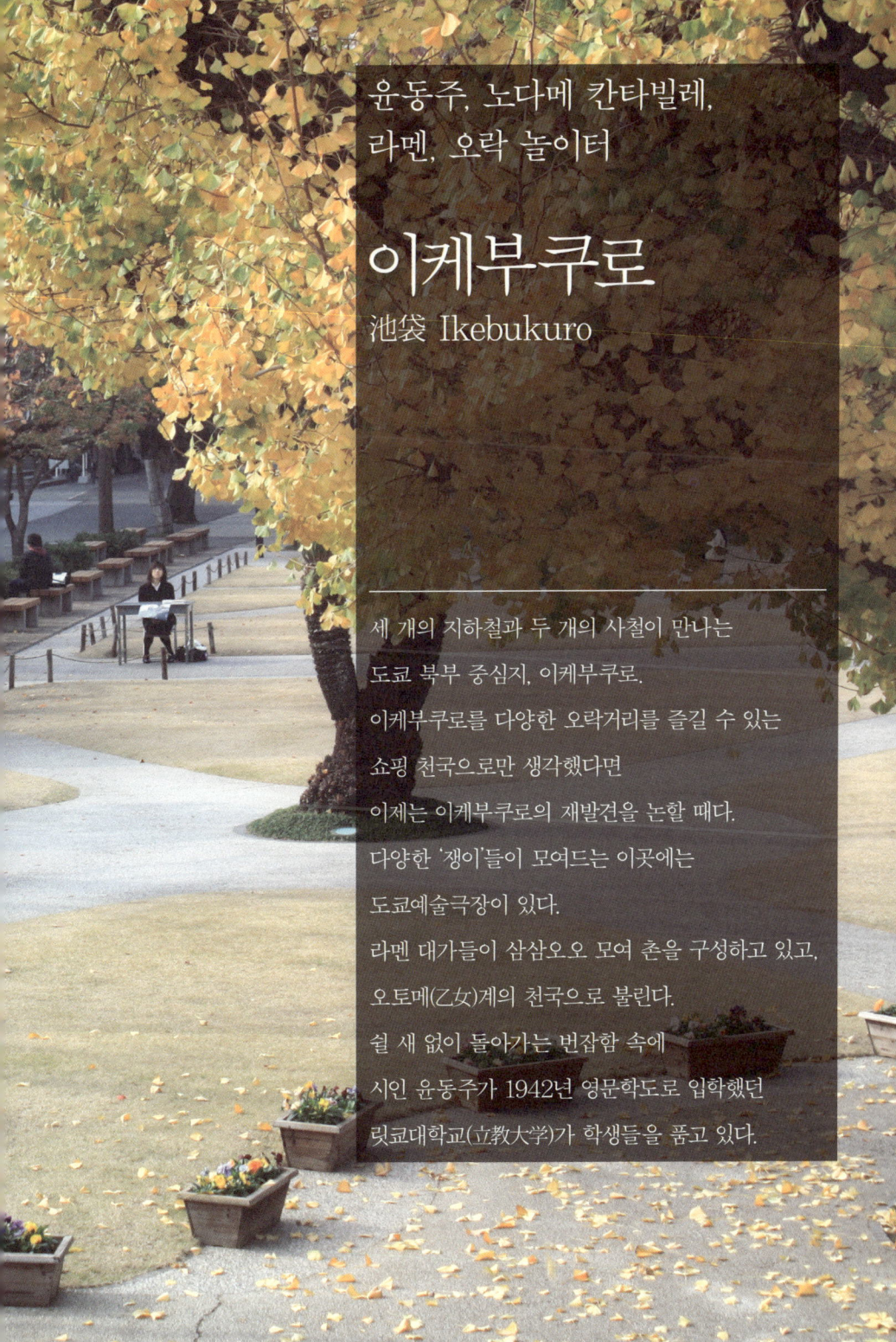

윤동주, 노다메 칸타빌레,
라멘, 오락 놀이터

이케부쿠로
池袋 Ikebukuro

세 개의 지하철과 두 개의 사철이 만나는
도쿄 북부 중심지, 이케부쿠로.
이케부쿠로를 다양한 오락거리를 즐길 수 있는
쇼핑 천국으로만 생각했다면
이제는 이케부쿠로의 재발견을 논할 때다.
다양한 '쟁이'들이 모여드는 이곳에는
도쿄예술극장이 있다.
라멘 대가들이 삼삼오오 모여 촌을 구성하고 있고,
오토메(乙女)계의 천국으로 불린다.
쉴 새 없이 돌아가는 번잡함 속에
시인 윤동주가 1942년 영문학도로 입학했던
릿쿄대학교(立教大学)가 학생들을 품고 있다.

산책하기 이케부쿠로

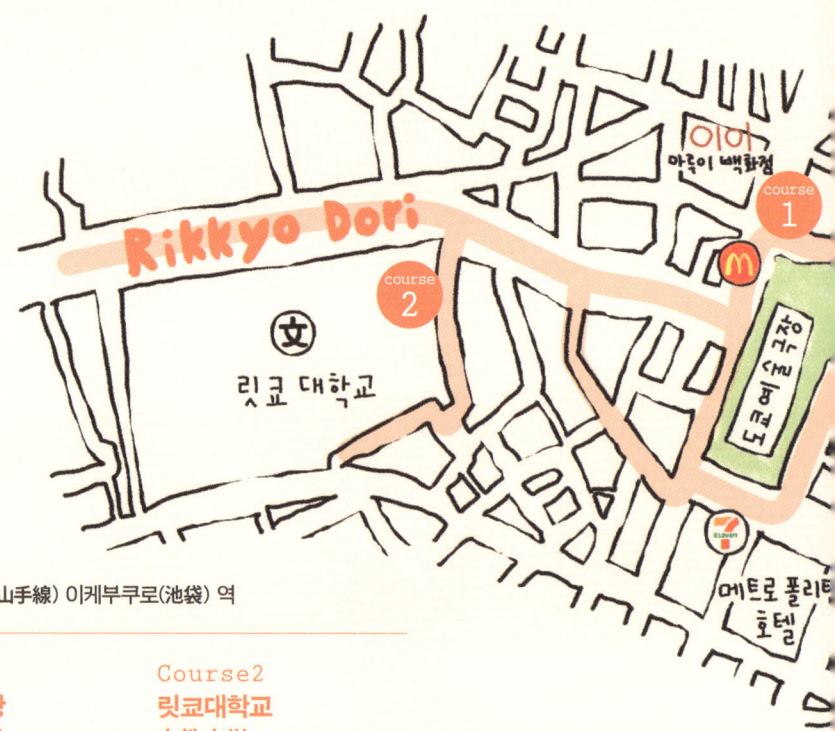

START
JR 야마노테센(山手線) 이케부쿠로(池袋) 역

Course1
도쿄예술극장
東京芸術劇場

서쪽 출구로 나와 11시 방향을 보면 도쿄예술극장 건물이 바로 보인다.

Course2
릿쿄대학교
立教大学

도쿄예술극장에서 나와 맞은편에 맥도날드가 보이는 골목길로 들어간 다음 두 번째 길에서 우회전한 뒤 곧바로 왼쪽으로 직진해 릿쿄도리(立教通り)를 따라 걸으면 왼쪽에 대학교가 보인다.

END
JR 야마노테센 이케부쿠로 역

▶ 총 1시간 30분~3시간 소요

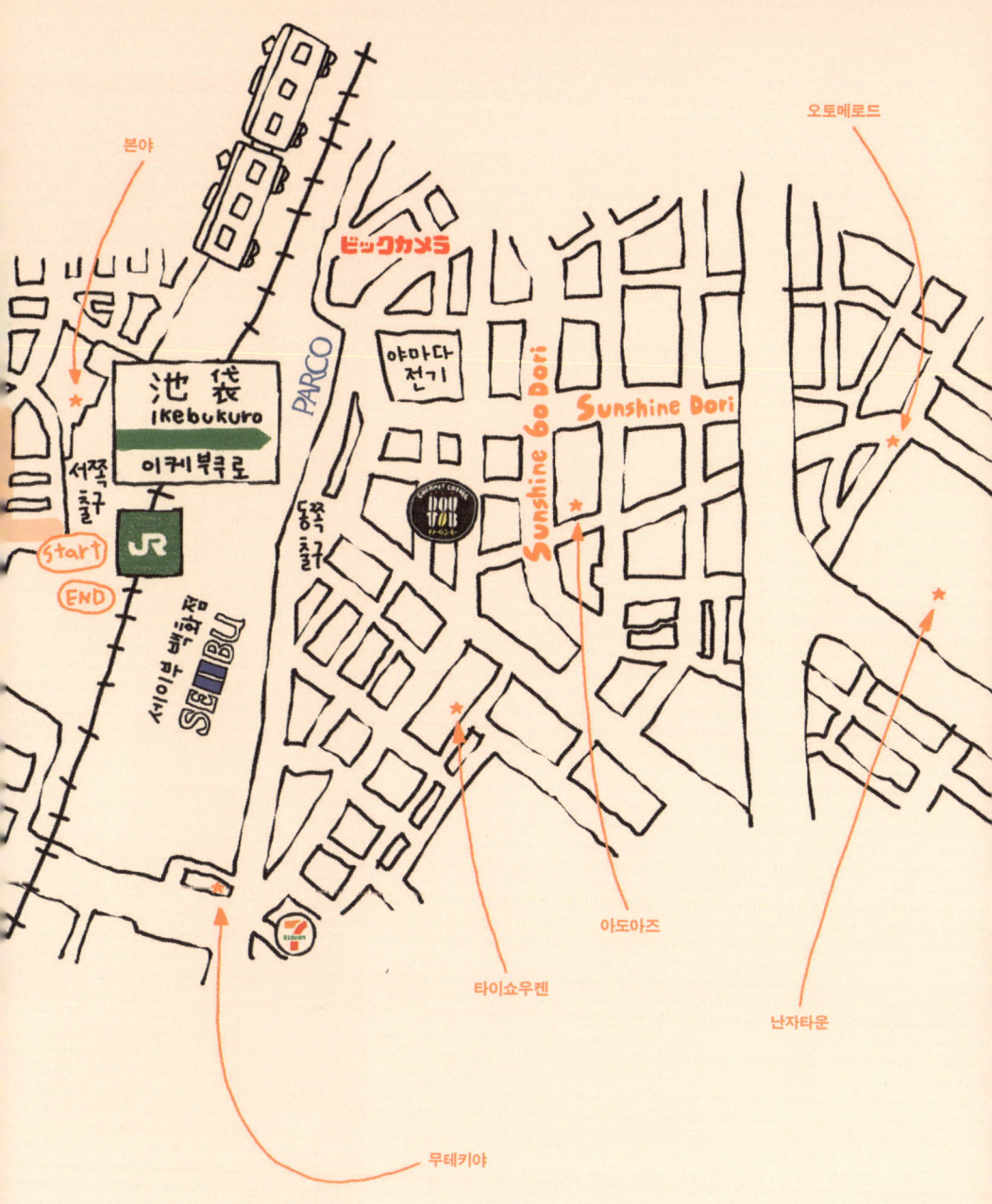

알고 갈수록 더 많은 것을 발견하는 동네

이케부쿠로는 신주쿠 다음으로 유동인구가 많은 지역으로 이케부쿠로 역의 연평균 승객 수는 250만 명 정도라고 한다. 젊은 층 사이에서 '부쿠로'라는 애칭으로 불리는 이케부쿠로 역 주변으로 쇼핑가가 밀집되어 있다. 세이부, 도부, 파르코 등 백화점이 모여 있고, 빅카메라 등 전자제품 상점도 옹기종기 늘어서 손님들을 유혹한다. 일본 자동차 메이커 토요타의 쇼룸인 토요타 암럭스, 선샤인 60 쇼핑가 등도 이케부쿠로를 유명하게 만든 명소가 되었다.

하지만 이렇게 바쁘고 복잡한 이케부쿠로의 겉모습 속에 '쟁이' 혹은 '꾼'들이 모여서 각자 제 일을 열심히 하는 공간이 숨어 있으니 이 공간은 이케부쿠로의 재발견에 가깝다.

우선 도쿄 문화예술의 얼굴이라고 할 수 있는 도쿄예술극장이 시민들과 소통하며 역 앞에 번듯하게 서 있다. 오토메계의 천국이라고 일컬어질 정도로 여성 오타쿠들이 좋아하는 게임이나 마니아숍도 몰려 있다. 또한 회사원들과 이동 인구가 많은 점이 장점으로 작용했기 때문인지 이곳에는 라멘집이 많다.

이케부쿠로의 또 다른 매력은 명문 사립 릿쿄대학교다. 도쿄 6대학 중 하나로 1874년 일본 성공회에서 설립한 이 학교는 아름다운 캠퍼스로도 유명하며, 이케부쿠로의 화려함 속에 감춰진 비밀의 정원 같은 곳이다.

이케부쿠로

course 1

도쿄의 대표 복합문화공간, 도쿄예술극장

도쿄 메트로폴리탄 아트 스페이스라고 불리는 도쿄예술극장은 문화도시 도쿄라는 콘셉트를 알리고 새로운 문화 환경을 조성하기 위한 '도쿄 르네상스 사업'의 일환으로 지어진 예술극장이다. 국내외 일류 아티스트들의 오페라, 오케스트라 협연이나 콘서트 등이 열리고 연극, 전시회 등도 1년 내내 있는 도쿄의 문화공간이다.

도쿄예술극장은 2000여 석의 대형 홀과 중·소규모 홀 등 4개의 홀이 있으며 갤러리, 레스토랑, 아트숍, 커피숍 등도 있다. 대형 홀에는 회전식 2면 구조의 파이프오르간이 설치되어 있는데 음색을 조절하는 장치인 스톱이 126개로 세계 최대 규모라고 한다. 르네상스, 바로크, 모던 등 각 시대 음색으로 연주할 수 있다고 하니 시간이 맞고 여유가 되면 파이프오르간 연주를 들어 보는 것도 좋을 듯하다. 우리에게도 유명한 〈노다메 칸타빌레〉의 OST를 이곳에서 녹음했다고 한다.

안으로 들어가면 바로 보이는 에스컬레이터는 5층까지 한번에 이어지는데, 천장에 설치해놓은 장식물을 구경하며 5층에 도달하면 천장에 돔 형식으로 예쁜 벽화 작품들이 전시되어 있다. 굳이 공연을 보지 않더라도 극장 앞의 조형물들을 감상하고, 내부 인테리어와 천장 벽화, 작품들을 보는 것만으로도 메마른 감성에 적당한 포만감을 채워줄 수 있다.

point.
드라마〈노다메 칸타빌레〉를
보고 갈 것. 극장 밖에 있는
조형물들을 감상하는 것도 좋다.

도쿄예술극장
주소 東京都豊島区西池袋 1-8-1
오픈 09:00~22:00
(극장 내 가게는 10:00 오픈)
*휴관일 홈페이지 참조
문의 03-5391-2111
www.geigeki.jp

course 2

이국적인 캠퍼스가
아름다운,
릿쿄대학교

대학이 주는 감동은 젊음과 자유, 열정과 패기다. 그저 젊음이 존재한다는 것만으로도 모든 것이 아름다워 보이는 시절이지만 그 젊음을 담아놓은 하드웨어 또한 아름답다면 그 장면은 얼마나 아찔할까. 릿쿄대학교는 일본에서도 캠퍼스가 이국적이며 아름다운 곳으로 손꼽혀 수많은 드라마나 광고, 영화 등의 촬영 장소로 많이 이용되고 있다.

1874년 미국 성공회 소속 미국인 처닝 무어 윌리엄스(Channing Moore Williams) 선교사가 영어와 성경을 가르치기 위해 당시 외국인 거주지였던 츠키지 지역에 설립한 사숙 '릿쿄학교'가 전신이다. 성바울학교(St. Paul's School)라는 명칭

으로 바뀌면서 대학교가 되었고 선교사들이 영어로 하는 강의가 인기를 끌면서 학생 수가 늘어났다. 지금도 공식적인 릿쿄대학교 이외에 성바울대학교(St. Paul's University)라는 명칭으로 불리기도 한다. 와세다대학교, 게이오기주쿠대학교와 함께 일본을 대표하는 사립대학으로서 우리나라 연세대학교와 상호협력 대학으로 결연되어 있는 등 긴밀한 관계를 유지하고 있다.
'왜 사냐건 웃지요'라는 관조적인 구절로 유명한 시 〈남으로 창을 내겠소〉의 작가 김상용 시인이 1922년 릿쿄대학교 영문학과에 입학해 졸업했으며, 〈별 헤는 밤〉의 윤동주 시인이 1942년 릿쿄대학교 영문학과에 입학하기도 했다.

point.
조용하고 산책하기 좋은
곳이므로 시간이 된다면
책 한 권 갖고 들어가 여유로운
시간 보내기

릿쿄대학교
주소　東京都豊島区西池袋 3-34-1
문의　www.rikkyo.ne.jp

라멘의 모든 것

일본을 대표하는 음식 중 가장 손쉽게 접할 수 있는 것이 라멘이다. 아무리 작은 동네에 가더라도 라멘집은 몇 개씩 있지만 이케부쿠로는 전국의 라멘집이 이곳에 자리를 틀고는 라멘의 전쟁터라 불릴 만큼 치열한 경쟁을 벌이고 있다. 라멘 요리사의 얼굴을 큼지막하게 붙이고 손님들을 끄는가 하면 라멘 대결을 벌이기도 한다.

이케부쿠로 전역에 라멘집이 골고루 분포되어 있지만 선샤인도리 라멘요코초(サンシャイン通りラーメン横丁)를 중심으로 릿쿄대학교 근처, 메트로폴리탄호텔 근처, 세부백화점 뒤편, 토부백화점 뒤쪽에도 독특한 라멘 전문점이 모여 있어 입맛대로 골라먹을 수 있다.

라멘은 1600년대 중국에서 일본으로 온 손님들 중 한 명이 일본인에게 중국 면요리를 만들어 대접한 데서 유래해 발전시킨 일본의 대표 면요리로 크게 라멘과 츠케멘으로 나뉜다. 맛있는 라멘의 기준은 사람마다 다르겠지만 대부분 국물맛, 면발의 탄력과 쫄깃함, 차슈(돼지고기)의 맛 등으로 우열이 가려진다. 라멘은 국물 베이스에 따라 돼지뼈를 우려서 국물로 쓰는 돈코츠라멘, 간장으로 맛을 내는 쇼유라멘, 소금으로 간을 맞추는 시오라멘, 미소를 베이스로 쓰는 미소라멘 등으로 나뉜다.

라멘에는 차슈라고 불리는 돼지고기 절편과 츠케 타마고(노른자를 반숙한 달걀), 죽순을 발효해 만든 멘마, 파 등의 고명을 얹는데 이 모든 것이 조화를 이루며 라멘의 맛을 결정한다. 라멘의 면발은 굵은 면과 얇은 면으로 나뉘는데 취향에 따라 골라먹으면 된다.

최근 많은 인기를 얻고 있는 것이 면을 국물에 찍어서 먹는 츠케멘이다. '찍다'라는 뜻의 츠케루에서 파생된 단어로, 따로 나오는 국물은 일반 라멘 국물보다 진하고 면발은 더 쫄깃해 인기가 높다. 츠케멘은 면발이 적당히 두껍고 매끈하지 않아서 면 표면에 국물이 많이 묻는 것이 좋다.

이케부쿠로

It Place

 오토메로드
乙女ロード

 아도아즈
アドアーズ

 난자타운
ナンジャタウン

과거 '코믹 스트리트', '오타쿠로드'라고 불리던 이곳은 여성 취향의 동인지, 애니메이션, 게임, 만화, 캐릭터 상품 등을 전문적으로 판매하는 상점들이 모여 있는 거리로 선샤인 시티 맞은편에 200m가량 펼쳐져 있다. 각종 미소녀 캐릭터는 물론 예쁜 미소년 캐릭터가 대문짝만 하게 건물 외벽을 채우고 있다.
오토메로드는 '여자들의 길'이라는 뜻으로 이곳에 여성 오타쿠를 위한 깔끔한 캐릭터 전문점이 문을 열기 시작하고, 여성 동인팬, 애니메이션팬 등이 모여들면서 남성 애니메이션의 천국 아키하바라와 쌍벽을 이루는 공간이 되었다. 1층부터 7층까지 만화와 애니메이션 상품으로 가득한 애니메이트 본점을 시작으로 여성 취향 동인지를 취급하는 만다라케, 아니메폴리스 페로, 라신방, K-Books, 캐릭터 퀸 등 애니메이션 캐릭터 상품 전문점이 있다. 이 지역은 캐릭터 의상을 입은 여성들이나 동인, 애니메이션 팬에게 조용하지만 강렬하게 잠식당하고 있다.

승부욕과 근성을 자극하는 데 탁월한 게임은 바로 인형뽑기. 이케부쿠로 선샤인시티를 향해 걷다보면 인형뽑기 게임을 제대로 즐길 수 있는 곳들이 많은데 아도아즈도 그중 하나다. 일본의 인형뽑기 게임 종류가 얼마나 많고 제공되는 인형 수준이 얼마나 높은지 인형을 쳐다보고만 있어도 계속 감탄사가 나온다. 초밥, 야채인형은 물론, 버섯, 리마쿠마 등 정말 갖고 싶은 인형들이 자기를 뽑아가달라고 손님들을 유혹한다. 게임을 해보지 않고 인형만 둘러봐도 즐거워지는 곳이다.

주소 東京都豊島区東池袋 1-14-4 シネマサンシャイン 1〜3F
오픈 10:00〜24:45
문의 03-3971-9601
www.adores.co.jp

선샤인시티에 있는 교자타운으로 게임 소프트웨어 회사인 남코(namco)가 만들어놓은 푸드테마파크다. 전국의 유명한 교자 전문점을 한곳에 모아놓았다. 안으로 들어가면 1950년대 도쿄거리를 재현해놓은 인테리어에 일본에서 가장 맛있다는 교자집 8개가 입점해 있고, 아이스크림과 케이크 등 디저트를 파는 아이스크림시티도 마련되어 있다. 자유이용권을 사서 들어가면 각종 놀이기구, 어트랙션을 즐길 수 있어 어른부터 아이까지 재미있게 보낼 수 있다. 교자는 돌아다니며 마음에 드는 것을 골라서 사 먹으면 된다.

주소 東京都豊島区東池袋 3丁目 サンシャインシティ ワールドインポートマートビル2階
오픈 10:00〜22:00
요금 입장료 500엔, 자유이용권 3000엔(대인), 2400엔(소인)
문의 03-5950-0765
www.namco.co.jp/tp/namja

무테키야
無敵家

타이쇼우켄
大勝軒

본야
ぼんや

'대적할 자가 없다'는 자신감이 넘치는 이름의 무테키야는 블로거 사이에서 유명해진 곳으로, 진하면서도 담백한 국물과 두꺼운 차슈로 유명한 라멘 전문점이다. 돼지뼈를 강한 불에 16시간 고아 끓여낸 국물과 홋카이도산 밀가루로 만든 중간 굵기의 면발을 사용하며 독자적으로 개발한 5가지 메뉴와 돈코츠 등 8가지 메뉴를 기본으로 한다. 대표 라멘은 혼마루멘으로 진한 국물과 반숙 달걀이 강한 인상을 남긴다. 가츠오부시, 마늘 등으로 만든 무테키야 특제 양념 또한 뿌려 먹어보는 것도 괜찮다. 양은 대(오오모리)·중(추우)·소(나미)로 구별되어 있는데 가격은 모두 같으니 양에 따라 주문하면 된다.

주소 東京都豊島区 南池袋 1-17-1
오픈 10:30~04:00(1월 1~3일 휴무)
요금 혼마루멘 800엔,
니쿠타마멘 1030엔,
츠케멘 쇼유아지 850엔,
교자 410엔
문의 03-3982-7656
www.mutekiya.com

라멘 3대 거장 중 한 사람으로 손꼽히는 야마기시 카즈오가 1961년 창업한 라멘 가게로 츠케멘의 원조로 손꼽힌다. 이곳에서 라멘을 익히고 배운 뒤 나중에 가게를 차려 나가는 라멘 문하생이 많을 정도로 라멘계의 르 코르동 블루 같은 곳이다. 돼지다리와 닭, 각종 말린 해산물을 갈아 넣은 양념 등을 우려낸 국물과 매일 생산된 신선한 면, 부드러운 맛을 내는 차슈, 특제 소스의 짙은맛과 씹는맛이 인상적인 멘마 등이 타이쇼우켄의 라멘맛을 특별하게 만들어준다. 이곳에서는 츠케멘을 모리소바라고 부르는데 이케부쿠로에만 매장이 2개 있으며, 이케부쿠로 역 근처에 있는 것이 지점이다.

주소 東京都豊島区南池袋 2-27-16
오픈 11:00~22:00 (라멘 재료가
떨어지면 종료, 연중무휴)
요금 모리소바 750엔
문의 03-5951-2221
www.tai-sho-ken.com

배가 고파서 걸을 힘은 없고 맛집을 찾고 있지만 길치라서 이리저리 헤매느라 신경이 곤두서 있을 때는 백화점이나 큰 쇼핑몰에 있는 음식점이 도움이 된다. 꼭 다시 오고 싶은 정도로 이거다! 싶은 맛은 아니지만 무엇보다 좋은 점은 전경을 보고 밥을 먹을 수 있다는 것이다. 일본 가정식 반찬이 조금씩 나오며 메뉴판이 사진으로 되어 있어 보기에 편하다. 백화점다운 조용한 음악이 흘러 라멘집처럼 시끄럽지 않은 상태에서 조용하게 전경을 감상하면서 밥을 먹고 싶은 사람들에게 유용하다.

주소 東京都豊島区西池袋 1-1-25
スパイス池袋東武 12F
오픈 11:00~22:00
요금 히레까스 런치 1230엔,
카레 런치 1250엔
문의 03-3986-7009

PART 5

도쿄에서 느끼는 이국적인 길

정감 있는 샌프란시스코를
닮은 곳

히로오·아자부주반
広尾·麻布十番 Hiroo·Azabujyuban

Good morning!
가쁜 숨을 내쉬며 파란 눈의 주인과
발을 맞춰 걷던 코커 스파니엘이
주인과 눈을 맞춘 행인에게 흘끔 시선을 준다.
바게트 굽는 냄새와
노천카페의 진한 에스프레소 향기가
건널목에 차오르면
토요일의 햇살을 즐기는 프랑스 부부의 산책길에
그윽한 미소가 번진다.
마치 샌프란시스코에 온 듯 이어진 언덕길에
갈색 머리의 동양인과 얼굴이 하얀 서양인이
마주치며 미소를 선물하는 곳이다.

START
도에이 오에도센(大江戸線), 메트로 남보쿠센(南北線) 아자부주반(麻布十番) 역

Course1
아자부주반
麻布十番

4번 출구로 나오면 바로 눈앞에 커피숍이 보인다. 오른쪽으로 돌아 골목 사이로 들어가면 아자부주반 미식거리가 나온다. 그 거리를 따라 곧장 걸어간다.

Course2
아리스가와미야기념공원
有栖川宮記念公園

아자부주반 주요 도로 거의 끝쯤에서 왼쪽으로 보면 언덕으로 올라가는 가파른 길이 보인다. 이 언덕을 걷다가 처음 나온 건널목에서 붉은 벽돌 건물들 사잇길로 오르다보면 오거리가 나온다. 오른쪽으로 길을 따라 조금 걸으면 운동장이 보인다. 운동장을 지나기 전 삼거리에서 왼쪽으로 꺾어 운동장을 따라 걷다가 운동장이 끝나는 곳에서 오른쪽으로 걷는다. 가로수길을 내려가면 보이는 곳이 바로 아리스가와미야기념공원이다(도보 20분).

Course3
히로오
広尾

공원 입구로 나와 슈퍼마켓을 지나 사거리까지 걷는다. 사거리를 건너 반대편으로 가면 음식점과 의류, 소품점이 즐비한 상가 거리가 나온다. 또는 아리스가와미야기념공원에서 나와 언덕길을 올라가 근처 주택들을 둘러보는 것도 좋다.

END
메트로 히비야센(日比谷線) 히로오(広尾) 역

▶ 총 2~4시간 소요

서양문화의 편안함과 여유를 즐길 수 있는 동네

도쿄답다는 건 무엇일까? 좁은 실내. 깨끗함. 고양이. 아기자기함. 절과 신사. 찬란함. 시부야? 도쿄라는 단어는 이 모든 것을 모자이크처럼 담고 하나의 그림을 만들어내는 게 아닐까. 그래서 도쿄에 머물면서도 어떤 곳에 처음 가면 '도쿄답지 않다'는 생각에 젖어들다가도 금세 '도쿄는 이런 맛이 있어'라고 읊조리게 되는 것이 아닐까.

도쿄에는 꽤나 이국적인 지역이 몇 곳 있다. 그중 아자부주반에서 히로오로 이어지는 산책로는 상당히 고급스럽고 낯설다. 주택이나 빌딩의 하드웨어보다는 그곳에 살고 있는 사람들, 즉 소프트웨어에서 다분히 '버터맛'이 난다. 대사관들이 밀집해 있어 대사관길이라고도 불리는 이 지역은 말 그대로 프랑스, 이탈리아, 한국 등 각국 대사관이 자리 잡고 있다. 이에 따라 외국인이 많이 모여 살고 있다. 우리나라로 치면 한남동이나 유엔 빌리지의 고급스러운 느낌이지만, 우리나라와 달리 도심 한복판에 들어와 있어 접근성이 뛰어나다.

도쿄는 기본적으로 치안이 좋은 데다 대사관이 밀집해 있는 터라 이곳 환경은 더욱 안전하다. 외국 사람 스타일에 맞춰 생긴 레스토랑, 베이커리, 슈퍼마켓, 커피숍 등이 이국적인 모습으로 다가와 외국 스타일의 삶을 선호하는 부유층과 연예인을 끌어들이는 요인이 되었다.

course 1

소박함과 잘 익은 고급스러움이 있는 곳, 아자부주반

인기가 없으면 업종을 바꾼다는 이유로, 몇 년만 지나도 식상하다는 이유로 인테리어를 뜯어고치는 데 익숙한 우리나라 사람들에게 수십 년 넘게 같은 모습으로 같은 자리에서 단골 고객을 맞아들이는 전통적인 상점은 이질적으로 다가온다. 그런 면에서 아자부주반은 우리에게 꽤나 낯선 공간임이 분명하다.

중·고등학생 시절 한 연예인을 좋아하고, 그들의 젊음에 맞장구치는 젊음으로 응원하고, 그 가수와 함께 한 시대를 살고, 함께 고민하고 함께 늙어가는 60대처럼 아자부주반의 거리와 이곳을 찾는 손님들은 시대를 겪으며 함께 살아왔다.

자존심의 상징 롯폰기의 모리타워가 바로 앞에 보일 정도로 도쿄 첨단의 롯폰기와 가까운데도 아자부주반은 소박함과 잘 익은 고급스러움으로 사람들을 유혹한다. 300년 이상 된 주택들

이 곳곳에 자리 잡고 있지만 남보란 듯 으스대며 뽐내지 않는다.
그래서 미식가의 천국이라고 불리며 역사와 맛에 관해서만은 누구에게도 뒤지지 않을 정도로 으뜸이지만 소란하지도 요란하지도 않다. 에도시대부터 이어져왔다는 전통의 콩과자집, 220년 전통의 소바집, 일본 최초의 붕어빵 가게 등 역사와 함께 해온 곳은 물론 홋카이도 우유빵으로 유명한 베이커리, 줄 서서 먹는 오뎅집, 유럽풍 카페, 스위츠 가게 등 골목 곳곳에는 입맛이 까다로운 미식가들을 행복하게 해주는 맛집이 영업 중이다. 센베이과자 전문점 같은 경우 100년 이상 된 상점도 많다고 알려져 있다.

point.
거리에 조용히 숨어 있는
맛집들을 찾아다니며 걷기

히로오·아자부주반

course 2

작지만 실속 있는, 아리스가와미야 기념공원

point.
외국인을 만나면 반갑게
인사하면서 산책하기

아리스가와미야기념공원
주소 東京都渋谷区広尾 5-7-29
문의 www.arisugawa-park.jp

히로오의 대표적 상징인 아리스가와미야기념공원은 이노카시라공원이나 요요기·우에노 공원과 비교하면 크기 면에서 무척 작지만 그 안에 계곡과 연못, 산책로, 운동시설, 도서관 등 필요한 요소는 모두 갖추어놓음으로써 실속 있는(!) 공원으로 사랑을 듬뿍 받고 있다. 외국인이 많이 모여 사는 동네라는 특성 때문에 주말이면 애완견을 데리고 산책하는 외국인이 많이 눈에 띄고 조깅하거나 운동하는 외국인 커플이나 아장아장 걷는 파란 눈의 꼬마들도 많이 볼 수 있다.

공원 입구 쪽에 있는 호수에서는 거북이, 잉어, 붕어 등 다양한 수중생물과 세월을 낚는 강태공이 함께 시간을 보내는 모습을 자주 볼 수 있다. 공원은 언덕을 끼고 있어 공원 후문에서 히로오 역이 있는 정문 쪽으로 산책하는 것이 힘이 덜 드는데, 돌계단과 나무계단을 천천히 내려오며 자연을 만끽한 뒤 언덕 아래 탁 트인 호수를 돌며 땀을 식히는 재미도 쏠쏠하다.

히로오·아자부주반

course 3

지진에 강한, 히로오

대사관 거리로 알려진 히로오는 암반이 넓게 발달되어 있어 에도시대나 그 이전부터 부유층이 많이 살았다. 간혹 지진이 일어나다보니 사람들은 다양한 자연재해에도 안전한 지역을 선호했고, 그 덕분에 높은 땅값을 감당할 수 있는 부유층만 이곳에 둥지를 틀게 되었다. 또 다른 지역보다 비교적 안전해 외국인이 많이 살고 있다.

유럽이나 북미 쪽으로 여행을 가본 적이 없다면 히로오에서 머물며 서양인의 문화를 관찰해보는 것도 재미있을 것이다. 아이에게 독립심을 키워주는 서양 엄마의 육아법이나 아이를 아기띠 안에 담아 앞에 맨 채 유모차를 끌고 가는 훈남 아저씨의 아이 사랑, 커피 한잔 앞에 놓고 선글라스를 낀 채 오후 내내 신문을 보는 비즈니스맨의 여유로움, 슈퍼마켓에 장을 보러 온 가족의 즐거운 일상을 엿볼 수 있으니 말이다.

일하기 위해 살고 스트레스 풀기 위해 술 마시며 하루하루 살아내는 한국인이나 일본인과 달리 무엇이 여유이고, 무엇을 아끼며 살아야 하는지를 잘 아는 사람들이 사는 곳이다. 다분히 이국적이고 낯설게 느껴지지만 부러움이 더 크게 밀려드는 곳이다.

point.
커피 한잔을 마시더라도
외국인처럼 여유로움을 가져보기

히로오·아자부주반

It Place

 나카하라 준이치
中原淳一ショップ

도도한 듯 우아하고 아름다운 여성들의 모습을 표현해온 인형 작가이자 일러스트레이터, 패션 디자이너, 화가인 나카하라 준이치의 이름을 딴 캐릭터 가게. 나카하라 준이치는 다이쇼시대의 로망을 대표하는 작가, 서정주의 작가로 여겨지면서 유명해졌다. 크고 반짝이는 눈, 앵두 같은 조그만 입술, 초현실적인 S라인 몸매 등으로 묘사한 그의 여성 일러스트 스타일은 일본의 망가와 스타일에 많은 영향을 끼쳤다. 강렬한 붉은색 인테리어가 인상적인 매장과 어울리게 안쪽에서는 개성 있는 여성들을 그려낸 그림과 컵, 책갈피, 수건, 책, 우산, 블라우스, 앞치마 등 캐릭터 상품들을 판다.

주소 東京都渋谷区広尾 5-4-16
오픈 11:30~20:00(연말연시 휴무)
요금 핸드폰 고리 1575엔, 엽서세트 1260엔, 꽃무늬가방 8925엔
문의 03-5791-2373
www.junichi-nakahara.com/shopsoreiyu

 사라시나 호리이
更科堀井

무슨 말이 필요할까. '220년 된 소바집'이 한 문장만으로도 반드시 가봐야 하는 이유가 된다. 끊임없이 찾아오는 미식가들이 많다보니 항상 기다려야 하지만 혼자 갈 경우 빈 곳에 끼어 앉는 행운을 얻을 수도 있다. 테이블이 옹기종기 붙어 있는 실내는 끊임없이 소바를 내오는 소리와 손님을 맞이하는 소리로 시끌벅적하지만 차분히 내 것에만 집중하면 충분히 맛깔스러운 소바를 음미할 수 있다. 오리지널 츠유와 단맛이 강한 츠유 2가지가 나오는데 입맛에 따라 찍어 먹으면 된다. 외국 손님이 많다 보니 영어 메뉴판이 있어 음식 고르기에 편리하다.

주소 東京都港区元麻布 3-11-4
오픈 11:30~20:30(연중무휴)
요금 모리소바 790엔,
나베야키우동 1800엔,
덴푸라소바 1740엔
문의 03-3403-3401
www.sarashina-horii.com

나니와야
浪花家

아자부주반의 명물로 사람이 붐비는 시간에 가면 '붕어빵 하나 먹으려고 이렇게 줄을 서야 하나' 싶을 정도로 인기가 많은 타이야키 전문점이다. 일본 최초의 붕어빵, 정확히 말하면 도미빵인 타이야키를 개발한 나니와야 소혼텐은 1909년 창업해 4대째 운영되고 있다. 지금은 89세 된 손자가 주인이다. 바삭바삭한 껍질은 담백하면서도 고소하고 머리부터 지느러미 구석구석까지 꽉 차든 팥소는 달짝지근해 입맛을 자극한다. 1층 바깥쪽에서는 타이야키를 테이크아웃으로 판매하며, 1층 안쪽과 2층에는 카페가 있어 앉아서 팥류 디저트를 즐길 수 있다.

주소 東京都港区麻布十番 1-8-14
오픈 11:00~19:00
　　　(화요일·매월 셋째 주 수요일 휴무)
요금 타이야키 150엔, 밀크팥빙수 700엔, 타이야키세트 600엔
문의 03-3583-4975
　　　www.azabujuban.or.jp/shop/food/219

르 수플레
Le Souffle

히로오의 숨겨진 보물이라고 불리는 수플레 전문점. 수플레는 '부풀다'라는 뜻의 프랑스어로 달걀흰자 거품과 그 밖의 재료를 섞어 오븐에 구워낸 프랑스 전통 디저트다. 30초 안에 부푼 것이 가라앉기 때문에 빨리 먹는 것이 중요하다. 오너 셰프 나가이 하루오가 만들어내는 수플레는 30가지가 넘는다. 갓 나온 수플레에 티스푼으로 구멍을 뚫은 뒤 그곳에 소스를 조금씩 붓고 잘 섞어가며 퍼서 먹으면 된다. 입에 넣은 뒤 사르르 사라지는 수플레의 맛은 한 번 보면 잊지 못할 것이다. 디저트라 하기엔 값이 비싸지만 한 번쯤 먹어볼 만한 맛이다. 지유가오카 스위츠 포레스트에도 지점이 있다.

주소 東京都港区西麻布 3-13-10
오픈 12:00~22:00
　　　(일·공휴일 18:00까지, 월요일 휴무)
요금 기본 수플레 1080엔, 수플레 스페셜 1728엔
문의 03-5474-0909

마메겐
豆源

미식가의 거리 아자부주반을 걷다보면 나이 지긋하신 분들이 앞을 다투어 총총걸음으로 들어가는 상점이 하나 보이는데, 이곳이 바로 콩과자 전문점 마메겐이다. 1865년에 창업해 에도시대부터 내려온 전통 비법으로 90여 가지 콩과자를 만들고 있다. 모르고 지나가는 사람들마저 콩 냄새에 낚여 들어올 만큼 고소한 냄새를 폴폴 풍긴다. 맛과 색깔이 다양한 콩과자가 여러 용량과 포장으로 담겨 있어 선물하기에도 좋다. 하지만 한국까지 참고 가져가기가 힘들 정도로 눈 깜짝할 새 사라지는 간식거리다.

주소 東京都港区麻布十番 1-8-12 豆源本店
오픈 10:00~20:00
　　　(화·연말연시·부정기 휴무)
요금 참깨 120g 324엔, 말차 150g 378엔, 코코아 200g 486엔
문의 03-3583-0962
　　　www.mamegen.com

자유의 언덕에서 즐기는
여자들의 낭만

지유가오카
自由が丘 Jiyugaoka

'자유의 언덕'이라는 뜻의 지유가오카가
결혼한 젊은 여성들이 가장 선호하는 주거지이자
쇼핑가가 된 것은 우연이 아닌 듯하다.
자유를 마음껏 누릴 수 없는 현실에서
자유의 형태를 띤 선물 꾸러미를 받아들며
기뻐하고 즐거워하는 것으로 위안을 삼아야 하는 삶.
아기자기한 생활용품과
인테리어 소품들로 마음을 채우고,
아이들을 학교에 보내놓고
간만에 달콤한 스위츠 즐기기.
지유가오카는 영원한 자유를 꿈꾸는 여성들의
고백이 담긴 언덕이다.

지유가오카 산책하기

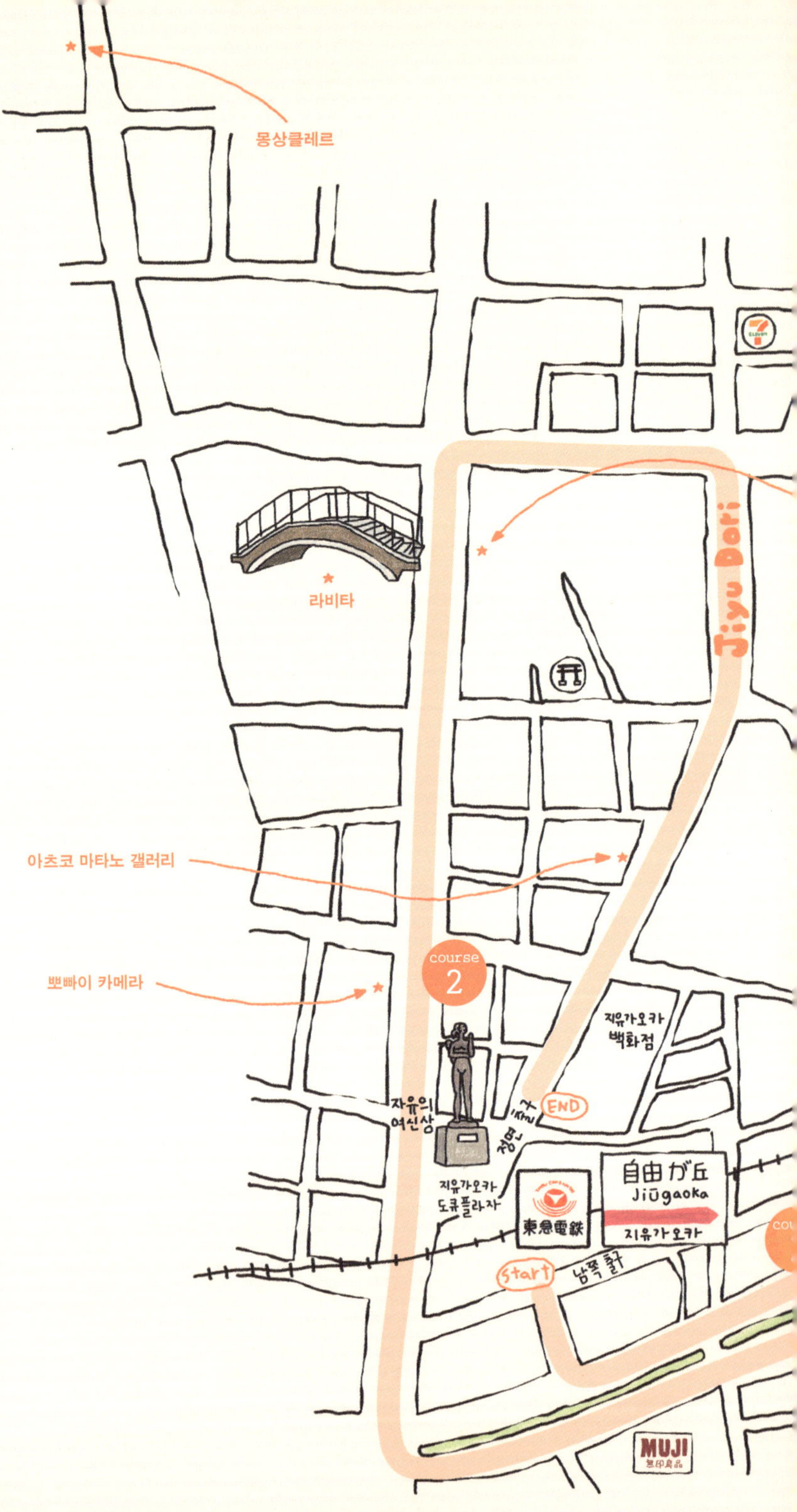

몽상클레르
라비타
Jiyu Dori
아츠코 마타노 갤러리
뽀빠이 카메라
course
2
지유가오카
백화점
자유의
여신상
정면 출구
END
지유가오카
도큐플라자
東急電鉄
自由が丘
Jiūgaoka
지유가오카
Start
남쪽 출구
MUJI
無印良品

START
도큐 도요코센(東橫線) 지유가오카(自由が丘) 역

Course1
그린로드
グリーンロード

남쪽 출구로 나와 정면에 보이는 MELSA2 건물 옆 골목으로 나가면 양옆으로 그린로드가 펼쳐져 있다.

Course2
카틀레야 쇼핑가
カトレア通り

지유가오카 정면 출구 쪽으로 나와서 작은 건널목을 지나 조금 걸으면 오른쪽으로 미즈호은행이 보인다. 은행을 끼고 오른쪽으로 돌면 카틀레야 쇼핑가가 나온다.

END
도큐 도요코센 지유가오카 역

▶ 총 1시간 30분~4시간

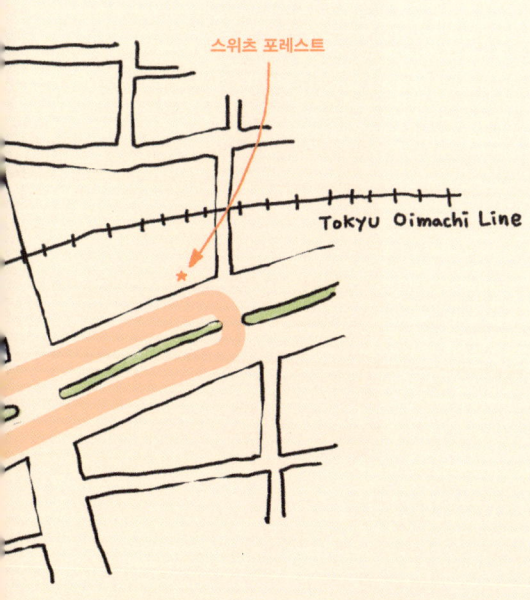

여자들이 좋아하는 여자들의 동네

영화 〈봄날은 간다〉에는 대숲에서 대나무가 바람에 나부끼는 소리를 채집하는 장면이 나온다. 갈대처럼 바람에 흔들리는 대나무 잎들은 물결치는 파도 소리를 닮았고, 거침없이 달려드는 사막의 모래바람 소리를 닮아 여자의 마음을 고스란히 반영하는 듯했다.

그래서인지 울창한 대숲이 많은 지유가오카도 여성적인 느낌을 강하게 준다. 유럽 스타일 건물로 유명한 라비타를 비롯해 역을 중심으로 펼쳐져 있는 쇼핑가와 작은 가로수길 그린로드는 건물을 여성들이 좋아하는 스타일로 짓거나 인테리어를 해놓았다. 조용한 골목길로 올라가면 주택 사이사이에 문을 연 인테리어점, 잡화점, 레스토랑이 세련된 분위기를 풍긴다.

인테리어용품이나 잡화, 생활용품이 주를 이루기 때문에 경쟁도 치열하고, 세련되고 개성 있는 가게도 즐비하다. 애견을 위한 애완용품점, 목욕용품점, 가구점 등도 적재적소에 잘 배치되어 있다. 기혼 여성들의 드림 하우스를 만들어줄 아이템이 가득하기에 이곳에서는 세련된 미시족을 수없이 만나게 된다.

항상 일본인이 살고 싶어하는 동네 상위권에 오르는 지유가오카는 일본인이 유럽 문화에 대해 갖고 있는 호감을 확실하게 드러낸 곳이기도 하다. 여유를 즐기며 살고자 하는 사람들이 꿈꾸는 동네, 지유가오카에 오면 고소하고 달콤한 빵과 스위츠의 향기가 맞아준다.

지유가오카

course
1

청량한 산소를 내뿜는, 그린로드

통행로 중앙에 길게 나 있는 초록색 가로수길과 그 산책로를 중심으로 놓여 있는 벤치, 산책로 바깥쪽 양옆에 길게 늘어서 있는 상점가와 노천카페 그리고 그곳에서 쇼핑하거나 차를 마시는 사람들. 지유가오카라는 단어를 들으면 생각나는 대표적 이미지다. 이 이미지의 배경이 만들어진 곳이 바로 그린로드다.
그린로드는 평일에는 조금 한산하지만 주말이 되면 쇼핑하러 온 사람들과 벤치에 앉아서 테이크아웃해온 커피를 즐기는 사람들, 산책하러 나온 사람들이 뒤섞여 걷고, 앉고, 속삭인다. 중앙에 있는 가로수들은 햇빛을 받고 반짝이고, 화단의 꽃들도 생동감을 더한다.
프랑스 몽소공원에 있는 유명한 꽃 가게 몽소 플뢰르의 지유가오카 지점, 유니클로, 타미힐피거, MUJI, GAP 등 브랜드 상점들이 자리해 있다. 디저트 카페 셔터스, 인테리어 소품 전문점, 제빵 관련 가게 쿠오카는 물론 프랑프랑도 있다. 스트리트 끝에는 12개 디저트 플레이스가 모여 있는 디저트 전문몰 스위츠 포레스트(p.347)가 있다. 벚나무 수십 그루가 그린로드의 끝을 알리듯 옹기종기 모여 마무리를 해준다.
수다, 테이크아웃, 꽃, 나무, 사람, 휴식, 쇼핑. 이 모든 단어를 품고 있기에 청량한 산소가 넘치고 이 산소를 들이마시기 위해 사람들은 계속해서 이곳을 찾는다.

point.
줄을 매고 산책하는 고양이 만나기

지유가오카

course 2

재치와 아기자기함, 조용함과 여유로움이 있는, 카틀레야 쇼핑가

지유가오카 정면 출구로 나오면 다소 복잡하고 깔끔하지 않은 모습에 이곳이 지유가오카일까 싶겠지만 카틀레야 쇼핑가로 들어가면 번잡스러움은 곧 정리된다.

카틀레야 쇼핑가는 좁은 도로를 따라 언덕 위로 올라가는 형태로 펼쳐져 있다. 인테리어 소품점이나 아기자기한 패션용품점과 빵집, 디저트 플레이스가 반가운 빛을 반짝이며 손님들을 맞이한다. 언덕으로 올라갈수록 주택가 느낌이 강해지며 그 속을 비집고 나오는 반짝이는 재치와 아기자기함, 조용함과 여유로움이 더해져 카틀레야 쇼핑가가 즐겁다.

주요 거리 네 곳으로 집약되는 지유가오카거리 중 카틀레야 쇼핑가 산책은 라비타(ラヴィータ, p.346)라는 상당히 이국적인 초미니 쇼핑가에서 사진 찍는 것으로 마무리된다.

베니스에서 들여온 곤돌라와 그 아래로 흐르는(?) 강, 강을 가로지르는 다리, 유럽 스타일의 고성 같은 외관에 카페와 갤러리 등이 입점해 있는 초미니 쇼핑몰 라비타는 지유가오카의 베니스라고 불리며 인기를 끌고 있다. 규모는 작지만 무척 이국적이다 보니 많은 사람이 끊임없이 찾아와 사진을 찍는다. 이와 대조적으로 라비타 맞은편에 있는 안미츠 전문점 고소안(p.347)은 일본식 주택 모습을 오롯이 간직하고 당당히 서 있다.

point.
주택 스타일과 건축 디자인
살펴보며 걷기

지유가오카

It Place

라비타
ラヴィータ

베니스의 곤돌라 같은 운치 있는 사진을 보고 이곳에 환상을 가지지는 말 것. 그 사진이 라비타의 전부이기 때문이다. 하지만 보지 않고 지나가면 섭섭한 곳도 이곳이다. 이탈리아 베니스를 모델로 만들어진 리틀 베니스 라비타. 운치 있는 건물들 안에 작은 가게가 대여섯 개 입점해 있는데 마음에 드는 소품이 많다. 바로 옆에 일본 전통 디저트 가게인 고소안이 있으니 함께 들러보면 좋다.

주소 東京都目黒区自由が丘 2-8-3
오픈 11:00~20:00(가게마다 다름)
문의 03-3723-1881

아츠코 마타노 갤러리
Atsuko Matano Gallery

고양이를 좋아하는 사람이라면 당연히 방문해야 하는 곳이다. 작가이자 화가, 디자이너인 아츠코 마타노의 상품(작품)을 전시·판매한다. 마타노가 만든 귀여운 고양이 캐릭터가 들어간 수건과 잡화, 식기와 홈웨어 등 생활용품이 구비되어 있다. 다양한 색깔과 스타일의 수건을 전시·판매하는 수건미술관 지유가오카점도 이곳에 있다. 2층에는 카페가 있고 지하 1층에는 부엌용품, 욕실용품 등이 진열되어 있다.

주소 東京都目黒区自由が丘 1-26-2
오픈 11:00~20:00
문의 03-5701-7751
www.towel-museum.com/brand.html

뽀빠이 카메라
ポパイカメラ

클래식 카메라, 로모, 홀가 등 다양한 카메라와 필름, 카메라 스트랩 등 카메라 액세서리가 전시되어 있는 카메라 멀티숍. 여성 취향의, 여성을 위한 가게라고 생각될 정도로 아기자기한 인테리어와 어우러져 귀엽게 느껴지는 곳이다. 디지털카메라가 보급되면서 지금은 거의 사라진 필름카메라와 필름을 팔기도 하고 사진을 인화해주기도 한다. 필름에 따라 어떤 느낌이 나는지 테스트해서 인화해놓은 인화지를 보고 필름을 고를 수 있다. 1936년 지유가오카에 문을 열어 그 자리를 지켜온 전통 있는 곳이다. 지유가오카 초입에 있어 그냥 지나치기 어렵다.

주소 東京都目黒区自由が丘 2-10-2
오픈 11:00~20:30
(부정기 휴무, 수요일 휴무가 많음)
요금 오리지널 카메라 4000엔
문의 03-3718-3431
www.popeye.jp

고소안
古桑庵

다이쇼시대에 지어져 일본식 정원을 품고 있는 민가를 개조해 전통 디저트 가게로 만든 곳. 인사동에 있는 한옥카페 느낌이라고 보면 된다. 인형작가 와타나베의 자택이자 갤러리인데 방 안에 놓인 인형은 모두 그의 작품이다. 계절에 따라 전시되는 작품이 바뀐다. 일본 전통차와 말차, 팥죽, 팥빙수 등을 파는데 특히 전통 디저트 중 하나인 안미츠와 전통과자가 세트로 나오는 말차세트가 인기 있다.

주소 東京都目黒区自由が丘 1-24-23
오픈 11:00~18:30(수요일 휴무)
요금 안미츠세트 830엔, 말차 830엔, 아이스카푸치노 630엔
문의 03-3718-4203
www.kosoan.co.jp

몽상클레르
モンサンクレール

달달한 스위츠를 좋아하는 일본인에게 인기 있는 디저트 플레이스로 천재 파티셰라 불리는 츠지구치 히로노부의 프랑스 과자 전문점이다. 지유가오카 디저트 가게 중 단연 1위를 달리고 있다. 대표 메뉴인 세라비(C'est la vie)는 1996년 프랑스 과자 콩쿠르에서 우승한 상품이다. 제철 과일이 들어 있는 시즌드갸토, 몽블랑 등 다양한 케이크와 초콜릿, 타르트, 과자 등이 있지만 저녁 늦게 가면 원하는 제품이 다 팔렸을 수도 있다. 카페에서 먹고 가려면 대기 리스트에 이름을 쓰고 기다릴 것.

주소 東京都目黒区自由が丘 2-22-4
오픈 11:00~19:00, 카페 11:00~17:30(수요일 휴무)
요금 세라비 580엔, 몽상클레르 480엔, 마카롱 220엔, 슈아라크레드 230엔
문의 03-3718-5200
www.ms-clair.co.jp

스위츠 포레스트
スイーツフォレスト

일본이 스위츠의 파라다이스로 자리 잡은 것은 일본 특유의 디저트 문화에 국제적으로 인정받은 파티셰가 만든 양과자류를 '스위츠'라는 이름으로 부르면서부터다. 특히 2003년 각종 국제대회에서 수상한 파티셰들이 모인 스위츠 포레스트가 지유가오카에 문을 열면서 일본 스위츠 붐은 빅뱅이라 할 만큼 번져나갔다. 이곳은 여성들의 마음을 자극하듯 달콤한 향과 파스텔톤으로 만들어놓은 8개 스위츠 전문점이 모여 있는 3층짜리 스위츠 백화점이다. 르 수플레, 홍콩 스위츠 카카 등 다양한 기술과 노하우로 명성을 쌓은, 일본의 내로라하는 스위츠를 발품 팔지 않고 맛볼 수 있다.

주소 東京都目黒区自由が丘 2-25-7
오픈 10:00~20:00(설연휴 휴무)
문의 03-5731-6600
www.sweets-forest.com

소소한 재미가 숨겨진
최첨단 빌딩숲

시오도메
汐留 Shiodome

도쿄 도심에 오롯이 솟아 있는 빌딩들이
경쟁하듯 뒤꿈치를 들고 키를 올린다.
색깔도, 모양새도, 크기도 다르지만
키가 가장 크고 싶은 마음만은 똑같은가 보다.
쌩쌩 부는 칼바람이 빌딩 사이를 지나가고,
좁은 하늘 골목 사이로
새들이 새로운 곡예비행의 패턴을 익히는 곳,
빌딩숲 시오도메다.

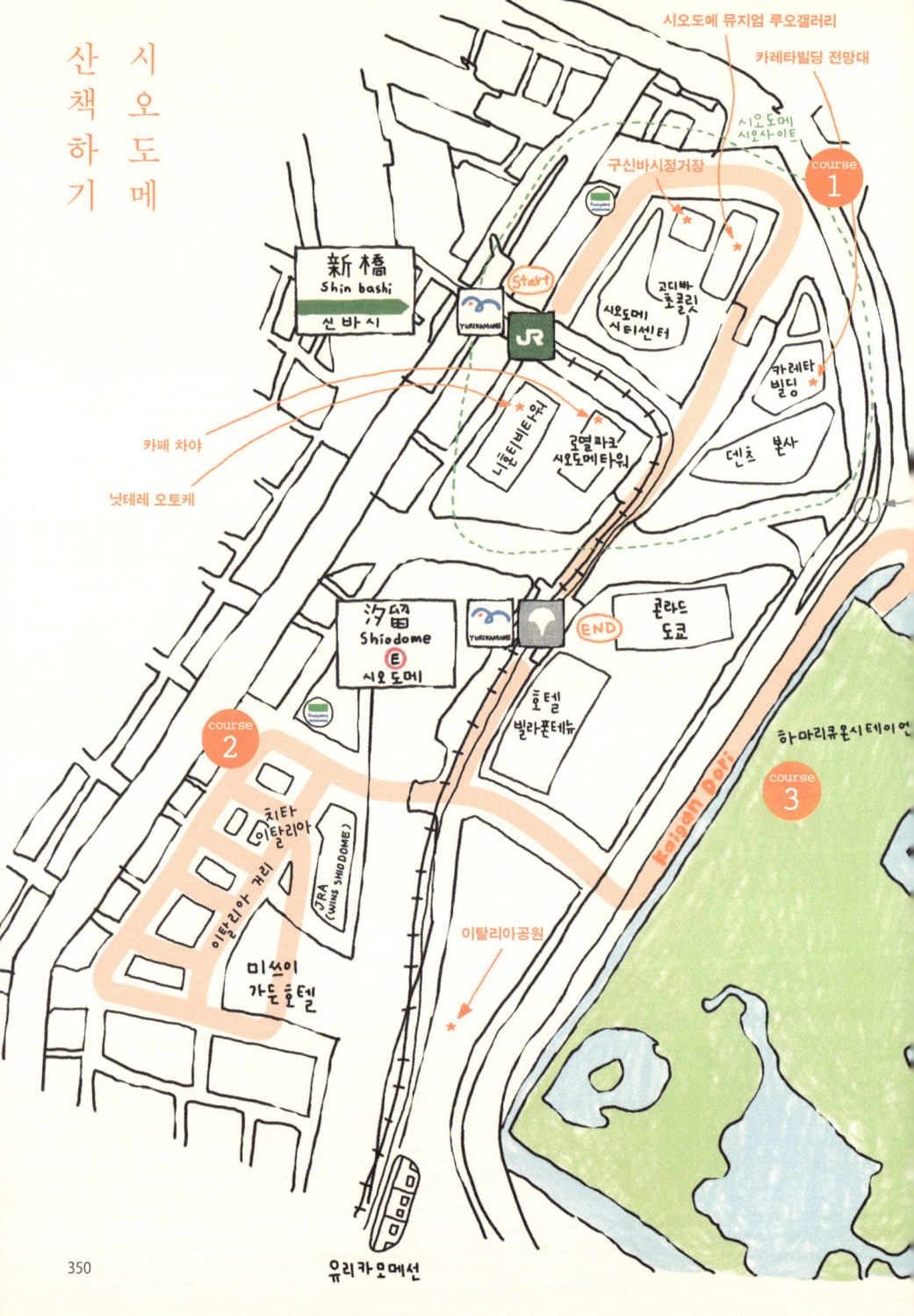

START
JR 야마노테센(山手線) 신바시(新橋) 역

Course1
시오도메 시오사이트
汐留シオサイト

신바시 역에서 나와 유리카모메 신바시 역 쪽으로 가는 구름다리(외부 육교)에 올라가서 휙 둘러본 뒤 니혼빌딩, 카레타빌딩 등을 차례로 둘러본다.

Course2
치타 이탈리아
チッタ·イタリア

시오도메 시오사이트에서 호텔 빌라폰테뉴를 지나면 오른쪽으로 전철이 달리는 고가교 밑 통로가 보인다. 그 통로를 지나면 왼쪽으로 고풍스러운 느낌의 JRA 건물이 나오는데 이 건물 사잇길로 들어가면 치타 이탈리아가 있다.

Course3
하마리큐온시테이엔
浜離宮恩賜庭園

시오도메 역 쪽으로 다시 걸어 나와 가이칸도리를 따라 시오도메 교차로까지 걷는다. 가이칸도리를 따라 오른쪽에 펼쳐져 있는 곳이 바로 하마리큐온시테이엔이다.

END
JR 야마노테센 시도오메 역

▶ 총 1시간 30분~5시간

시오도메 교차로

규이나부 신사

아름다운 마천루와 그 중심에 숨겨진 정원이 함께 빛나는 곳

한국어로 '석류'라고 읽히는 시오도메는 석류가 아니라 조수가 머무는 곳이라는 뜻이다. 도쿄만의 해안습지였던 시오도메는 1603년 매립되며 발을 내디딜 수 있는 땅으로 변모했고, 에도시대에는 많은 다이묘가 지내는 장소가 되었다. 메이지시대에는 이 지역에 JR 열차 기지 창고가 만들어졌다. 일본 최초로 JR 철도가 개통된 장소로 역사에 남기도 했다. 1995년 도쿄 도심 재개발 프로젝트가 수립되면서 초고층 빌딩이 하늘 높은 줄 모르고 올라갔다. 그리고 이제는 도쿄의 마천루를 아름답게 그려낸 대표적인 장소로 꼽힌다.

현재 시오도메에는 덴츠, 후지쯔, 니혼티비, 전일본공수(ANA) 등 대기업 본사가 들어서 있는데 건물 지을 땅이 없을 정도로 일본에서 가장 뜨고 있는 지역이다.

휘황찬란한 마천루와 유리카모메를 바라보고 있으면 흡사 미래에 와 있는 듯한 느낌이 든다. 건물 디자인이나 내부 구조는 인공적이지만 뭔가 조직적이고 잘 정돈되어 깔끔하다.

계획적으로 조성해놓은 이탈리아거리와 이탈리아정원은 인공적이고 새것 같지만 디테일을 살리려고 애쓴 흔적이 보인다. 처음에는 오다이바로 가는 유리카모메를 타려고 사람들이 들르기 시작했지만, 이제는 곳곳에 숨어 있는 재미를 찾아낸 사람들이 찾아오는 관광지로도 인기를 얻고 있다.

시오도메

course 1

독특한 빌딩숲이 압권인, 시오도메 시오사이트

시오도메 시오사이트의 매력은 무엇보다 빌딩 자체에 있다. 세계 최고 건축가들의 아이디어와 정성을 담아 만들어놓은 하드웨어에 일본인은 개성 있는 아이템으로 소프트웨어를 채워넣었다. 그 결과, 빌딩숲에 있는 빌딩은 저마다 독특함을 자랑하며 도도하게 서 있다.

돛단배의 돛 형태를 한 철제 구조물이 빌딩 외벽을 감싸고 있는 니혼티비타워는 런던의 로이즈빌딩과 밀레니엄 돔을 건축한 영국 건축가 리처드 로저스(Richard Rogers)의 작품이다. 이곳을 찾는 사람들에게는 크게 두 가지 미션이 주어진다. 하나는 안팡맨이고, 다른 하나는 닛테레 오토케(日テレ大時計, p.360), 일명 '니폰테레비 대시계'다.

우리에게는 호빵맨으로 알려진 안팡맨의 다양한 캐릭터를 판매하는 안팡맨 테라스는 어린아이뿐만 아니라 어른들에게도 인기 있다. 미야자키 하야오 감독이 디자인하고 지브리스튜디오에서 제작한 태엽시계 닛테레 오토케 또한 니혼티비타워의 자랑거리다.

하늘을 반으로 가르듯 날카로운 건물 단면이 상당히 인상적인 카레타빌딩은 시간의 흐름대로 즐길 수 있는 어른들의 거리라는 모토로 만들었다. 광고회사 덴츠와 광고박물관이 유명하다. 프랑스 건축가 장 누벨(Jean Nouvel)의 작품으로 46층과 47층 전망대(p.360)가 무료로 열려 있다. 광장에서 물안개를 뿜어내는 거북이 분수도 흥미롭다.

이 밖에도 미국 유명 건축가 케빈 로시(Kevin Roche)가 건축한 시오도메 시티센터는 신바시 역을 재현한 구신바시정거장(旧新橋停車場, p.360)도 유명하고, 니혼티비타워 건너편에 있는 주황색의 시오도메타워는 오피스와 호텔의 복합빌딩으로 2층까지 공개된 공간에 꾸며진 정원이 인기 있다.

point.
빌딩 하나하나의 디자인과 특성을 숙지하고 가면 더 재미있다.

course 2

일본 속의 유럽, 치타 이탈리아

치타 이탈리아라고 불리는 이탈리아거리는 규모가 그리 크지 않아 막상 가보면 '이게 끝? 정말?'이라는 생각이 들지만 전체적인 건물 외관과 분위기를 유럽풍으로 잘 조성해놓아 아기자기하고 예쁘다. 이탈리아 현대건축 양식을 그대로 도입해 만들었기 때문에 상당히 이국적인 분위기를 준다. 바닥에는 돌을 깔았고, 가로등 하나하나에도 세심함을 더했다. 드라마 로케이션 장소로 많이 이용되고 일본판 〈꽃보다 남자 리턴즈〉에도 자주 소개되어 우리나라 사람들에게도 익숙한 곳이다.

건물에 입점해 있는 레스토랑이나 상점도 유럽 스타일로 인테리어를 했고, 점포마다 다양한 메뉴와 음료를 판매하기 때문에 천천히 둘러보며 마음에 드는 곳을 정해서 들어가보는 것도 좋다. 비가 오는 날은 촉촉한 분위기에 거리 전체가 우수에 잠기고, 햇빛 쨍쨍한 낮에는 발랄함이, 밤에는 은은한 불빛으로 꾸민 건물들이 로맨틱함을 선사해 언제 가도 아름다운 추억을 담아올 수 있다.

치타 이탈리아
주소 東京都港区東新橋 2-9-5
문의 www.italiagai.jugem.jp

point.
한눈에 보이는 장면이 전부이기
때문에 여유를 갖고 천천히 보자.

course
3

진정한 풍류를 알게 해주는,
하마리큐온시테이엔

최첨단 건물들과 초고층 스카이라인을 자랑하는 시오도메빌딩을 병풍처럼 두르고 안방마님처럼 여유롭게 앉아 있는 도심 속 정원. 도심 한가운데에 있다는 사실이 믿어지지 않을 정도로 포토샵을 해놓은 것처럼 이질적인 두 장면이 연출되는 이곳은 도쿄의 대표적 관광명소다.

하마리큐온시테이엔은 바닷물이 들어오는 연못과 오리 사냥터 둘로 구성된 에도시대의 대표적 영주정원이다. 영주들이 오리 사냥을 하며 친목을 다지고 여유시간을 보낸 곳으로, 메이지유신 이후에는 황실의 별궁이었다가 1945년 도쿄도에 기증되면서 공원으로 사용되고 있다.

이곳에 처음 별장이 지어진 것은 1654년. 도쿠가와 쇼군가의 매사냥터에 4대 쇼군 이에아미의 동생 마츠다이라 아미시게가 바다를 메워 별장을 만들었다. 그의 아들 아미토요가 6대 쇼군이 되면서 쇼군가 소유가 되었고 이름도 하마고텐으로 바뀌었다. 관동대지진과 제2차 세계대전 때 손상된 것을 복구해 현재 모습을 갖추었다.

300년이 넘은 소나무, 모란정원, 도쿄만의 경치를 감상할 수 있는 전망언덕이 포인트다. 특히 정원 중간에 있는 나카지마 찻집에서는 다도 체험을 할 수 있는데, 원래 쇼군들이 경치를 감상하며 여유시간을 보낸 곳이다. 앉아 있으면 풍류란 이런 것인가 싶은 기분이 든다.

전체 면적이 $250km^2$나 되어 다 둘러보려면 2시간 정도는 예상해야 한다. 오디오가이드가 한국어로 제공되니 여유 있는 사람들은 안내를 들으며 천천히 둘러보면 좋다.

점심시간에는 이곳에 와서 도시락을 먹는 직장인이 많으며, 사진을 찍거나 그림을 그리거나 산책하는 커플도 볼 수 있다. 봄에는 유채꽃과 벚꽃, 여름에는 배롱꽃과 아이리스, 가을에는 코스모스, 겨울에는 동백이 아름답게 피어 선명한 색감을 느끼며 산책할 수 있다.

point.
신선놀음하듯 연못이 있는 정원을 여유롭게 산책하며 최첨단 도시를 영화 보듯 바라보기

하마리큐온시테이엔
주소　東京都中央区浜離宮庭園 1-1
오픈　9:00~17:00(입장은 16:30까지,
　　　12월 29일~1월 1일 휴무)
요금　일반 300엔, 65세 이상 150엔,
　　　초등학생 무료
문의　03-3541-0200
　　　www.tokyo-park.or.jp/park/
　　　format/index028.html

시오도메

It Place

 닛테레 오토케
日テレ大時計

니혼티비타워 외벽에 설치된 높이 12m, 폭 18m의 거대한 시계. 정해진 시간에 음악이 나오고 인형들이 나와 퍼포먼스를 펼치는 세계에서 가장 큰 태엽시계다. 미야자키 하야오 감독의 작품으로 알려진 이 시계가 퍼포먼스하는 시간이 되기 전부터 사람들이 모여들어 카메라를 들고 기다리는 모습도 재미있다. 시작 2분 45초 전부터 음악이 나오고 인형들이 각자 자리에서 움직이는 이 깜짝한 퍼포먼스는 약 10분간 지속된다.

주소 東京都港区東新橋 1-6-1
오픈 10:00, 12:00, 15:00, 18:00, 20:00(계절마다 시간 다름)
문의 03-6215-4444
www.ntv.co.jp/tokei

 구신바시정거장
旧新橋停車場

1872년 문을 연 구신바시정거장 모습을 재현해 2003년 다시 문을 연 박물관이다. 시오도메 시티센터 1층 외부에 있는 구신바시정거장은 요코하마와 도쿄를 연결하던 일본 최초의 철도역이다. 도쿄 역이 생기기 전까지 도쿄의 관문 역할을 했으며 일본 철도가 시작되는 시작점 0점(제로 마일)이 표시되어 있어 의미 깊은 곳이다. 기차역사는 시오도메 재개발 프로젝트가 시작되기 10년 전인 1986년 문을 닫았고, 이후 공사를 거쳐 복원했는데 철로와 플랫폼, 역사 등이 그대로 재현되어 있다. 내부에는 철도 역사 전시실이 있다.

주소 東京都港区東新橋 1-5-3
오픈 철도 역사 전시실 11:00~18:00
(월요일·연말연시 휴무)
문의 03-3572-1872
www.ejrcf.or.jp/shinbashi

 카레타빌딩 전망대
カレッタ汐留 SKY VIEW

입장료를 내지 않고 도쿄 전경을 볼 수 있는 몇 안 되는 좋은 장소이다. 46층으로 올라가는 전용 엘리베이터가 따로 있는데 빌딩 안에 화살표가 있으니 따라서 가면 된다. 46층과 47층에는 레스토랑이 있는데, 전망이 좋은 곳은 레스토랑이 차지했지만 주변에 높은 건물이 없어 츠키지시장과 오다이바 등 일부 도쿄 시내를 넓게 볼 수 있다.

주소 東京都港区東新橋 1-8-2
오픈 11:00~23:00
(음식점 영업시간에 따름)
문의 03-6218-2100
www.caretta.jp

이탈리아공원
イタリア公園

유리카모메 선로를 중심으로
반대편을 보면 치타 이탈리아가
보이는데 공원 벤치에 앉아서
오다이바로 가는 유리카모메
열차를 바라보는 것도 재미있고,
나무 그늘에 앉아 높이 솟은
빌딩을 바라볼 때면 잠시
공간이동을 한 듯한 느낌이 든다.
일본과 이탈리아의 우정을
기념하기 위해 이탈리아에서
2200m²(약 600평)의 공간에
조성해 기증한 공원으로,
이탈리아의 토스카나정원을
모티브로 만들었다. 중심부
광장은 타일과 벽돌로 꾸며져
있다. 점심식사 후 차를 마시며
잠시 쉬는 사람들이나 강아지와
함께 산책 나온 사람들도
눈에 띈다. 치타 이탈리아에서
마츠이가든호텔 쪽으로 걷다가
큰길을 만나면 좌회전한 뒤
토끼굴 같은 전철 선로를 통과해
안쪽으로 들어가면 공원이
보인다.

주소 東京都 港区 東新橋 1-10-20

시오도메 뮤지엄 루오갤러리
汐留ミュージアム ルオーギャラリー

파나소닉이 사회공헌의 하나로
수집·소장해온 20세기 프랑스
대표 화가 조르주 루오(Georges
Rouault)의 유채화와 판화 등을
전시하기 위해 만든 아담한
미술관이다. 조르주 루오는
색채의 연금술사라고 불리며
20세기를 뒤흔든 표현주의
화가로 피카소나 마티스보다 더
인정받고 있다. 국내에는 이중섭
등 많은 화가에게 영향을 미쳤다.
미완성된 작품을 내놓는 것을
꺼려해 죽기 전에 모든 미완작을
불태우려 했다는 이야기가
유명하다. 조르주 루오의 작품전
이외에 기획전을 열기도 하니
자세한 것은 홈페이지를 참고할
것. 파나소닉빌딩 4층에 있다.

주소 東京都港区東新橋 1-5-1
(파나소닉 도쿄본사빌딩 4층)
오픈 10:00~18:00
문의 03-5777-8600
www.panasonic.co.jp/es/
museum

카페 차야
チャヤ

일본의 장수 건강식으로
알려진 마크로비오틱 전문
카페로 자연식단을 제공한다.
마크로비오틱이란 고장의 흙에서
나온 제철음식을 먹는다는
'신토불이'에 따라 제철 유기농
채소, 해조류 등 식재료와
가공하지 않은 현미, 곡류 등을
기본 재료로 하는 요리법이다.
자연과 조화를 이루면서 건강한
생활을 실현한다는 모토로,
자연이 준 것을 버리지 않고
통째로 쓰는데 채소의 경우
껍질, 잎, 뿌리까지 전부 요리에
활용한다. 요리에는 육류와
달걀, 유제품, 화학조미료를 전혀
사용하지 않는다.

주소 東京都港区東新橋 1-6-3
ロイヤルパーク汐留タワー 1F
오픈 11:00~21:00(연중무휴)
요금 새우 아보카도 커리 1339엔,
케이크세트 978엔
문의 03-3573-3616
www.chayam.co.jp/restaurant/
shiodome.shtml

도쿄의
비벌리힐스

다이칸야마
代官山 Daikanyama

다이칸야마에 사는 부유층을 타깃으로 지어진
쇼핑몰들은 점잖고 우아한 분위기로
자전거보다는 고급 승용차가 어울리고
소바집보다는 이탈리아 음식점이 더 잘 어울린다.
가격보다는 스타일이나 질을 더 중시하는 사람들이
복작거리지 않고 적당히 여유롭게 쇼핑할 수 있고,
이방인은 그들만의 문화를 조금은 엿볼 수 있는 곳.
유럽이나 미국의 트렌드를 조금 더 일찍 알아채고
쇼핑하고, 먹고, 마시는 것
대부분을 해결할 수 있는 곳이
바로 다이칸야마다.

다이칸야마 산책하기

몬순카페

사이고야마 공원 & 그린카페

START
도큐 도요코센(東横線) 다이칸야마(代官山) 역

Course1
하치만도리
八幡通り

서쪽 출구로 나와 다이칸야마 어드레스를 끼고 우회전해서 시부야 방향으로 내려간다.

Course2
캐슬 스트리트
キャッスルストリート

하치만도리를 향해 걷다가 시부야 쪽으로 연결된 철로가 나오면 우회전한 뒤 첫 번째 골목에서 다시 다이칸야마 방향으로 걸어 올라온다.

Course3
규야마테도리
旧山手通り

다이칸야마 역에서 다이칸야마 어드레스 쪽으로 내려가다가 이번에는 왼쪽으로 올라간다. 큰 교차로에서 오른쪽으로 시선을 돌려 보면 거기가 규야마테도리다.

END
도큐 도요코센 다이칸야마 역

▶ 총 2~4시간 소요

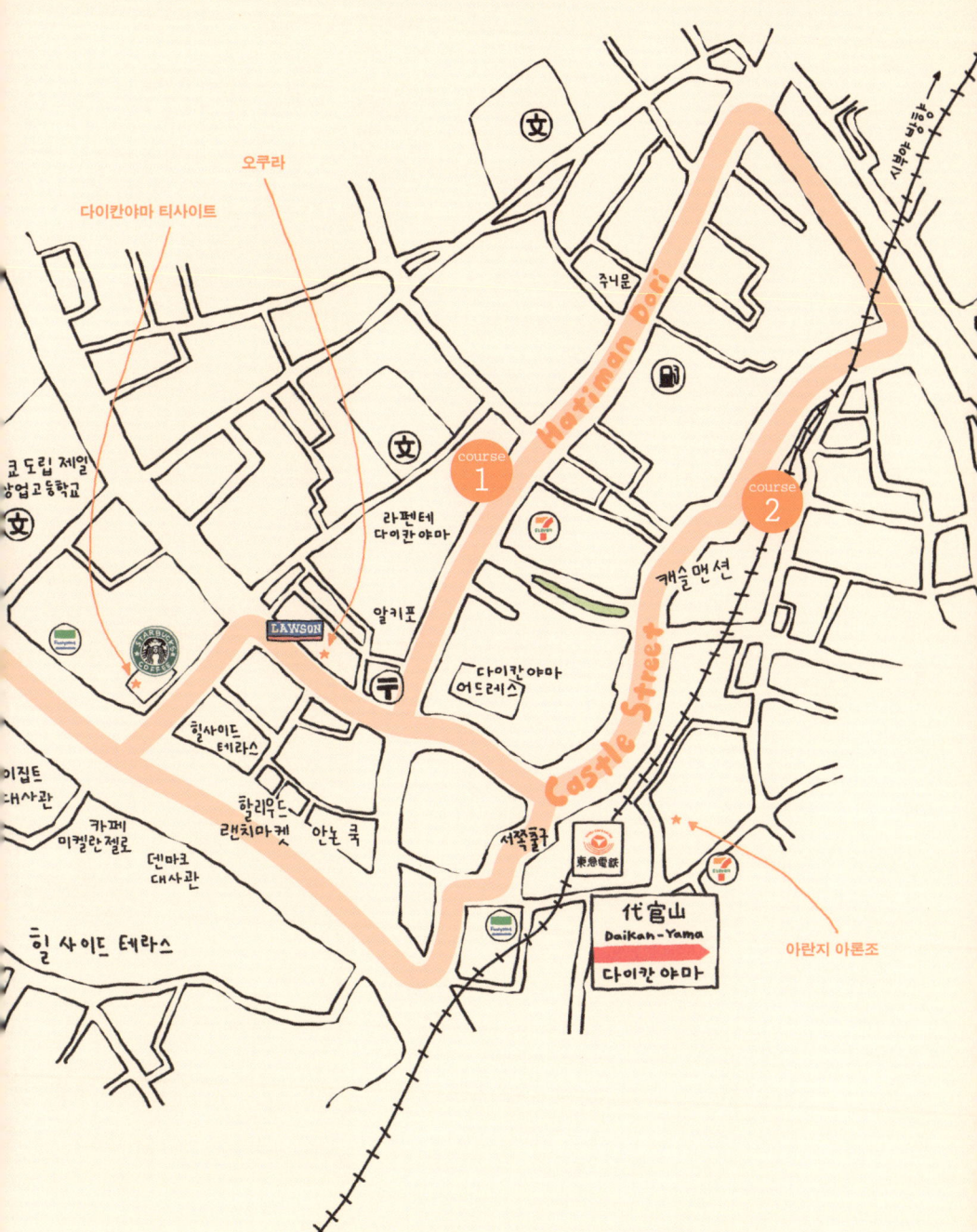

여유로운 삶을 꿈꾸는 사람들이 모이는 곳

적당히 여유를 즐기면서 쇼핑하고 최첨단 스타일을 즐기고 싶다면 단연 다이칸야마. 다이칸야마 역 출구는 두 군데로 역 자체는 작아 보이지만 역을 중심으로 펼쳐져 있는 대로와 골목 골목에 문을 연 편집매장, 패션매장은 깔끔하면서도 고급스러운 인테리어로 사람들의 마음을 잡아끈다.

다이칸야마는 미국과 유럽에서 유행하는 라이프스타일을 쉽게 알 수 있는 곳으로 젊은 주부들이 트렌드를 파악하기에도 좋다. 부유한 사람들과 연예인이 많이 사는 고급 주택가를 끼고 있어 그들을 위한 셀렉트숍이 많다. 재미있는 것은 주택가 골목을 따라 드문드문 있는 레스토랑이나 가게들의 경우 큰 간판이나 눈에 띄는 인테리어를 하지 않은 곳이 있다는 것이다. 주변에 사는 단골을 주요 고객으로 하다보니 벌어지는 진풍경이다.

셀렉트숍이 많으므로 질이 뛰어난 제품이나 아기자기한 것을 좋아한다면 다이칸야마에서 쇼핑하는 것이 좋다. 세련되고 튀지 않는 듯하면서도 눈길을 끄는 의류와 소품을 이곳에서 만날 수 있다.

언덕이 많은 다이칸야마의 언덕 골목을 돌아다니면서 쇼핑하다 보면 운치 있는 산책이 될 것이다. 일본의 유명한 건축가들이 지은 건물이 많으니 건물 디자인을 유심히 살펴보면 좋다.

course 1

해바라기꽃으로
노랗게 물드는 곳,
하치만도리

규야마테도리와 교차하는 교차로에서 시부야까지 600m에 걸쳐 이어지는 메인 스트리트. 상업시설과 고층 타워맨션, 오픈 카페와 레스토랑, 브랜드 계열의 다양한 가게 등으로 채워져 있다. 연두색 야자수 형태 조형물이 인상적인 다이칸야마의 랜드마크 다이칸야마 어드레스를 시작으로 스페인어로 샘물이라는 뜻의 라펜테 다이칸야마 등의 쇼핑몰은 베이비, 키즈용품이 다양해 멋쟁이 엄마들이 많이 찾는다. 북유럽 인테리어 잡화 브랜드 캐스 키스턴, 이탈리안 푸드 마켓, 가마와누 다이칸야마점 등이 있다.

특히 라펜테 다이칸야마 근처에 있는 다이칸야마 언덕에서 캐슬스트리트 방향으로 내려가다보면 나오는 해바라기가든에서는 해바라기 심기 프로젝트를 6년째 진행하고 있다. 지역주민들이 봄에 씨를 뿌려 여름이 되면 노랗게 물든 다이칸야마 언덕을 볼 수 있다.

point.
뭔가를 사겠다고 마음먹고 보기
시작하면 사고 싶은 것이 한도
끝도 없으니 주의할 것

여성의류, 잡화 등을 파는 장난스럽고 독특한 디자인과 스타일의 알키포(Alqippo)도 눈여겨볼 만하다. 다이칸야마 언덕을 지나 시부야 방향으로 계속 가다보면 브라이스 마니아들의 드림월드 주니문(Junie Moon)이 보인다. 브라이스 인형을 좋아한다면 꼭 들러봐야 하고, 그렇지 않더라도 한 번쯤 들러보면 좋다.

course 2

유럽의 성을 옮겨온 캐슬 스트리트

다이칸야마 북쪽 출구에서 오른쪽 방향, 즉 다이칸야마 어드레스 건물 뒤쪽으로 도큐 도요코센 철로를 따라 나 있는 좁은 골목길로 공식 명칭은 다이칸야마벤텐도리(代官山弁天通)다. 골목길에는 와플, 버블티, 스위츠 카페 등 디저트 가게들이 늘어서 있어 지나가는 사람들의 눈길을 유혹한다.

이곳에 있는 건물 이름이 캐슬맨션(キャッスルマンション)이라는 이유로 이런 이름이 붙여졌다고 하는데 건물들이 한 줄로 늘어서 있어 분위기가 마치 유럽의 성 같다. 옹기종기 달라붙어 있는 가게들 중에는 셀렉트숍과 유니크한 잡화점, 패션소품 가게 등 재미있는 아이템들과 트렌디한 옷 가게들이 있으니 눈여겨보자. 캐슬 스트리트에는 와플로 유명한 와플스가 중간쯤에 있다는 것도 잊어서는 안 된다. 근처에 유명 디저트 플레이스 미스터프렌들리가 있으니 천천히 쇼핑하며 체력이 떨어질 때쯤 달달한 디저트를 먹는 것도 좋다.

point.
다양한 아이템을 보다보면 윈도쇼핑만으로도 설렌다.

다이칸야마

course 3

옛날 이탈리아 카페를 만날 수 있는, 규야마테도리

주상복합시설 힐사이드 테라스에서 사이고야마공원(西郷山公園) 방향으로 이어지는 거리. 테라스 카페, 멋진 수목이 어우러진 카페, 이집트와 덴마크 대사관, 가든 결혼식장, 티사이트(p.374) 등이 자리 잡고 있다. 힐사이드 테라스는 일본의 대표 건축가 마키 후미히코(槇文彦)가 설계한 주상복합시설로 주택과 상점, 사무실 등으로 이루어져 있다. 30년 동안 건축되었다는 이 건물에는 갤러리가 많다.

넓은 가로수길을 따라 난 길에 있는 카페 미켈란젤로는 옛날 이탈리아 카페를 재현했는데, 앤티크한 가구들과 테라코타로 된 바닥이 웅장함을 더해준다. 300년 된 느티나무는 이 카페의 보물 같은 존재라고 한다.

앤티크 전문점인 할리우드 랜치마켓이나 사이고야마공원 등도 규야마테도리를 중심으로 있고, 하라주쿠 캐슬 스트리트에서 자리를 옮긴 안논 쿡(Annon Cook)도 이곳에 둥지를 틀었다.

point.
햇빛 밝은 날 강아지를 데리고 산책하는 마음으로 걸으면 좋다.

It Place

다이칸야마 티사이트
T site

다이칸야마에 새롭게 들어선 복합문화공간으로
핫 플레이스가 된 곳. 힐사이드 테라스 안에 구성된
단지로, 일본의 대표 서점인 츠타야 3층 건물을
중심으로 레스토랑과 카페 등 세 건물이 옹기종기
모여 있다. 츠타야 건물 1층에는 스타벅스 라운지를
비롯해 각종 서적과 문구류, 여행 관련 서적들이 있다.
2층에는 디자인, 사진 관련 서적, 3층에는 DVD,
CD 등 영화와 음악 관련 상품이 구비되어 있다.
다이칸야마 츠타야의 특징은 자유롭게 책을 읽고
음악을 들을 수 있게 방문자들을 위한 공간을 최대한
배려했다는 점이다.
츠타야 옆에는 다이칸야마 인기 레스토랑인 알로하
테이블이 있고, 언제나 사람이 붐비는 카페 아이비
플레이스, 동물병원, 카메라 상점과 자전거점, 카페
등이 함께 어우러져 있다. 여유롭게 산책하고, 책
보고, 밥 먹는 일상의 반짝임을 꿈꾸는 사람이라면
아주 좋아할 만한 곳이다.

주소 東京都渋谷区猿楽町 17-5(츠타야)
오픈 07:00~02:00
문의 03-3770-2525
www.tsite.jp/daikanyama

사이고야마공원 & 그린카페
西郷山公園 & グリーンカフェ

다이칸야마에 산다는 기무라 타쿠야의 아이들이
가끔 온다는 소문이 있어 그의 팬들이 가끔 찾아가고
그 소문을 들은 한국 팬들도 들른다. 공원이 아주
좋아서라기보다는 그 근처에 살기 때문에 가끔
들르는 게 아닌가 생각되는 아담하고 조용한
공원이다. 공원에 앉아 도쿄 시내를 바라보는 느낌도
좋다. 맑은 겨울에는 후지산도 보인다고 한다. 공원
입구의 그린카페에 기무라 타쿠야를 보기 위해
찾아온 팬들이 앉아 있다 가곤 하는데 조용하고
한적한 기분을 느낄 수 있어 좋다. 식사와 음료 모두
가능하다.

주소 東京都目黒区青葉台 2-10-7
오픈 월~금 11:00~17:00,
토·일·공휴일 11:00~18:00(화요일 휴무)
문의 03-5728-6717
www.greencafe.cc

오쿠라
OKURA

옛날 창고를 그대로 살려 가게로 개조한 의류 전문점. 바닥 등 인테리어도 나무로 되어 있어 고즈넉한 느낌을 준다. 대부분 천연염색한 나염의류와 액세서리 등을 취급한다. 특히 카디건, 재킷, 구두, 청바지, 액세서리 등 의류와 소품들의 색인 코발트블루와 인디고블루는 이곳의 매력을 나타내는 특징적인 색이다. 자연 그대로의 아름다움과 편안함을 테마로 해 동양적이고 개성적인 것을 좋아하는 사람들이라면 만족할 것이다.

주소 渋谷区猿楽町 20-11
오픈 월~금 11:30~20:00,
      토·일·공휴일 11:00~20:30
문의 03-3461-8511
      www.hrm.co.jp/okura

아란지 아론조
Aranzi Aronzo

발음하다보면 마루치 아라치가 생각나는 캐릭터 가게. 아란지와 아론조라는 두 작가의 작품을 상품화해서 판매하는 캐릭터 디자인숍이다. 아란지는 멕시코·일본 혼혈인이고 아론조는 노르웨이·베트남 혼혈인으로, 뮤지션이다. 토끼, 팬더, 고양이, 병아리 등 다양한 동물을 귀엽게 표현한 스타일이 여심을 자극한다. 가방, 손수건, 펜, 공책, 엽서, 스티커 등 다양한 캐릭터문구가 있다. 전국에 직영점이 네 곳 있는데, 이곳은 도쿄의 유일한 가게로 다이칸야마에서 에비스 방향으로 가는 골목에 있다.

주소 東京都渋谷区恵比寿西 2-20-14
오픈 11:00~19:00
      (연말연시·부정기 휴무)
요금 가방 1080엔~,
      캐릭터 천 1m 1944엔, 엽서 162엔
문의 03-3780-0118
      www.aranziaronzo.com

몬순카페
Monsoon Cafe

일본 음식에 물려 아시안 음식이 먹고 싶다면 가볼 만한 레스토랑. 태국, 인도네시아, 말레이시아, 중국, 베트남 음식을 골고루 먹을 수 있다. 동남아 리조트의 이미지를 차용한 인테리어 덕분에 휴양지에 온 것 같은 느낌을 준다. 3층으로 되어 있어 상당히 넓은 편인데 테이블을 여유롭게 놓아 복잡하다는 느낌은 들지 않는다. 주말에는 아이들과 함께 온 가족도 많다. 런치세트를 시키면 주방 쪽 테이블에서 각종 음료와 티 등을 가져다 먹을 수 있다.

주소 東京都渋谷区鉢山町 15-4
오픈 월~목 11:30~13:30(런치메뉴 판매),
      금·토·공휴일 11:30~15:30
요금 런치세트메뉴(드링크, 애피타이저,
      메인요리, 디저트) 1600엔
문의 03-5489-3789
      www.monsoon-cafe.jp

도쿄 속
작은 유럽

에비스

恵比寿 Ebisu

맥주 이름이 한 지역 이름이 되어버린 에비스는
그 이름만큼 유명한 맥주를 만들어 팔며
맥주를 좋아하는 사람들을 끌어들이고 있다.
빌딩과 빌딩 사이를 흐르는 실개천,
유럽풍 정원,
대저택의 고급스러움을 갖춘 레스토랑이
발걸음을 가볍게 위밍엄해주고 나면,
에비스맥주 기념관이 있는 에비스가든 플레이스와
선술집과 주점이 밀집해 있는 에비스요코초가
맥주 거품처럼 부드러움과 고소함으로
보행자들의 갈증을 해소해준다.

에비스 산책하기

START
도큐 도요코센(東横線) 다이칸야마(代官山) 역

Course1
고마자와도리
駒沢通り

동쪽 출구에서 나와 직진한 뒤 삼거리에서 좌회전해 걷다보면 작은 사거리가 나온다. 여기서 우회전해 완만한 경사의 길을 내려가면 큰 도로가 나오는데 이곳이 고마자와도리다. 여기서 좌측으로 에비스 역까지 계속 직진해서 걸어간다.

Course2
에비스가든 플레이스
恵比寿ガーデンプレイス

JR 에비스 역 동쪽 출구로 나와 스카이 워크를 타고 약 10분간 끝까지 걸어가면 에비스가든 플레이스 입구가 나온다(스카이 워크 이동시간 10분).

END
JR 야마노테센(山手線) 에비스(恵比寿) 역

▶ 총 1시간 30분~3시간 소요

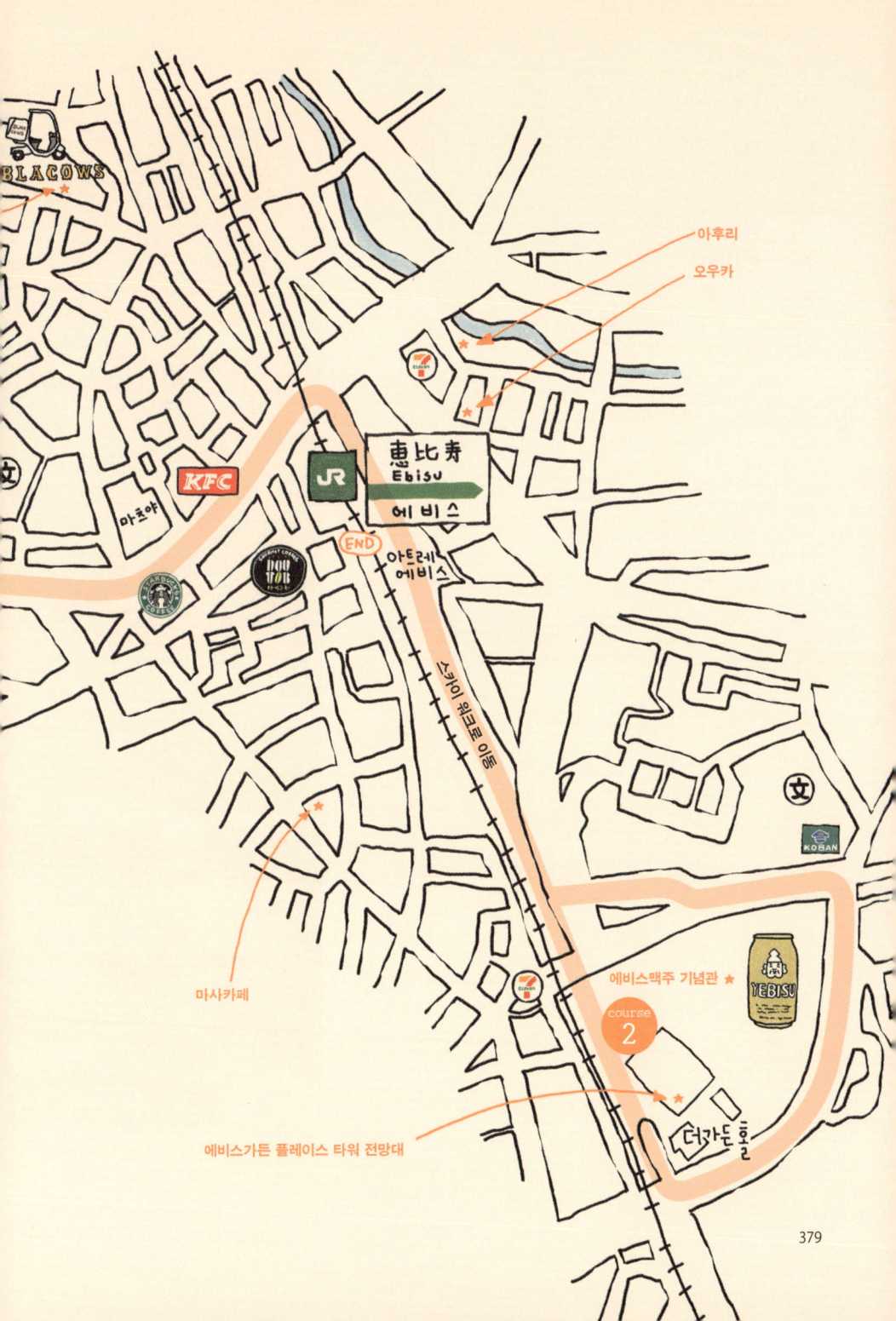

맥주의 고향에서 느껴보는 식도락

1887년 독일의 맥주 제조 방법을 이어받은 양조회사가 생겼고, 이곳에 사람들이 모여들었다. 3년 후 '에비스'라는 맥주가 탄생했다. 이 지역에 전철이 들어서면서 맥주 이름을 따라 전철역 이름도, 마을 이름도 에비스로 지었다.

단순한 이야기이지만 일본에서 거듭 느끼는 '작명' 센스는 간결하지만 강렬하다. 'Back to the Basic.' 무엇이든 기본으로 돌아가는 것이다. 상점이 옹기종기 모인 모습이 하모니카 같다고 해서 만들어진 키치조지의 '하모니카요코초', 빌딩 외관이 당근을 닮았다고 해서 결정된 산겐자야의 '캐롯타워'처럼 이곳은 에비스맥주의 고향이기에 에비스가 되었다.

이후 1982년 에비스 재개발 계획이 세워지면서 맥주 공장은 1985년 문을 닫았고, 10년간 재개발해서 유명 레스토랑과 백화점, 부티크 등이 있는 에비스가든 플레이스로 태어났다.

직장인이 많이 찾는 이자카야와 유럽식으로 만들어진 바가 옹기종기 모여 있는 에비스요코초는 직장인이 즐겨 애용하는 장소다. 에비스에서는 스페인 스타일의 요리와 술로 인기를 끌고 있는 스탠딩바 '에비스 주하치방', 직접 만든 소시지와 하몽이 인기인 '아이비키', 스페인 요리 파에리아로 유명한 '엘 프리모 데 단조' 등 스페인 스타일 바가 유행하고 있다.

에비스

은근하고 묘한 매력이 있는 곳, 고마자와도리

패션지에서 금방이라도 촬영해간 것 같은 개성 만점의 셀렉트숍이 잠자고 있던 창조 본능을 일깨우면 유럽풍 인테리어 가게와 액세서리 가게가 두 눈을 즐겁게 만든다. 중간중간 만나는 라멘 가게의 생동감이 느껴지는가 하면 갑자기 적막하고 쓸쓸해지는 느낌을 받을 수 있는 거리. 다이칸야마에서 에비스까지 최단시간에 도달할 수 있는 길로, 강렬하다기보다는 은근한 매력을 지닌 묘한 느낌이 드는 거리다.

캐릭터 마니아라면 발걸음을 떼지 못하고 주저앉을 캐릭터 생활용품 잡화점 '아웃렛(Outlet)'과 빈티지, 앤티크 스타일의 인테리어 가게 '자파디두(Zapady Doo)'를 시작으로 거리 군데군데 가게가 있으며 모스버거, 프레시니스버거 등 일본 대표 버거집과 우리나라에서는 철수한 웬디스버거까지 도로변에 있다.

구수하고 개운한 미소라멘으로 유명한 삿포로 라멘 '야마다'도 빼놓을 수 없는 맛집이다. 홋카이도 출신의 주인이 제공하는 삿포로 스타일 미소라멘을 먹을 수 있는, 도쿄에서 몇 안 되는 라멘집이다. 11시 30분부터 오후 2시까지밖에 영업하지 않는 지존무상한 곳이 바로 고마자와도리에 있다.

기대하고 걸으면 심심한 거리이지만 곳곳에 숨어 있는 가게를 탐험하는 마음으로 걸으면 즐겁다.

course 2

연인의 데이트 코스, 에비스가든 플레이스

잘 정돈된 유럽의 정원에 온 듯한 느낌을 주는 에비스가든 플레이스는 에비스 최대 쇼핑·휴식 공간이다. 정원을 중심으로 각각 다른 건축 디자인을 뽐내는 낮고 높은 빌딩 20여 개가 조화롭게 배치되어 있다. 은은한 조명을 건물마다 설치해 야경이 멋져 많은 연인의 데이트 코스로 각광받고 있으며 일본 드라마 〈꽃보다 남자〉의 배경이 되기도 했다. 빌딩을 둘러싸고 있는 산책로에는 가로수가 많아 산책하는 사람들이 여유롭게 즐기기도 한다.

미쓰코시백화점에서는 사람들이 여유롭게 쇼핑을 한다. 독일의 맥주 축제 옥토버 페스트에 온 것 같은 분위기를 만들어내는 삿포로 비어 스테이션에는 시원한 맥주를 즐기는 사람들이 자리 잡고 있다. 에비스맥주에 대해 더 자세히 알고 싶은 사람들을 위해 에비스맥주 기념관이 마련되어 있는데, 돈을 내면 맥주 시음도 할 수 있다.

도쿄사진미술관(東京都写真美術館)은 19세기 말에서 현대까지 사진작가의 작품을 소장하고 있는데 사진을 좋아한다면 들러보는 것이 좋다. 에비스가든 플레이스 안쪽에 있는 유럽 스타일 대저택은 프랑스 최고 훈장인 레종도뇌르를 받은 세계 최고 셰프이자 미슐랭 쓰리 스타에 빛나는 조엘 로뷔송(Joel Robuchon)으로 런치만 7500엔 정도인 고급 레스토랑이다.

에비스가든 플레이스 타워 38층과 39층에는 식당가가 있는데 톱 오브 에비스(Top of Yebisu)라는 엘리베이터를 타면 곧장 식당가로 갈 수 있다. 도쿄타워처럼 유료 전망대는 아니지만 시부야, 신주쿠 등 시내 전경을 구경할 수 있고, 레스토랑에서는 요코하마와 도쿄타워, 레인보우브리지 등을 볼 수 있다.

point.
맥주의, 맥주에 의한,
맥주를 위한 곳

It Place

 에비스맥주 기념관
ユビスビール記念館

메이지 초기부터 100년에 걸쳐 만들어진 맥주의 역사와 맥주 광고의 변천사, 맥주 제조과정 체험 등 흥미로운 볼거리와 마실거리로 가득한 살아 있는 박물관. 입구에 들어서면 후덕하게 생긴 남자(?)가 한 손에 물고기와 낚싯대를 들고 있는 모습을 볼 수 있다. 이는 일본이 우상화한 7대 신 중 하나로 상업의 번성을 기원한다고 한다. 맥주 제조과정을 학습하는 견학 코스도 마련해놓고 있다. 박물관 한쪽에 마련된 시음 라운지에서는 에비스의 대표 맥주를 맛볼 수 있다. 삿포로맥주 본사 건물 지하 1층에 있다.

주소 東京都渋谷区恵比寿 4-20
오픈 10:00~19:00(월·연말연시 휴무)
요금 박물관 입장 무료,
　　　맥주+안주 세트 400엔
문의 03-5423-7111

 에비스가든 플레이스
타워 전망대

에비스가든 플레이스에서 가장 높은 빌딩으로 최고의 전망을 자랑하는 전망대다. 38층과 39층 벽면을 따라 나 있는 창문을 통해 도쿄 시내를 감상할 수 있다. 타워 전망대 주변에 높은 건물이 없기 때문에 신주쿠, 시부야 등 번화가를 한눈에 볼 수 있다. 레스토랑으로 들어가면 레인보우브리지가 보이며, 날씨가 좋으면 요코하마와 후지산까지 시야에 들어온다. 많이 걸어서 잠시 쉬어야 한다면 런치 스페셜 메뉴를 택해 레스토랑에서 간단히 식사하는 것도 좋다. 일식, 양식, 중식 등 다양한 스타일의 레스토랑이 있으며 최고 전망과 중간 수준 이상 식사를 제공하므로 일거삼득의 효과를 얻을 수 있다.

주소 東京都渋谷区恵比寿 4-20
오픈 11:30~23:30
문의 03-5423-7111
　　　www.gardenplace.jp

 블랙카우
ブラッカウズ

고급 소고기인 쿠로게와규로 만든 수제 패티가 유명한 햄버거 하우스. 이곳 햄버거의 특징은 햄버거 먹을 때 채소가 빠져나오는 불편함을 없애려고 아예 채소를 소스로 만들어 햄버거 안에 뿌린다는 것. 그래서 베어 물 때 나오는 육즙을 부담 없이 맛볼 수 있다. 채소를 원하면 따로 토핑할 수도 있다. 햄버거 번은 도쿄의 유명 베이커리인 메종 카이저 빵을 쓰고, 베이컨은 사가현에서 만든 것을 사용하며, 감자튀김은 홋카이도산 감자로 만든다. 대표적인 메뉴는 아보카도햄버거. 런치타임에는 반짝반짝 빛나는 번이 프라이드 포테이토, 미니 샐러드 등과 함께 제공된다.

주소 東京都渋谷区恵比寿西 2-11-9
　　　東光ホワイトビル1F
오픈 11:30~22:00(주문 마감 21:00)
요금 햄버거 1080엔,
　　　아보카도햄버거 1296엔,
　　　베이컨치즈버거 1512엔,
　　　콜라 등 음료 324엔
문의 03-3477-2914
　　　www.kuroge-wagyu.com/bc

아후리
AFURI

깔끔한 맛을 좋아하는 여성들 사이에 전폭적인 지지를 받고 있는 에비스의 대표 라멘집. 담백하게 'AFURI'라고 쓰인 흰색 간판과 입구, 산뜻한 바 같은 인테리어가 이 집의 라멘맛을 예고한다고나 할까. 아후리의 최고 인기 메뉴는 유자를 넣어 만든 유즈시오라멘이다. 잘게 채 썰어 넣은 유자가 라멘을 먹는 내내 향긋한 느낌을 주고, 소금 국물 베이스라 일본 라멘에서 느껴지는 느끼함마저 덜어준다. 라멘에 올리기 바로 직전 숯불로 다시 한 번 굽는 차슈가 감칠맛 나니 차슈를 좋아한다면 추가로 주문해서 먹어볼 것.
에비스 역 서쪽 출구로 나와 우회전한 뒤 계속 직진하다 큰길을 한 번 건너고 다음 길에서 우회전하면 왼쪽에 바로 보인다.

주소 東京都渋谷区恵比寿 1-1-7
오픈 11:00~16:00(연중무휴)
요금 유즈시오라멘 880엔,
쿠레나이소유멘 900엔
문의 03-5795-0750

오우카
OUCA

오우카는 벚꽃이라는 뜻이지만 여기선 일본의 유기농 아이스크림 가게다. 곡물, 차, 과일 등 제철 재료로 만든 아이스크림과 셔벗이 종류별로 있고 계절에 따라 맛차빙수, 단팥죽 등을 먹을 수 있다. 밤, 고구마, 감, 단호박, 맛차, 매실, 두부, 흑설탕, 검은깨 등 평생 먹어보기 힘든 재료로 만든 아이스크림을 체험해보는 것도 좋다. 기가 막히게 맛있다기보다 일본인의 놀라운 식재료 응용 능력에 감탄하게 된다. 벚꽃의 색감에 맞게 연한 살구색으로 인테리어되어 있어 먹는 동안 편안함을 느낄 수 있다. 에비스 역 근처 맥도날드 골목에 바로 있다.

주소 東京都渋谷区恵比寿 1-6-6
오픈 3~11월 11:00~23:30,
12~2월 12:00~23:00(연중무휴)
요금 작은 컵 390엔(3가지 맛 선택),
맛차쉐이크 510엔
문의 03-5449-0037
www.ice-ouca.com

마사카페
MERCER CAFE

캐주얼한 이탈리안 레스토랑으로 전통 레스토랑의 성격에서 벗어나 독창적인 아이디어로 젊은 층을 공략한다는 전략을 내세운 곳이다. 특히 실내에 난로를 설치해 아늑함을 연출했으며, 소파에서 편하게 쉬듯이 음식을 먹게 한다는 것이 목표다. 음식은 호불호가 갈리지만, 이곳의 대표 메뉴는 캐러멜 시폰케이크다. 입에서 거품처럼 녹는 생크림을 사용해 쫀득하면서도 부드러우며, 달달한 캐러멜소스가 더해져 환상의 맛을 내는 대표 디저트다.

주소 東京都渋谷区恵比寿南 1-16-12
ABC MAMiES 2F
오픈 11:30~15:30, 17:30~24:00
요금 캐러멜 시폰케이크 600엔
문의 03-3791-3551

백금의 유니크한 가치를 아는
사람들이 사는 동네

시로가네
白金 Shirogane

깔끔한 옷을 소박하게 걸쳐 입고
가방 하나 달랑 들었는데도
왠지 모를 부유함이 꽁꽁 싸맨 옷 사이로
새어나오는 사람이 있다.
시로가네는 바로 그런 사람을 닮았다.
소박해 보이지만 속은 알찬,
그래서 더 콧대 높은 곳,
한적한 주택가에 띄엄띄엄 위치한 카페와 빵 가게,
미슐랭 스타에 찬란히 빛나는 유명 레스토랑조차
소란스럽지 않고 정갈하게 손님을 맞이하는 곳.
그래서 백금(白金)을 의미하는 시로가네는
도쿄의 전통적 부촌이라 불린다.

시로가네 산책하기

START
도쿄 메트로 난보쿠센(南北線) 시로카네다이(白金台) 역

Course1
하포엔
八芳園

1번 출구로 나와 도로를 마주하고 오른쪽으로 걸어간다. 건널목에서 길을 건넌 뒤 우회전해서 조금 걸어가면 하포엔이 나온다.

Course2
프라치나 가로수길
プラチナ通り

하포엔에서 나와 다시 시로가네다이 역 방향으로 걸어간다. 도큐스토어 앞 삼거리 큰 교차로가 나오면 길을 오른쪽으로 건너 직진해 걸어간다. 길가에 나무가 많이 있어 찾기 쉽다.

Course3
자연교육원
自然教育園

프라치나 가로수길에서 걸어왔던 방향으로 돌아가다 곡선 건물 외벽에 전면 유리가 장착된 건물이 오른쪽에 나오면 2시 방향의 좁은 도로를 따라 걷는다. 큰 교차로에 다다르면 역 반대 방향으로 메구로 역을 향해 걷는다. 한 블록을 지나고 나면 오른편에 자연교육원이 보인다.

END
도쿄 메트로 난보쿠센 메구로(目黒) 역

▶ 총 2~3시간 소요

도쿄도 정원미술관

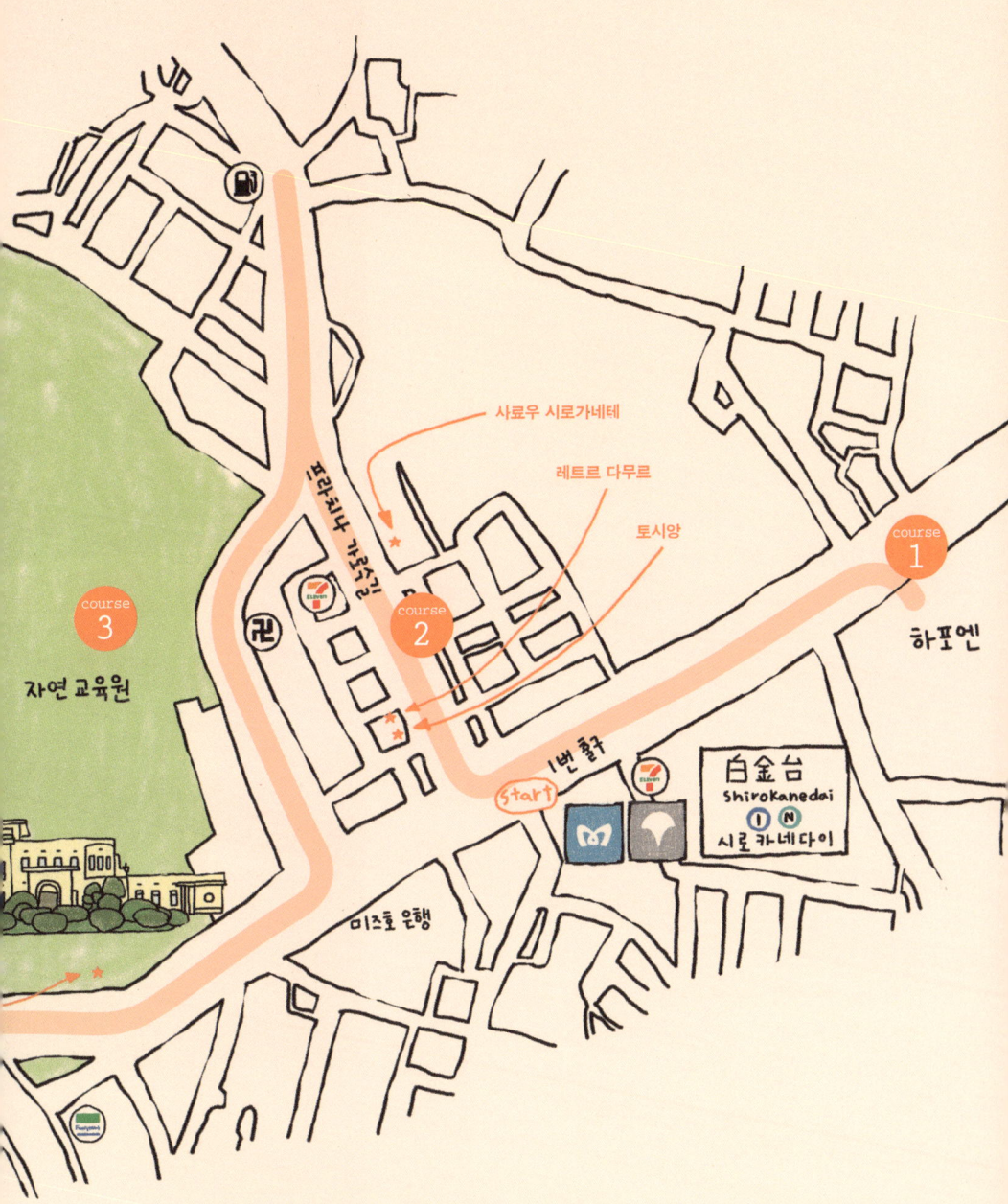

피천득의 수필에서 아사코가 살던 그곳

뉴욕에는 베이글과 슈홀릭에 빠진 도회적 이미지의 뉴요커가 있고, 파리에는 자유와 낭만을 추구하는 파리지엔느가 있듯이 시로가네에는 시로가네제(Shiroganese)가 있다. 도시가 생산해내는 문화를 소비하며 마치 그 도시의 일부분이 된 듯, 도시를 대표하는 사람들처럼 시로가네는 도쿄 안의 작은 동네인데도 독특한 그들만의 문화를 생산하고 소비한다. 그래서 '시로가네에 사는 부유층'을 일컫는 시로가네제라는 단어에는 범접할 수 없는 아우라가 있다.

아침이면 귀여운 교복을 갖춰 입고 영어로 재잘대는 꼬마들을 태운 '국제학교' 버스가 동네를 휙 돈다. 고가격·고품격을 실감하게 하는 꽃 가게와 에스테틱, 슈퍼마켓이 소란스럽지 않게 고객들을 맞아들인다.

고급스러움이 피부로 느껴지는 시로가네라는 명칭은 피천득의 수필 《인연》에서도 언급된 적이 있다. 1947년 구가 통합되면서 시바구가 미나토구로 변경됐지만, 도쿄로 유학한 그가 머물던 사회교육가 선생의 집이자 어리고 귀여운 꽃 아사코가 살던 지역이 '시바구 시로가네'다. 창문과 지붕이 뾰족한 집에서 함께 살자고 속삭였던 소녀 아사코와 피천득의 인연이 짧고도 길게 얽힌 동네가 바로 이곳이다.

'그리워하는데도 한 번 만나고는 못 만나게 되기도 하고,
일생을 못 잊으면서도 아니 만나고 살기도 한다.'
타박타박 걷다보면, 그리고 인연이 된다면,
그 집과 조우하게 되지 않을까.

course 1

도심 속 한적한 정원, 하포엔

도시의 번잡함에 지친 발걸음이 하포엔 입구에 들어서기도 전에 90도 굽힌 채 배꼽인사를 하는 관리인을 보며 마음이 한결 가벼워진다. 어느 방향에서 봐도 아름다운 정원이란 의미를 지닌 하포엔은 에도시대 초기 오쿠보 히코자에몬(大久保彦左衛門)이 여생을 보낸 곳이다. 도쿄에서 아름다운 정원 중 하나로 꼽혀 결혼 예식이나 행사 장소로도 인기를 끈다. 〈꽃보다 남자〉 파이널 결혼식 장면도 이곳에서 찍었다.

옹기종기 모여 산소를 뿜어내는 수많은 나무 덕에 얻은 활기를 벗 삼아 정원 아래쪽으로 내려가다보면 큰 연못이 나오는데, 유유히 헤엄치는 잉어들을 보고 있으면 탄성이 절로 나온다. 건물 안에는 차를 마시는 사람들과 행사에 참여한 사람들, 결혼을 예약하는 사람들로 가득하지만 막상 정원은 그 모든 소음을 차단한 듯 새소리와 물소리만이 산책하는 이들을 반긴다.

300년 동안 한결같이 피고 지는 수고를 해온 벚꽃과 단풍은 해가 갈수록 완숙미가 더해져 오랜 친구를 만난 것처럼 기쁘고 푸근하다. 정원의 전경을 즐길 수 있는 카페와 레스토랑에는 음료와 식사가 마련되어 있다. 티 하우스에는 일본 전통 다도를 배우는 코스와 말차를 만들어볼 수 있는 과정도 개설되어 있다.

point.
잘 정돈된 정원 구경하기

하포엔

주소 東京都港区白金台 1-1-1
오픈 10:00~19:00
문의 03-3443-3111
www.happo-en.com

시로가네

course 2

각자 이야기를 품고 있는, 프라치나 가로수길

프라치나도리. 플라타너스 나무길을 뜻하나 싶었는데 플래티넘 애비뉴(Platinum Ave.)의 일본식 발음이란다. 시로가네는 곳곳이 온통 백금뿐인 것 같다. 이곳에 들어서면 압구정동 갤러리아백화점에서 학동사거리로 넘어가는 청담동거리와 비슷한 길이 펼쳐져 있다. 아래로 내려가는 언덕길도 그렇고, 곳곳에 배치되어 있는 럭셔리한 가게들도 그렇다. 단지 청담동길이 명품 브랜드 매장으로 가득하다면 이곳은 편집 가게와 카페, 디저트 플레이스가 주류를 이룬다.

시원하게 뚫린 대로 양옆으로 쭉 뻗어 있는 가로수길을 걷다보면 제각각 이야기를 지닌 가게들과 만난다. 반듯하게 접힌 냅킨에서 정성을 알 수 있는 레스토랑이나 노년의 부부가 사이좋게 선물을 고르는 초콜릿 전문점, 운치 있는 디저트 카페가 보행자들의 오감을 유혹한다.

이탈리아나 프랑스 등에서 들여온 유명 디자이너 제품을 볼 수 있는 편집매장, 결코 어디서도 다시 만날 수 없을 것 같은 독특한 의류를 파는 매장들은 고급스러움을 강조하는 연예인이나 유명인에게 매혹적일 수밖에 없다. 아무 생각 없이 가게를 둘러보다가 옆에서 옷을 고르는 연예인을 발견한다 해도 소리 지르지 말 것.

젊은 여성들이 좋아한다는 프라치나를 여유롭게 산책하며 몇 시간만이라도 '시로가네제'가 되어보는 것도 여행에서 쉽게 느낄 수 없는 쏠쏠한 재미다.

point.
플라타너스 숲이 우거진 여름이 분위기를 느끼기에 제일 좋다.

course 3

환경의 소중함을 깨닫게 되는, 자연교육원

국립과학박물관 부속으로 19만 8000m²의 대지에 조성된 자연교육원. 도심 한복판에, 그것도 땅값 비싼 시로가네와 메구로 중간에 식물과 곤충 등을 연구하는 자연박물관이 있다는 사실이 놀랍다.

거대한 도시가 되어버린 도쿄에서 옛날 무사시평야의 모습을 거의 그대로 간직하고 있는 유일한 장소다. 변해가는 자연의 모습을 그대로 보존하자는 차원에서 거의 방치하듯 자연 상태에 가깝게 보존하고 있다. 하늘을 덮을 듯 울창하게 자란 나무들이 오솔길, 숲길을 만들어냈다. 자연 상태의 숲 안에 늪, 연못, 들판이 조성되어 있고 오솔길 형태로 길이 나 있어 그대로 따라가면 된다. 산책하는 중간중간 여러 가지 나무, 꽃, 식물은 물론 나비, 곤충, 새 등 많은 동식물을 접하게 된다. 연못 근처 습지 쪽에는 갈대가 아름답게 우거져 한 폭의 아름다운 그림 같다. 삼림욕하는 기분으로 걸으면 되는데, 여름에 갈 때는 모기에 잘 물리는 사람은 모기퇴치제를 바르거나 모기에 물리지 않도록 조심하는 것이 좋다.

산책을 마친 뒤 걸어와 출구 쪽에 있는 전시홀을 둘러보는 것도 좋다. 새에 대한 설명부터 씨앗의 형태에 따라 땅에 내려앉는 다양한 방법 등 자연에 대해 조금 더 많은 지식을 얻을 수 있다. 자연에서 얻은 재료들로 만든 장난감과 친환경 생활도구도 전시되어 있는데 환경을 얼마나 소중히 여겨야 하는지 새삼 깨닫게 된다.

point.
갈대 우거진 숲에서 화보 사진 찍기. 카메라를 꼭 챙겨갈 것

자연교육원
주소 東京都港区白金台 5-21-5
오픈 4월 30일~9월 1일 09:00~16:30,
      5월 1일~8월 31일 09:00~17:00
      (입장은 16:00까지,
      월·공휴일 다음 날·연말연시 휴무)
요금 300엔,
      초·중·고등학생·65세 이상 무료
문의 03-3441-7176
      www.ins.kahaku.go.jp

It Place

 도쿄도 정원미술관
東京都庭園美術館

1933년 아사카 왕자의 저택으로 사용되다가 나중에 외무대신·수상의 공저, 영빈관으로 잠시 쓰였고, 1983년부터 미술관으로 활용되고 있다. 1910년에서 1930년대까지 조각, 건축, 패션을 포함한 모든 예술 분야에서 프랑스를 비롯해 일부 유럽을 휩쓸었던 아트 데코 스타일을 한눈에 볼 수 있다. 건축이나 실내 디자인 등에 관심이 있는 사람이라면 더욱 흥미를 가질 만한 공간이다.
전시회는 아사카 왕자가 실제 살던 저택 내부를 공개하는 아트 데코 아사카 왕자 저택 전시회를 비롯해 타이포그래피 포스터 전시회, 세계의 향수 전시회 등 다양하게 열린다. 2011년 리노베이션에 들어갔으며 2014년 가을에 재개장될 예정이니 홈페이지를 확인할 것.

주소　東京都港区白金台 5-21-9
오픈　10:00~18:00(둘째·넷째 주 수요일 휴무)
요금　1000엔
문의　03-3443-3228
　　　www.teien-art-museum.ne.jp

 마루이치 베이글
MARUICHI BAGEL

간판도 없이 골목 구석에 꼭꼭 숨어 있는 보물창고 같은 곳이다. 골목골목을 누비다 손님들이 줄지어 있는 회색 벽돌 건물을 발견하거나 마루이치 베이글 봉투를 손에 들고 다니는 사람을 만나면 절로 탄성을 지르게 된다.
시로가네 동네 주민들의 아지트로 출근하는 사람들이 간단한 아침식사를 할 수 있게 아침 일찍부터 문을 연다. 매장 안에는 갓 구워낸 두툼한 베이글이 차곡차곡 쌓여 있고 참깨, 어니언, 갈릭, 시나몬 등 다양한 베이글을 고르고 난 뒤 토핑을 고르면 뚝딱뚝딱 몇 분 만에 작품이 만들어져 나온다. 그동안 베이글에는 크림치즈만이 어울린다고 생각했다면, 새로운 베이글의 세계를 볼 수 있다. 샌드위치도 울고 갈 만큼 다양한 토핑이 2층 침대처럼 켜켜이 쌓인 베이글을 손에 받아들면, 이걸 어떻게 먹어야 할까 고민스러워진다.
눈이 동그랗고 예쁜 젊은 주인은 총총거리며 주방을 돌아다니는데 베이글을 썰고 토핑을 하느라 쉴 새 없다. 시로가네타카나와 역에서 4번 출구로 나와 시로가네 아에르시티(白金アエルシティ) 빌딩을 끼고 왼쪽으로 들어가다 처음 만나는 길에서 우회전하면 진한 회색 벽돌건물이 나온다.

주소　東京都港区白金台 1-15-22
오픈　07:00~18:00(월·화요일 휴무)
요금　플레인 베이글 210엔, 참깨 베이글 230엔,
　　　시나몬레이즌 베이글 260엔
문의　www.maruichibagel.com/index.htm

사료우 시로가네테
茶寮白金亭

'시로가네의 정자'라는 뜻의 차이니스 레스토랑이다. 1층은 간단한 음식, 차, 디저트를 즐길 수 있는 카페이고, 2층과 3층은 고급스러운 정통 차이니스 레스토랑이다. 1층의 디저트 메뉴에는 '청, 적, 황, 백, 흑, 금' 6가지 색으로 된 차이니스 티 허브티가 있는데 망고푸딩, 화과자와 함께 나오는 세트가 700엔이다. 오랫동안 차를 마시며 여유롭게 시간을 보내기에 좋다. 점심시간에는 런치세트와 간단한 음식도 판매한다.

주소 東京都港区白金台 4-19-13
오픈 11:30~19:00(연중무휴)
요금 타피오카 버블티 650엔, 망고푸딩 860엔
문의 03-3280-1237
www.shirokanetei-saryo.com

레트르 다무르
Lettre D'amour

프랑스어로 '러브레터'라는 뜻의 레트르 다무르는 소중한 사람에게 사랑을 전하듯 디저트로 마음을 보낸다는 메시지가 담긴 시로가네의 디저트 플레이스다. 달콤한 케이크를 한 입 베어 물면 조금 전까지 불러왔던 배가 꺼지고 새로운 공간이 생겨나는 마력이 발휘된다. 향긋한 밤냄새가 매력적인 몽블랑을 비롯해 스트로베리 쇼트케이크, 과일 타르트 등 20여 종류 케이크가 깔끔한 흰색 인테리어와 어울려 고급스러움을 선사한다. 1층에서 주문하고 2층의 카페 살롱 드 테에 앉아서 여유롭게 먹을 수 있다. 토시앙 바로 옆에 있다.

주소 東京都港区白金台 5-17-1
오픈 1층 11:00~20:00,
2층 살롱 드 테 11:00~19:00
요금 시로가네프로마주 600엔,
몽블랑 630엔, 음료 600엔부터
문의 03-5488-5051
www.shidax.co.jp/srm/sweets

토시앙
利庵

겉모습부터 전통의 포스가 느껴지는 소바집. 프라치나 가로수길에 들어서자마자 왼편에 있다. 점심에는 사람들이 길게 줄을 서 있어 모르고 지나치려 해도 지나칠 수 없다. 여름에는 일찍 오지 않으면 1시간 이상 기다려야 겨우 자리가 난다. 혼자 온 손님들끼리도 합석해 마주 보고 앉아 식사해야 할 만큼 자리가 쉽게 나지 않지만 오랜 시간을 기다려 먹어볼 가치는 충분히 있다. 기본 메뉴인 세이로소바는 감칠맛이 적당한 츠유가 메밀향과 함께 입안을 가득 채운다. 달걀말이인 타마고야키도 사람들이 많이 찾는 메뉴다.

주소 東京都港区白金台 5-17-2
오픈 11:30~19:30(월·화요일 휴무)
요금 세이로소바 850엔,
소바토로 1300엔
문의 03-3444-1741

도쿄 일상산책

초판 1쇄	2014년 9월 19일
초판 2쇄	2016년 10월 7일
지은이	이체리
발행인	양원석
편집장	고현진
책임편집	이효원, 강제능, 백혜성, 김윤화
디자인	마인드,마인드
교정교열	이상희
지도·일러스트	최병익
해외저작권	황지현
제작	문태일
영업마케팅	이영인, 양근모, 장현기, 박민범, 이주형, 이선미
펴낸 곳	(주)알에이치코리아
주소	서울시 금천구 가산디지털2로 53, 20층
편집문의	02-6443-8932
구입문의	02-6443-8838
홈페이지	http://rhk.co.kr
등록	2004년 1월 15일 제 2-3726호

ⓒ 이체리, 2014

ISBN   978-89-255-5365-8 (13980)

- 이 책은 (주)알에이치코리아가 저작권자와의 계약에 따라 발행한 것이므로
  본사의 서면 허락 없이는 어떠한 형태나 수단으로도 이 책의 내용을 이용하지 못합니다.
- 잘못된 책은 구입하신 서점에서 바꾸어 드립니다.
- 가격은 뒤표지에 있습니다.